我
思

敢于运用你的理智

稷下学研究

中国古代的思想自由与百家争鸣

白奚 著

长江出版传媒｜崇文书局

图书在版编目（CIP）数据

稷下学研究：中国古代的思想自由与百家争鸣 ／ 白
奚著 . -- 武汉：崇文书局，2023.9
（崇文学术文库·中国哲学）
ISBN 978-7-5403-7396-2

Ⅰ．①稷… Ⅱ．①白… Ⅲ．①哲学思想－研究－中国
－古代 Ⅳ．① B21

中国国家版本馆 CIP 数据核字（2023）第 126585 号

2023 年度湖北省公益学术著作出版专项资金项目

稷下学研究
JIXIAXUE YANJIU

出 版 人　韩　敏

出　　品　崇文书局人文学术编辑部·我思

总 策 划　梅文辉（mwh902@163.com）

本书策划　许　双（xushuang997@126.com）

责任编辑　许　双　刘　丹

责任校对　魏红艳

装帧设计　甘淑媛

我
思
敢于运用你的理智

出版发行　长江出版传媒　崇文书局

地　　址　武汉市雄楚大街 268 号 C 座 11 层

电　　话　(027)87677133　邮政编码　430070

印　　刷　湖北新华印务有限公司

开　　本　880 mm×1230 mm　1/32

印　　张　10.125

字　　数　226 千

版　　次　2023 年 9 月第 1 版

印　　次　2023 年 9 月第 1 次印刷

定　　价　98.00 元

（读者服务电话：027-87679738）

ISBN 978-7-5403-7396-2

百家争鸣探源的力作
——《稷下学研究》序

李慎之

　　百家争鸣，对20世纪下半期的中国知识分子来说，曾是一场噩梦。这句流传已久的古话曾使他们一度为之惊喜，但是不到一年，听到这话的人大多还没有纳过闷儿来，还没有来得及"争鸣"呢，忽然又听说"名为百家，实则只有两家"，也就是真理与谬误两家。既然如此，还有什么可以鸣的呢？惨痛的教训一直到世纪末还在影响着人们的心理。

　　中国古代的百家争鸣到底是怎么回事？感谢白奚先生为我们勾画了一个相当清晰的轮廓。他今年才45岁，但是研究稷下学已有十年。稷下学宫是战国时代百家争鸣的场所。历史不是没有记述，但是材料大部分已经散失；后人不是没有研究，但是大多失之粗疏。白奚经过十年的发掘、排比、对勘和探索，其结果就是这本《稷下学研究》。陈鼓应先生称此书"是国内第一部深入研究稷下学的学术专著"，"填补了这一重要研究领域的空白"，并非过誉。

我很惊讶于在经过了"文化大革命"的今天，在中国学术饱经摧残几乎断绝之后的今天，以白奚的年龄还能有如此深厚的功底。看他以铢积寸累的工夫搜罗材料，以剥茧抽丝的方法分析问题，逐步重建（Reconstruct）已经被历史的风沙侵蚀得模模糊糊的稷下学宫以及在其中活跃的各个学派，使之面目毕现，真是不能不惊叹。对于前辈的老师宿儒，白奚决不盲从，无论是郭沫若，还是侯外庐，还是钱穆，一律是则是之，非则非之。

近年来，中国号称出现了一股"国学热"，但是事实上，老成凋谢，后继无人；后生新进多习为浮薄，捕风捉影，大言自熹。因此，我一直有一种忧虑，怕中国传统学术的传承有中绝的危险，现在看了白奚的著作，感到很大的宽慰，套一句孔子的话："后生可畏，焉知后来者之不如今也！"

《稷下学研究》当然是一种国学研究，然而它绝不同于传统学术而是现代学术，因为它是用现代的眼光写的，贯穿了现代精神。

它从东周以后中国社会、经济、政治、文化的变化分析了士的产生与兴起，探讨了齐国与秦、楚、燕、韩、魏、赵七国社会、经济、政治、文化的特点说明稷下学宫这样的机构何以独独出现在齐国。它解释了稷下学宫从兴盛到衰歇的历史。它探索了在稷下学宫活跃过的各家各派的学说，并且说明了它们对后代学术的影响。它特别指出稷下的主流学派是黄老学，它也探讨了中国传统学术中的一些基本范畴，如心、性、气、天、阴阳、五行的起源与演变，研究了《管子》中道法结合、以道论法、礼法并用的理论，指出这个理论实际上开启了以后两千年中国政治"外儒内法"的先河。

白奚的文字也相当清通简练，明白晓畅，非时下风行的一些佶屈聱牙、环回往复使读者如堕五里雾中的文字可比。这种文风是值得提倡，值得效法的。当然，这也是作者对材料真正能融会贯通，对问题有透彻了解才能做得到的。

以白奚的功力，我们完全可以期望他逐步扩展他的研究范围，使我们能在以后看到一部中国古代思想史，以至更完备的中国思想史的巨著。

白奚由对稷下学宫的研究得出一条重要的结论：

"思想理论的多元、自由与平等是学术繁荣和发展的前提和重要条件。只有一家之言和一花独放就谈不上繁荣，政治高压下的学术是不自由的、缺乏独立性的，其结果只能是使学术成为政治的附庸或扼杀学术的发展。没有学术平等也不会有真正的繁荣和发展，稷下学宫之所以获得极大的成功，稷下学术之所以有如此的辉煌，首先就在于思想理论的多元化，就在于高度的学术自由与平等。"

这一点，作为历史的教训，是无论怎么估计都不会过高的。

白奚经过研究告诉我们：稷下学宫是齐国三百年养士的结果。齐君设大夫之号，招纳四方包括异国的贤士，让他们在稷下学宫内"不治而议论"，所谓议论，主要是"非议"，即不负治国的责任而专门批评政事的缺失。稷下的先生和学士最多时达到千人，他们既享有很高的政治地位与荣誉，又有优裕的生活条件，还有行动上和身份上的充分自由。这样就使许多人得以专心致志地著书立说、聚徒授学，形成对后世产生深远影响的各派思想。

我非常希望能有融通中西学术的学者把西方古代希腊柏拉图的学园（Academy）同中国古代齐国的稷下学宫作一对比，使我们能对中西学术在所谓"发轫时代"的异同，也就是中西文化"基因"的异同有一了解，在改造和创建中国学术的新传统时可以有所裨益。

就已知的情况而言，稷下学宫是由（田）齐桓公创办的，其目的是为了"招纳贤士"，寻求"强国安邦"的政策或道术；而学园则是柏拉图个人创办的，其目的是"探求真理"。在学术自由这一点上，两者似乎是一样的。但是因为稷下学宫始终没能割断与权力相联系的脐带，在那里著书立说、讲学授徒的诸子百家也无例外地与政治结下了不解之缘，所谓"百家殊业，皆务于治"，因此也就没能形成完全独立的学术传统，没能开出纯粹"为求知而求知"的科学精神。这个目标一直到两千年以后在西方学术的刺激下才提得出来，还有待于我们这一代，甚至后几代人去实现。

柏拉图的学园，照中国人看来，师弟相承，应当是严守家法的，然而大概是柏拉图始终反对讲学授徒的方法，而实践与弟子相互诘难的方法的缘故，它有一个反教条主义的传统，开出了一个"吾爱吾师，吾更爱真理"（这是柏拉图在学园的弟子亚里士多德的话）的传统。就科学的内容讲，稷下学宫是很丰富的，探讨的范围远大于汉武帝独尊儒术以后的局面，然而它在穷极究竟这一方面也还不如希腊的学园。学园里探讨的许多问题在稷下学宫是没有的，而且抽象得多，像数学、辩证法、逻辑学、天文学、形而上学……中国人大抵知道亚里士多德是柏拉图的弟子，但可能很少有人知道写下了作为理性思维的不朽著作的《几何原本》的作者欧几里德是柏拉图的再传弟子。

另外，稷下学宫存在了一个半世纪（从公元前 374 年到公元前 221 年），到秦始皇灭齐而结束，从此以后直到清末，中国就再也没有出现过像稷下学宫全盛时期那样百家争鸣的局面。柏拉图的学园则存在了九百年（公元前 387 年到公元 529 年），直到罗马皇帝查斯丁尼安因为它不奉正教，鼓吹邪说而予以封门为止。又历千年到文艺复兴，欧洲人重又追尊希腊的时候，学园的传统为他们准备了一份可以继承的遗产。

这样对比虽然粗浅，也许已足以表明自由对于学术的重要，足以表明自由是人最可宝贵的一种价值了。今天的中国人大体已能吃饱肚子，而二十多年前却连做到这一点都有困难。分析到最后，其根本区别，就在于农民的自由比过去多了一点。

现在是全球化的时代，在全球化的过程中，各个国家或民族所要竞争的不应该是武功多么显赫，而只应该是争取在现在已经出现并且正在发展的全球文化中扩大自己所占的份额。一个民族最可宝贵的东西就是那些具有最普遍的意义而能上升为全球价值的价值。稷下学宫的百家争鸣的精神是我们可以依恃的一份遗产，当然也是需要发扬光大进而予以提升的一份遗产。

李慎之

1998 年 3 月

目　录

百家争鸣探源的力作

——《稷下学研究》序/李慎之

导　言……………………………………………1

第一章　稷下学宫产生的文化背景………7

一、经济政治变革与士阶层的兴起……………………7

二、礼贤下士之风和布衣卿相之局…………………16

三、百家之学的出现…………………………………20

第二章　稷下学宫与齐国…………………27

一、齐国的经济、政治与文化…………………………27

（一）自然条件与经济………………………………27

（二）政治需要…………………………………………28

（三）文化传统…………………………………………30

目　录

导　言

公元前 4 世纪中叶，历史步入了战国中期，田氏齐国耗费大量资财，在都城临淄的稷门之外筑起高门大屋，广招天下贤才来此讲学授徒，著书立说，参议政治，史称稷下学宫。

对于百家争鸣，国人可谓无人不晓，但提起稷下学宫，却陌生了许多。其实，百家争鸣主要就是在稷下学宫中进行的，没有稷下学宫，便没有国人向来引以为豪的百家争鸣。稷下学宫以它包容百家、宽松自由的学术气氛，成为战国中后期华夏学术的中心和创造性思想产生的温床，古代的学术思想在这里得到了极大的发展，经历了它的黄金时代。读者手中的这部《稷下学研究》，便是以发生在稷下学宫的百家争鸣为研究对象的学术著作。

"稷下"一词，首见于《韩非子》。两汉提及稷下及其人物者，计有《史记》中的《孟荀列传》《田完世家》，桓宽《盐铁论·论儒》，刘向《新序》《别录》，徐干《中论·亡国》，以及应劭《风俗通义·穷通》，均只寥寥数语。汉代以后，提及稷下者更为少见。历代对战国百家之学的研究虽未曾断绝，特别是乾嘉以降，诸子研究勃兴，迤至清季民初，可谓洋洋大观，然而终未提出稷下学这一概念，未能采取稷下学的角度和眼光整理研究这一段极为重要的学术史。这固然是由于年代湮远，除《荀子》《管子》尚属完整外，其余稷下诸子的史料均残缺零乱，研究起来困难重重，然而更根本的原因还在于为旧学的体系和方法所拘执。直至本世纪二三十年代，在现代学术的推动下，稷下之学才逐渐为学界所注意，陆续出现了一些研究文章。1930 年，金受申的《稷下派之研究》出版，可以视为稷下学确立的标志。该书约两万字，第一次把稷下诸子作为一个学术群体进行探讨，但把稷下之学归之一个学派却有违史实，不能展现稷下学的丰富内容。1935 年，钱穆《先秦诸子系年》出版，书中对稷下诸子的生平和学术均有精到的考辨，特别是其中的《稷下通考》一节，概述了稷下学宫的地望、始末、荣衰、学风、人物及其行谊。钱穆的研究，真正奠定了日后稷下学研究的基础。1944 年，郭沫若发表《稷下黄老学派的批判》和《宋钘尹文遗著考》二文，对稷下学研究有所推进，但也为后面的研究带来了一定的混乱。以上三人的研究，可以视为稷下学研究的先导。不过，稷下学这一概念至此尚没有明晰地建立起来。

"文革"之后，国学研究劫后新生，随着学术研究的深入开展，稷下学研究顺理成章地受到了人们的广泛关注。大规模的研究是在80年代初期，那时，稷下学曾热闹过一阵子，其声势之大，参与者之众，研究范围之广，均非40年代之前所能相比，陆续出现了一批颇有价值的研究文章，并召开过全国性的稷下学研讨会。但这些研究都比较零散，人们大多浅尝辄止，仅有的几部著作亦止于资料性和介绍的层面，稷下学研究并未被推进到应有的深度，不久便渐趋冷落。从中国古代学术思想的发展史来看，稷下学是一个极为重要的环节，它几乎囊括了战国中后期所有的重要学派及其代表人物，并对秦汉以后学术思想的走势产生了深刻的影响。然而迄今为止，有关稷下学的不少问题、不少领域还无人或乏人问津，或有待于更深入细致的研究，许多成说和传统的提法有重新审视和考虑的必要，特别是缺乏对稷下学进行全面、系统、深入研究的著作。因而，稷下学的研究现状同它的重要地位是很不相称的。基于这种考虑，本书力图在现有基础上更进一步，对稷下学进行全面系统的梳理研究，填补某些缺遗的内容，使某些尚显粗略的研究更为细致和精确，并对一些成说定论进行大胆的反思和修正。

　　长期以来，对于先秦时期的学术思想，人们往往注重对一个个人物、一个个学派、一本本著作的独立研究，而对各学派在不同历史阶段的发展脉络重视不够，特别是忽视了这些人物、学派和著作之间的横向学术联系，对他们之间是如何互相交流、影响和吸取的细节缺乏研究和揭示。即使是论及这种横向联系，也往往是只注重他们之间的互相批评指责，而忽视了他们之间的互相影响和吸取。因此，我们所见到的有关著作大多是学案式的，或曰个案研究的罗列，从中只能看到一个个人物的时代、生平和主要思想，只能看到一个个学派的发展线索。而事实上，古代学术思想的发展并非一条一条的"线"，更不是一个一个的"点"，而是一张纵横交织的"网"。因而，此种研究现状是不能令人满意的，其中的一个重要原因，就是对稷下学缺乏研究。因为战国时期学术思想的发展，主要是通过诸子百家之间的交流、争鸣、影响和吸取实现的，而这些学术活动，主要就发生在稷下学宫。对稷下学的深入研究，有助于了解诸子百家之间互相影响和吸取的细节，有助于理清这些人物和学派之间的横向学术联系和纵向发展脉络，对于先秦学术思想史研究的纵深化和精确化，对于改善中国哲学史的研究现状，都有比较重要的意义。

　　诸子百家汇聚在一起，通过争鸣走向融合，这是稷下学术发展的大趋势，也是学术思想发展的一般规律。融合不是不同学术思想的简单相加，更不是学派性质的消失，而是指某种互渗性、趋同性和互补性。在稷下，无论是哪一家学派，都在一边同别家学说展开争鸣，一边不可避免地受到对方的影响，从而自觉不自觉地以本学派基本主张为本位吸取着别家之长。百家之学就这样互相启发借鉴，互相濡染吸纳，激发出无数的思想火花，从而使得这一时期的学术思想异常活跃丰富，极富创造性。稷下的学术思想于是逐渐显露出一种"舍短取长，以通万方之略"的发展趋势，这就是我们所说的融合。百家之学在稷下究竟发生了哪些变化，它们是如何互相采撷的，探讨了哪些新问题，涌现出哪些新思想、新流派，这些学术成就对中国古代学术和社会政治产生了哪些影响和作用，如此等等，都是本书所要重点探讨和予以解答的问题。

战国时代的百家争鸣，是中国古代学术思想的源头活水，近世学者于此用力最为精勤，大师巨擘辈出，以至吾辈后学往往视之为畏途，惟恐在这块早已被反复耕耘得发热的土地上事倍功半，甚至无功而返。笔者向来认为，跨越战国诸子而研治国学是不可取的，必须在此打下坚实的基础，才有可能在治学道路上真正有所创获。只要有正确的治学态度和得当的方法，有肯坐十年冷板凳的决心和耐心，就终能有所收获。这就是笔者选择稷下学这一题目的初衷。至于是否真的有所收获，只有请读者来评判了。

白　奚

1998 年 4 月于首都师范大学寓所

第一章　稷下学宫产生的文化背景

稷下学宫是战国百家争鸣的学术中心。它虽然产生于齐国，但不是一个孤立的现象，它的出现，首先要放在整个先秦历史发展的大背景下来考察，方能得到合理的解释。作为中国历史上空前绝后的文化现象，稷下学宫的出现不仅有着深刻的经济、政治根源，而且有其直接的文化背景。适应时代需要而出现和活跃的"士"——知识分子阶层，是百家之学的创造者，稷下之学是百家之学的集中表现，稷下学宫则是百家之学争鸣辩驳的主要场所。

一、经济政治变革与士阶层的兴起

春秋战国是一个动荡不息、战乱不止的时代，同时也是一个发展迅速、充满活力和创造力的时代，中国古代社会正经历着巨大而深刻的变革。变革的原动力来自社会的经济领域。

自春秋以来，社会生产力有了迅速的发展，其主要标志是铁制农具的广泛使用和牛耕技术的推广。这两项技术的推广使用不仅使大量的荒地得到了开垦，也使得深耕细作成为可能，《庄子·

则阳》所谓"深其耕而熟耰之，其禾繁以滋"，就反映了人们对深耕的优越性的认识。施肥和农田水利的技术也是在这一时期发展起来的。《管子》中的《地员》，《吕氏春秋》中的《上农》《任地》《辨土》《审时》，还有见诸史籍的《神农》20 篇、《野老》17 篇等专门著作的出现，都是这一时期农业生产获得长足发展的反映。

农业的发展带来的直接后果，是土地的私有化和土地所有者的经营方式的改变。春秋时期，土地的开发利用程度还相当低。[1] 随着大量的荒地得到开垦，私田急剧增多，出现了许多依附于豪门贵族的自耕农民，亦称"隐民"或"私属"。由于这种家庭个体生产的逐渐普遍化，原来"籍田以力"的经营方式难以继续维持，于是各诸侯国相继采取了收取租税的方法。前 594 年鲁国"初税亩"，前 548 年楚国"量入修赋"，直到春秋末年秦国的"初租禾"，各主要的诸侯国都相继采用了这种新的经营方式。经营方式的改变造就了大批的新兴地主，使古代中国的社会结构发生了变化。

与租税制同时出现的还有谷禄制。古代世袭社会的运作是通过对土地的层层分封和血缘贵族对土地的世代占有的方式进行的，随着贵族人数的不断增多，可供分封的土地却越来越少，渐

---

[1] 钱穆说："古时的农耕区域，只如海洋中的岛屿，沙漠里的沃洲，一块块隔绝分散在旷大的地面上。又如下棋般，开始是零零落落几颗子，下在棋盘的各处，互不连接，渐渐越下越密，遂造成整片的局势。中国古代的农耕事业，直到春秋时代，还是东一块西一块，没有下成整片，依然是耕作与游牧两种社会到处错杂相间。"见钱穆《中国文化史导论》（修订本），商务印书馆 1994 年版，第 56 页。

至于无土可封的地步,谷禄制或俸禄制就是为解决这一矛盾而出现的新的运作方式。《史记·孔子世家》载:"卫灵公问孔子:'居鲁得禄几何?'对曰:'奉粟六万。'卫人亦致粟六万。"可见谷禄制到了春秋中后期已相当普及。童书业在论述谷禄制的意义时说:

> 凡有土地即有人民,得组织武装,为独立之资。春秋以来,天子之不能制诸侯,诸侯之不能制大夫,以致大夫不能制家臣,悉由于此。故封土赐民之制,实为造成割据局面之基础。及谷禄制度兴,臣下无土地人民以为抗上之资,任之即官,去之即民,在上位者任免臣下无复困难,乃有统一局面之可能。故谷禄制度之兴,实春秋战国间政治、经济制度上一大变迁。❶

谷禄制的出现在经济制度上为下层平民跻身社会上层扫清了障碍,为下面我们要讨论的士阶层的出现提供了可能的前提,对于以后中国君主专制和官僚政治的建立意义十分重大。

与农业的发展并行的是手工业的发展和商业的繁荣。手工业和商业的发展造就了一个独立的手工业者阶层和商人阶层,他们的活动使得社会财富迅速增加,打破了西周以来的"工商食官"的局面,使社会的活力大增。一些新兴的中下层人物通过兼并土地、争夺农户和经营工商的渠道,迅速聚敛起巨额的财富,他们的强大加速了社会的分化,最终促成了社会性质和制度的深刻变化。

社会的变革更为突出地表现在政治领域和社会的组织结构

---

❶ 童书业:《春秋左传研究》,上海人民出版社 1980 年版,第 370—371 页。

方面。天子式微，诸侯力政，政权下移，世袭制度逐步解体，是春秋以来政局发展的大趋势。周天子失去了往日的威势和号召力，诸侯不听天子的号令，礼乐征伐由自天子出变为自诸侯出。在各诸侯国中，新兴的中下层人物经济实力不断强大，政治要求也随之日益膨胀，导致公室衰微，政权逐步下移，所谓"政在私门""政在大夫""陪臣执国命"等就是这种局面的写照，社会呈现出无序的混乱状态。这种天下大乱、列国争霸称雄的混战局面持续了五百多年之久，而且愈演愈烈。政局的混乱加剧了社会结构的变化。从春秋到战国，不仅社会的流动性变得越来越高，而且社会的组织结构也发生了重大的变化，这突出地表现在社会的上层。根据许倬云对春秋战国间的社会变动的定量研究，春秋时各国的主政者中，绝大部分都出身于本国宗室和世卿之族，强宗巨室在列国政治中具有决定性的地位。到了战国时期，情况发生了根本的变化，列国政治舞台上叱咤风云的大都是些出身寒微的人物，因而许氏的结论是："整个战国时代几乎未见有春秋时代的那种巨室……似可说，新的社会结构已经取代了旧有的秩序。"❶社会上层的来源和结构的这种重大变化表明，世袭社会的组织结构连同与它相应的贵族政治业已解体，社会已发生了根本性质上的变化。

继贵族政治出现的是官僚政治。在贵族政治下，一个人的社会地位和掌握的权力如何，是由他在血缘上的优越程度决定的。一般来说，贵族传世既多，血缘上的优越性丧失，便逐步下降到社会下层，鲜有返回社会上层的可能，平民出身者更难得到

---

❶ 许倬云：《求古编》，台北联经出版事业公司1982年版，第340页。

跻身社会上层的机会。官僚政治却打破了这种社会等级单向流动的格局，为出身寒微的才学智能之士提供了通畅的晋升之途。到了战国时期，列国君主的权力日益加强，郡县制得到了广泛的推行，社会上层向平民开放，官职唯有凭才能和功绩方能获得，官吏由君主直接任免。整个社会的组织结构和运行机制发生了重大的变化，赅而言之，贵族政治已被官僚政治所取代。

贵族政治的衰落和官僚政治的兴起，说到底是由王室衰微，诸侯力政，列国争霸兼并所造成的竞争局面引起的。就各诸侯国自身来说，所有的变革措施，都是在情势变化、列国竞争的巨大外在压力之下被迫采取的。在不断扩大和升级的激烈竞争中，各诸侯国为求得自保或在竞争中获胜，无不在谋求富国强兵，迫切需要寻找符合自己需要的治国方略，迫切需要得到有知识和才能的人的支持。社会需要更多、更好的新型人才，而人才的培养需要能够培养人才的人才，形形色色的治国方略的提出更需要从思想理论上进行大量的探讨和创新。这些任务都要由新型的文化人群体来完成，而旧有的社会文化机制却无法为这一新的群体的出现提供必要的条件。春秋以前，世袭贵族是文化的承担者，社会文化可以说是贵族的文化。在春秋以降剧烈的社会动荡中，贵族阶级迅速衰落，世袭社会逐步解体，历史遗弃了贵族文化，为新的文化腾出了空间。时代呼唤着新的文化人的出现，这是社会的经济政治变革对文化提出的新的要求。适应社会文化变迁的时代需要，一个新兴的文化阶层或称知识分子阶层——士阶层就应运而生了。

"士"在西周时期本是贵族阶级中最低的一个等级，处于大夫之下。据《孟子·万章下》和《礼记·王制》，周时士又分为

"上士""中士"和"下士"三个品级，最低的品级"下士"则与庶人相衔接。作为下级贵族，士受过"六艺"的教育训练，能文能武。战时充当下级军官，执干戈以卫社稷；平时"大抵皆有职之人"，❶或"治官府"，在公室中担任各种职事，或充当卿大夫的家臣，为他们管理采邑或家政。

春秋以前的士不是一个独立的社会阶层。从宗法血缘上讲，他们都是贵族的庶孽，是上一级贵族的族人，他们被固定在一定的宗法关系中，对自己的宗族有较强的依附性。从政治上讲，由宗法关系所决定，他们同卿大夫之间构成了事实上的君臣关系或主从关系，是上一级贵族的附庸，没有独立自由的身份。从经济上讲，《国语·晋语四》曰："公食贡，大夫食邑，士食田，庶人食力。"韦昭注"士食田"为"受公田也"，盖大夫以上有采邑，士则无之，故以公田的收入禄养之。孟子在追述"周室班爵禄"时也说，周制君禄十倍于卿，卿四倍于大夫，"大夫倍上士，上士倍中士，中士倍下士，下士与庶人在官者同禄，禄足以代其耕也"（《孟子·万章下》）。亦证明士已无田可耕，以禄代耕。士虽与"食力"的庶人不同，但亦无独立的经济来源，他们由于"食田"的关系，被变相地束缚在土地上，在这一点上，又与庶人无别了。

春秋以降，士开始由贵族阶级的一个等级转变为独立的社会阶层。士阶层的独立是以这一阶层能够以自己特有的知识才能为资本同社会进行自由交换为条件的，这一条件的成熟又包含着若干复杂的因素，在这些因素中，社会的竞争局面造成的对知识和人才的需求有着关键性的意义。

---

❶ 顾炎武：《日知录》卷七"士何事"条。

在过去的研究中，人们总是把宗法制的衰败作为士阶层出现的首要条件。而在笔者看来，宗法制的衰败同士阶层的兴起是同时并进的，若论其中因果，与其说是宗法制的衰败使士人摆脱了对宗族的依附关系而获得自由独立的身份，毋宁说是士人的社会作用日益重要，使得宗族的力量已无法再对其继续保持原有的约束作用，从而导致了宗法制的衰败。而造成士人的社会作用日益重要的原因，正是时局的变化形成的竞争局面。离开了这一点，我们就难以对士阶层的产生做出合理的解释。

春秋以前，人们在社会中的地位大体上是由自己同宗主在血缘关系上的远近亲疏决定的。贵族阶级传世既多，他们的庶孽支裔在贵族的等级序列中不断下降，卿降为大夫，大夫降为士，士继续下降，就沦为庶人。不断有新的士产生，但也不断有士降为新的庶人，士作为贵族政治中的一个等级，并不具有什么特殊的意义。因而，社会等级的这种单向流动虽然年复一年、代复一代地继续下去，但却不能提供足以使社会发生重大变化的新鲜内容。晋国大夫师服对这样的宗法社会进行了描述："吾闻国家之立也，本大而末小，是以能固。故天子建国，诸侯立家，卿置侧室，大夫有贰宗，士有隶子弟，庶人工商各有分亲，皆有等衰。"（《左传·桓公二年》）整个社会就是由这许多大大小小的"本大而末小"的宗族组成的，即使是庶人皂隶，事实上也是作为宗主的附庸而生活在一定的宗法关系中。这是春秋以前的社会结构。春秋以来，礼崩乐坏，原来相对稳定的社会结构遭到了破坏，社会开始发生重大的变化。《史记·太史公自序》曰："春秋之中，弑君三十六，亡国五十二，诸侯奔走不得保其社稷者不可胜数。"诸侯尚且如此，卿大夫之间的争夺更是可想而知。天下大乱致使许多人失去了原有的宗族统属关系，成为散落于社会中的游离者，这些人中自然以士一级居多。这些游离于社会中的士人原来"大抵皆有职之人"，有一定的文化知识和专长，这使得他们可以借此投靠新的主人，往往为那些新兴的实力派人物所用。他们与新主人之间是一种并不十分牢固的、有较大自由度的、带有交换性质的、双向选择的关系，这种新型的关系首开"士无定主"局面的先河，开始使士成为一个独立的、特殊的社会阶层，这一新兴阶层的发展和活跃最终促成了社会性质和运行机制的重大变化。

　　然而这仅仅是一个开始，使士阶层迅速崛起壮大的关键性因素是私学的兴起。春秋以前，"学在王官"，文化和教育被贵族阶级所垄断，受教育是贵族子弟的特权，广大庶民没有接受教育的机会。春秋以来，天子式微，诸侯不得保其社稷，卿大夫不得保其宗族，大量靠父子祖孙世传其学以取禄秩的士人流落到民间，《左传·昭公十七年》称这种现象为"天子失官，学在四夷"。这些人有丰富的政治经验，熟悉上层社会的各种礼仪制度典籍，都是某方面文化知识的专家。他们有的投靠了新的主人，有的则以教授弟子，传播文化知识为生，私学由是兴起。私学的教育对象面向全社会，其教学内容和培养目标也更适合时代的需要。私学的兴起打破了"学在王官"的局面，将文化知识普及民间，使广大平民有机会学习文化知识，增长才智，唤起了他们参预政治、求取功名、改善社会地位的欲望。许多苦于耕稼之劳的下层庶民通过弃农从学的途径步入社会上层，他们的成功又对更多的人起到了示范作用，如"中章、胥己仕，而中牟之民弃田圃而随文学者邑之半"（《韩非子·外储说左上》）。私学发展的直接结果，是培养造就了大批来自社会下层的智能之士，以他们为主，再加上从贵族下降来的士，就形成了一个能够以自己的智能同社会进行交换的独立的知识分子群体或集团——士阶层。

这里有两点需要特别强调。第一，私学的出现使得社会等级的流动由单向变为双向。私学出现之前，上层贵族因传世过多而降为士，这一自然过程已持续了数百年之久，却不能造就一个独立的士阶层，原因就在于这种等级流动的单向性。私学的出现使得大量下层平民得以"下学而上达"，首先因拥有知识才能而上升为士，再以此为资格和阶梯抵达社会上层。士成为社会等级上下流动的交汇处，人数激增，成分骤变，社会作用迅速增强，性质遂发生了变化，终于成为一个极为活跃的独立的社会阶层。可以说，没有私学的活跃，就不会有士阶层的出现。第二，社会的竞争局面造成的对人才的大量需求是士阶层产生的重要条件。在贵族政治的条件下，强宗巨室、世家大族把持了各级政权，下层平民几乎没有上达的机会。春秋以降，列国争霸，各种社会势力都在极力扩张，激烈的竞争迫使他们面向全社会罗致人才，社会上层的大门终于向下层平民敞开。社会对人才的大量需求刺激了私学的发展，同时也为私学提供了广阔的人才市场，显然，没有这样的需求和市场，就不会有士阶层的出现。各级权力所有者同士阶层之间是互为供求的关系：一方面，士阶层提供智能，以满足社会对人才的需求，此是供，彼是求；另一方面，社会提供职位爵禄，以满足士阶层参政和改善地位的需求，彼成了供，此则成了求。双方的需求都是那样的迫切，从而构成了稳固的交换关系。而当士人能够以自己的德智才能同社会进行自由交换，并且这种交换得以长期而稳定地继续下去时，士作为一个独立的、特殊的社会阶层（或称集团、群体），便如瓜熟蒂落、水到渠成般地产生了。以上两点是如此的重要，以至于离开了这两点，我们便无从了解士阶层出现的缘由，也无从了解春秋战国时期的社会变局。

二、礼贤下士之风和布衣卿相之局

士阶层一登上历史舞台，就显示出了非凡的活力和作用，成为社会上最为活跃的一个群体。他们非但"轻去其乡"，没有家族的观念，而且"国"的观念也很淡漠，唯一具有的就是学识才智和德行，只能出卖智力，以"仕"为职业。谁优礼士，士就为谁所用，谁给士高官厚禄，士就为谁效力，哪里有实现理想和抱负的机会，士就奔向哪里，"行不合，言不用，则去之楚越"（《史记·魏世家》）。他们往来于诸侯之间，奔走于卿相之门，所到之处无不引起列国政治舞台的风云变幻。《史记·仲尼弟子列传》曰："故子贡一出，存鲁，乱齐，破吴，强晋而霸越。子贡一使，使势相破，十年之中，五国各有变。"战国时，这种情况愈演愈烈，后世王充有这样的描述："六国之时，贤才之臣，入楚楚重，出齐齐轻，为赵赵完，畔（叛）魏魏伤。"（《论衡·效力》）甚至有人"一怒而诸侯惧，安居而天下熄"（《孟子·滕文公下》），令秦王这样的人物胆战。❶这些记载尽管有些夸张，但亦足以表明士阶层已成为一支举足轻重的政治力量，他们的智能谋略在列国的竞争中发挥了巨大的作用，能不能争取到士阶层的支持，已成为列国兴衰存亡的关键和衡量列国实力大小的标准。

---

❶《战国策·楚策一》载秦王曰："寡人闻之，万乘之君，得罪一士，社稷其危。"

　　士阶层的崛起和活跃，使得春秋战国时期的政局波诡云谲，精彩纷呈，"得士则昌，失士则亡"的观念成为当时全社会的共识。为了在竞争中获胜，从诸侯到卿相大夫都在极力地罗致人才，从而在全社会形成了礼贤下士的蔚然风气。《管子·霸言》说"夫争天下者，必先争人"，这里的"人"，主要就是指的贤能之士。《管子》虽然成书于战国中期，但这条材料反映的可能是春秋时期人们的看法，代表着当时人们对人才的重要性的普遍认识。"争人"的手段虽是多种多样，但主要不外乎厚养、尊礼和重用三类。五霸之首齐桓公在这方面堪称表率，他曾派出游士八十人，给以优厚的待遇，使之周游四方，以号召天下贤士。(事见《说苑·尊贤》)他不惜以万乘之尊，五顾贤士小臣稷。(事见《新序·杂事》)他路遇贤士宁戚，连夜"授之以为卿"。(同上)越王勾践招贤，"四方之士来者，必庙礼之"，"其达士，洁其居，美其服，饱其食"，终至有"君子六千人"(《国语》)。秦昭王对范雎，梁惠王和燕昭王对邹衍都曾放下了君王的架子，"执宾主之礼"。(分别见于《战国策·秦策三》和《史记·孟子荀卿列传》)魏文侯礼士最为著名，他屈执弟子之礼，师事子夏、田子方、段干木。士人们也乐于以帝王之师友自居，并以此来要求君主，这在战国时期的子书中多有反映。在君主的示范下，列国的卿相大臣也竞相礼士养士，战国时期著名的"四公子"最为人们所称道。史载"春申君既相楚，是时齐有孟尝君，赵有平原君，魏有信陵君，方争下士，招致宾客，以相倾夺，辅国持权"(《史记·春申君列传》)。他们各养士三千，争名斗富，有一次平原君的门客在春申君面前夸富，"春申君客三千余人，其上客皆蹑珠履以见赵使，赵使大惭"(同上)。

　　王公大人们的礼贤下士使得士人们的境况越来越好，社会地位越来越高。春秋时孔子周游列国经常受到冷遇，有时饭都吃不上，连他自己也承认狼狈得如同"丧家之狗"（《史记·孔子世家》）。到了孟子周游列国时，已是"后车数十乘，从者数百人，以传食于诸侯"（《孟子·滕文公下》），所到之处无不受到贵宾般的礼遇，气派远非孔子之时所能比。春秋时期的士，在君主面前尚且毕恭毕敬，小心翼翼，"君在，蹴踖如也""入公门，鞠躬如也"（《论语·乡党》），到了战国时期，士对君主的态度就发生了很大的变化，有些名士常高傲地以王者之师自居，不把君主放在眼里。孟子曰："说大人则藐之，勿视其巍巍然。"（《孟子·尽心下》）他以道义的化身之面目出现，教导君主们要以"古之贤王"为表率，忘掉自己的势位，并鼓励士人们"乐其道而忘人之势"（《孟子·尽心上》）。他经常当面批评和挖苦君主，让他们下不了台。许多君主不得不在表面上接受了"道尊于势"的说法，后来甚至出现了"士贵王不贵"的言论。（见《战国策·齐策四》）

　　早在春秋时期，子夏就说过"学而优则仕"（《论语·子张》），孔子也常用"耕也，馁在其中矣；学也，禄在其中矣"（《论语·卫灵公》）来鼓励人们求学以入仕。多数士人求学的目的是干禄求仕，入仕为官是士人们的主要出路。吕不韦曾将耕田、经商和从政三者进行了一番比较，结论是："耕田之利"为十倍，"珠玉之赢"为百倍，而"立主定国之赢"则为"无数"；于是他毅然放弃了经商，开始了政治上的投机冒险。（见《战国策·秦策五》）像吕不韦这样的富人尚且要投身政治，更何况那些贫寒之士了。士人在入仕之前，大多数都生活贫困，地位低下，而一旦入仕为官，特别是出任高级的"卿相"后，他们的境况就会发生天壤之别的变化。正如魏公子牟所言："君知夫，官不与势期而势自至乎？势不与富期而富自至乎？富不与贵期而贵自至乎？"（《说苑·敬慎》）对于布衣之士来说，一旦做了官，就意味着权势、地位和财富的从无到有。因而踏上仕途，出将入相，对广大的士人有着极大的诱惑力。撇开孟子那样的有"平治天下"之壮志者和庄子那样的视政治为污途畏途的隐士不谈，绝大多数士人都被吸引到了仕途上来。他们为登上卿相之位展开了激烈的竞争，其中不乏悬梁刺股之士，而社会也对他们的刻苦勤学给以丰厚的回报。许多人凭着才学智谋和一张悬河利口游说诸侯，一经得到赏识，往往平步青云，由一介寒士一跃而高居卿相之位。正如韩非所言，一旦"适当世明主之意，则有直任布衣之士，立为卿相之处"（《韩非子·奸劫弑臣》）。朝为布衣，夕为卿相的事例屡见不鲜。如"申不害者，京人也，故郑之贱臣，学术以干韩昭侯，昭侯用为相"（《史记·老子韩非列传》）。穷得只能穿草鞋的虞卿游说赵孝成王得到赏识，拜为上卿，封万户侯。（见《史记·平原君虞卿列传》）姚贾乃魏国监门小卒之子，曾经当过盗贼，得秦王赏识，亦封万户，以为上卿。（见《战国策·秦策五》）苏秦尝穷困潦倒，形容枯槁，后终于叱咤风云，挂六国之相印。（见《战国策·秦策一》）"家贫无以自资"的范雎游说于秦，昭王拜为客卿，后又拜相，号为应侯，位极人臣。（见《史记·范雎蔡泽列传》）李悝、吴起、张仪、卫鞅、惠施、甘茂、蔡泽、李斯、邹忌、蔺相如等，都是些出身寒微，靠游说诸侯得以执掌大权的风云人物。这些布衣卿相在战国时期的政治舞台上扮演了极为重要的角色。

三、百家之学的出现

关于诸子百家的起源，学术界历来聚讼纷纭。《汉书·艺文志》有诸子出于王官之说，如"儒家者流，盖出于司徒之官""道家者流，盖出于史官""墨家者流，盖出于清庙之守"等。《淮南子·要略》则有诸子皆起于救时之弊之说。近人胡适作《诸子不出于王官论》，❶力陈《汉志》之非，而倡《淮南》之说，章炳麟等则又起而为《汉志》辩护，于是引发了一场著名的争论。其实任何一种学说的兴起，固然有其特定的时代背景，但也离不开一定的思想渊源。《淮南》之说，着眼于诸子之学兴起的时代条件，而未顾及从学术思想本身的发展演变来寻求其渊源。《汉志》之说，虽可补《淮南》之不足，却未及诸子兴起之时代条件，且以诸子十家必出于王官之一守，亦未免有些牵强。将此两说合而观之，正可以互相补充而臻于全面。近人吕思勉论先秦诸子之学的缘起甚为精到，他说："先秦诸子之学，非至晚周之世乃突然兴起者也。其在前此，旁薄郁积，蓄之者既以久矣。至此又遭遇时势，乃如水焉，众派争流；如卉焉，奇花怒放耳。"❷吕氏检讨《汉志》和《淮南》两说之得失，提出"因缘"说，其言曰："诸家之学，《汉志》谓皆出王官，《淮南·要略》则以为起于救时之弊，盖一言其因，一言其缘也。"具体言之："先秦诸子之学，当以前此之宗教及哲学思想为其因，东周以后之社会情势为其

---

❶ 见《古史辨》第四册，上海古籍出版社 1982 年版，第 1—8 页。

❷ 吕思勉：《先秦学术概论》，东方出版中心（原中国大百科全书出版社上海分社、知识出版社）1985 年版，第 4 页。

缘。"❶吕氏此说可谓平实全面，符合历史的真相。

根据前面我们对春秋战国时期社会政治和组织结构的变迁的叙述，若从士阶层的兴起和活跃这一特殊的角度来观察，则百家之学的兴起亦可视为士阶层参政的精神产品。

春秋战国时期的社会动乱，人们常以"礼崩乐坏"来概括。礼乐作为社会上层的行为规范，不仅标示着一种社会制度和秩序，而且包含着人们对此种制度和秩序的认可和由此形成的思想传统，因而它同时又标示着一种观念系统和价值体系。"礼崩乐坏"不仅是这一统治秩序的崩坏，同时又是旧有的意识形态的危机。它打破了传统的生活和观念，使得人们的思想更自由，有利于新的思想学说的出现。正如余英时所说，"春秋、战国的'礼坏乐崩'是'百家争鸣'的前奏"。❷面对变化了的现实，人们开始思考新的问题：社会发生的深刻变化需要人们从历史经验上进行总结，从思想理论上做出说明和解释；如何才能消除社会危机，解民于倒悬，需要人们拿出切实可行的办法；个人应如何应付险恶的社会环境，如何看待现实中的是非善恶等等，需要人们提供新的、多样化的价值标准和人生态度；社会的变化将何去何从，需要人们做出合乎情理的、令人信服的预测。特别重要的是，寻找适合自己需要的治国方案，尽快富国强兵，以便在激烈

---

❶ 吕思勉：《先秦学术概论》，东方出版中心 1985 年版，第 16 页、第 5 页。蒋伯潜《诸子通考》亦持同样的"因缘"说，他说："诸子之学，兴于春秋之末，至战国而大盛，至西汉而渐以衰替。其兴盛，其衰替，自有其所以兴替之故。此所以兴替之故，在学术本身者，谓之'因'；在当时环境者，谓之'缘'。"（浙江古籍出版社 1985 年版，第 27 页）

❷ 余英时：《士与中国文化》，上海人民出版社 1987 年版，第 26 页。

的兼并战争中生存和发展，更是各国君主最为关心的头等大事。所有这些问题，都要由思想家们来思考和解决，而对所有这些问题的思考和解决，便形成了百家之学。

激烈的兼并战争，归根到底是实力的竞争。然而实力的获得，一个国家的由弱到强，则在于这个国家治理得如何，而治国离不开政治理论的指导，治理一国的第一步也是最关键的一步，就是选择适合自己需要的、切实可行的治国方案。因而选择治国方案，一直是列国君主最关注的问题。一般来说，在实力相当的情况下，谋略常常是决胜的因素。同样道理，在列国基本条件差不多的情况下，谁的治国方案选择最为得当，谁就会更快地富强起来，从而在竞争中取得优势，因而可以说，治国方案（即政治理论）是最高级的谋略。秦孝公图强心切，他在即位之初下令求贤："宾客群臣有能出奇计强秦者，吾且尊官，与之分土。"（《史记·秦本纪》）如此高昂的代价所要换取的，绝不是什么具体的谋略和计策，而是治国的方针大计。因而在商鞅提供的"帝道""王道"和"霸道"三种治国方略中，他选择了符合本国条件并能迅速富国强兵的"霸道"。事实证明他的选择是正确的，秦国在适宜的治国方案指导下，迅速走上了富强之路，为后来的荡平六国打下了良好的基础。士人向诸侯君主提供的，正是这样的一些治国方案，他们借以同社会交换的，主要就是这些形形色色的政治理论。

春秋战国是一个思想文化上标新立异的时代，百家之学争鸣竞放，精彩纷呈，是中国古代思想史上的黄金时代。形成这一繁荣局面的原因，可以从以下几个方面来考察。

首先，从学术思想自身来看，正如前人所强调的，各家学说都不是凭空产生的，而是有其一定的思想渊源。古代官师政教合一的王官之学，人们世守其官，世传其学，他们的知识有着专门化、职事化的特点，这些不同的知识来源，是百家之学形成自己的学术特色的原因之一。山川之别，风土之异，不同地域的文化背景，也是产生不同的思想文化的温床，南方的荆楚，海滨的燕齐，东方的邹鲁，西方的三晋，都出现了具有自己鲜明的地域特色的思想学说。学术思想之间的竞争，也是促成学派分化的原因，各学派为了证明自己的学说是最好最正确的，为了竞争人徒，都必须立一家之言，以自己的学术特色征服人、吸引人。

其次，从思想家们本身来看，他们是百家之学的创造者和代表者，由于阶级出身、社会地位、生活遭遇、知识结构、个人性格等方面的差异，他们观察问题的角度和方法不同，结论也不相同。对历史和现实的不同看法影响了他们的治学兴趣、政治观点、价值观念、人生态度和试图解决社会与人生问题的思路和方法。他们有的同情民众，热心救世，有较多的人民性；有的则冷酷无情，专为统治者考虑，热衷于鼓吹君主集权。有的从国家和社会的长远利益出发，主张温和的改革和实行仁政，重视道德教化的作用；有的则迫不及待，注重短期效益，主张激烈的改革和严刑峻法。有的工于心计，精于人君南面之术；有的工于谋国，长于富国强兵之道。有的注重从理论的高度探讨和阐发，使自己的学说富于哲理和思辨性；有的则对哲理不感兴趣，只追求功效，讲求实用。诚如王叔岷所言："凡一学说之产生，必有其思想之渊源，时代之影响，及个性之发挥。"❶离开了这些"个性之发挥"，我

---

❶ 王叔岷：《先秦道法思想讲稿》，台北"中研院"中国文哲研究所中

们就不能对百家之学的繁盛做出全面的解释。

再次，现实的政治需要是促进百家繁荣的最重要的原因。如前所言，士人借以同社会交换或者说借以游说打动列国诸侯的，主要就是他们提出的治国方略。治国之道，本可以有不同的途径与方法，百家之说自可见仁见智，此亦势所必然。列国之自然、经济、政治条件各不相同，发展程度亦不平衡，民情风俗等历史文化背景更是复杂多异,治国方案岂能千篇一律？他们只能是根据自己的实际情况，来选择适合本国需要的治国方略。这就要求思想家们提供多样化的政治理论，以便列国君主们有足够的选择余地。诸侯异政，"时君世主，好恶殊方"，他们的态度也反过来影响士人的学术观点和政治主张，刺激了学术思想的发展，"是以九家之术，蜂出并作，各引一端，崇其所善，以此驰说，取合诸侯"（《汉书·艺文志》）。

以上三个方面的分析，使我们对百家异说的原因大体上有了一个比较全面的认识。

在古代中国，学术思想作为社会意识形态，从来都是适应统治阶级的政治需要而产生，并为统治阶级的政治实践服务的。所谓"百家殊业，皆务于治"（《淮南子·氾论训》），"夫阴阳、儒、墨、名、法、道德，此务为治者也"（《史记·太史公自序》），就是对古代学术的基本精神的准确概括。然而，学术思想作为意识形态，毕竟是以自己特有的思想理论的形式影响和作用于政治生活的，因而，为政治实践服务的活动，同时又是一个精神财富的创造过程。古代的士人通过为政治服务的途径，创造和发展着学术文化，百家之学就是他们参政的精神产品。

从春秋后期到战国前期，出现了老子、孔子、墨子等伟大的思想家，他们以博大精深的思想理论和道德魅力，吸引了大批的追随者。他们的思想言论经追随者们及其后学的整理补充，形成了完整的理论体系。这样，由奠基者、后继者以及使后继者们凝聚在一起的经典著作，就构成了完整意义的学派。先秦时期有重大影响的学派大抵如此，以儒家、道家和墨家最为典型。这些学派往往在奠基者去世后出现分化，如"儒分为八""墨离为三"，形成众多的分支和流派，这些支派常常为争夺正宗地位而论战甚至互相贬低。但总的来看，直至战国前期，学派的数目还不多，各学派尚处于独立发展的时期，除墨家背离了儒家阵营而与儒家相非之外，各学派之间的交流不多，为数不多的争论也主要是发生在各学派内部的，学术思想的发展并不很快，严格意义上的百家争鸣尚未开始。我们知道，学术思想的繁荣发展离不开各种思想的充分交流，而对于这一时期的学术思想来说，所缺少的正是这种充分交流的条件，具体来说，就是缺少一个能够使学者们经常会聚在一起，便于互相交流切磋争鸣的固定场所。

正值此时出现的稷下学宫为学术思想的繁荣发展提供了难得的机遇和极好的条件。稷下学宫广泛容纳各家学说，是学术交流的理想场所和百家争鸣的理想园地，是远近闻名的学术中心。过去由于关山阻隔，思想家们分散在各地，彼此了解的机会不多。现在，各派学者云集稷下，极大地方便了学术思想的交流。在稷下学宫，不仅各家学说都获得了发展壮大的良机，更为重要的是，它们经过了充分的交流和争鸣，不仅互相影响和吸取，而且互相启发和激荡，从而涌现出许多新的学说和流派。如果把从儒道两家的始创到稷下学宫的建立这约两百年间学术思想发展的情况同稷下时期进行一番比较，我们就会看到，无论是学者的数量，学派和著作的多寡，还是讨论问题的深度和广度，这两个时期都有相当大的差距。这表明，先秦的学术思想不是等速发展的，稷下是一个飞跃发展的时期。可以说，进入稷下时期，严格意义上的百家争鸣才真正开始，先秦学术才得以迅速发展到鼎盛。百家争鸣主要是在稷下进行的，有的学者认为，"先秦所谓'百家争鸣'的时代主要是和稷下时代相重叠的"，[1]这是符合历史事实的。从先秦学术发展的最终结果看，其成就之辉煌在很大程度上有赖于稷下学宫的巨大作用，以至于我们甚至可以说，没有稷下学宫便没有百家争鸣的辉煌。

---

[1] 余英时：《士与中国文化》，上海人民出版社1987年版，第61页。

第二章　稷下学宫与齐国

如前所论，稷下学宫作为战国中后期的学术文化中心，它的出现是历史和文化自身发展的需要。然而在战国历史上，这样的学术文化中心为什么唯独出现在齐国而没有出现在其他国家呢？这是一个无法回避的问题。我们认为，稷下学宫这样的学术文化中心的出现，需要具备经济、政治，特别是文化等多方面的条件，而列国中只有齐国具备了所有这些条件，因而齐国成为战国中后期的学术文化中心就不是偶然的现象，而是有着深刻的历史和文化的必然性。

一、齐国的经济、政治与文化

（一）自然条件与经济

齐国位于东方（今山东半岛一带），与其他国家相比，地理环境较为优越。齐东有黄海，西临黄河，北有渤海，南有泰山，四面都有天然屏障，堪称"四塞之国"。进可以攻，退可以守，为在列国争雄兼并的年代里发展经济和文化提供了较为稳定的环境。

齐国的自然环境得天独厚，农、工、商业均较发达。齐"膏壤千里"(《史记·货殖列传》)，宜于发展农业。齐又是铁制农具使用较早的国家，最迟在春秋中期，铁制农具已广泛应用于农业生产，粮食自给有余。齐国矿产丰富，盛产桑麻，还有特有的鱼盐之利，宜于发展工商业。齐自建国之始就十分重视"通商工之业，便鱼盐之利"(《史记·齐太公世家》)，有"冠带衣履天下"(《史记·货殖列传》)之美称，是列国中的首富，"世为强国"(《盐铁论·轻重》)。

雄厚的经济实力使齐国在诸侯争雄中处于十分有利的地位，也为稷下学宫的创立提供了充分的物质条件。稷下学宫是一个庞大的学术文化中心，它历时一个半世纪，容纳了几乎所有重要学派的代表人物，他们又各有大批弟子，如著名的稷下先生淳于髡死，"弟子三千人"为他送葬 (见《太平寰宇记》卷十九)，虽不免夸张，但亦足见稷下学宫之庞大。这些先生和学士又都需要优裕的生活条件，没有雄厚的经济实力，是养不起如此庞大的消费集团的。

（二）政治需要

齐国雄厚的经济实力，为稷下学宫的建立提供了必不可少的物质条件，而田氏集团为了巩固得之不易的齐国政权，并在兼并战争日趋频繁、规模不断升级的形势下谋求富国强兵，以图最后统一天下，这一迫切的政治需要，则是齐国建立稷下学宫的直接原因。齐是周初大封建时为数不多的几个大国之一，经过春秋战国长期的兼并战争，其他几个大国都相继衰微了，齐国却始终保持着强国的地位，即使在战国七雄中也是佼佼者，曾和后起的秦并称"东帝"和"西帝"。齐国之所以能够长盛不衰，除了地理环境优越、物产丰富等自然条件外，主要和齐国历代统治者卓有成效的经营有关，而这种卓有成效的经营，又是同善于选拔和重用贤才分不开的。特别是春秋中期以来，新兴的士阶层开始活跃于政治舞台，引起了齐国统治者的极早重视。在列国中，齐国养士的传统最为悠久。齐桓公争霸，采纳管仲的建议，"为游士八十人，奉之以车马、衣裘，多其资币，使周游于四方，以号召天下之贤士"（《国语·齐语》）。桓公之子懿公为了争夺君位，"阴交贤士"，最后终于得立。（见《史记·齐太公世家》）田氏家族为了取姜齐而代之，更是不遗余力地争取士的支持。田桓子用"家量贷，公量收"的办法争取国人，"山木如市，弗加于山；鱼盐蜃蛤，弗加于海"，于是国人"爱之如父母，而归之如流水"（《左传·昭公三年》），这里的"国人"自然包括大批的士。田桓之子厘子乞也"行阴德于民"（《史记·田完世家》）。田乞之子田常采取同样的办法，"复修厘子之政，以大斗出贷，以小斗收"（同上），"杀一牛，取一豆肉，余以食士。终岁，布帛取二制焉，余以衣士"（《韩非子·外储说右上》）。田氏家族通过这些方法，收罗了大批的士，取得了他们的支持，势力渐强，弑简公，迁康公，终于在公元前386年，田和列为诸侯，取代了姜姓的齐国，创立了田齐政权。

自田完奔齐到田和列为诸侯，田氏家族经过了近三百年的苦心经营，终于谋得了齐国的政权。他们十分清楚士在自己夺权斗争中所起的重要作用，深知"得士则昌，失士则亡"的道理，自然要把大批的士继续控制在自己的手里，让他们为刚刚得到的政权出力献策，同时又可防止他人重演自己篡齐的故伎。于是，田齐政权以国家的身份继续养士，创立了稷下学宫，并把它作为一项既定的国策，使之正规化，制度化。可以说，稷下学宫是变私家养士为国家养士，是田氏家族的私家养士在新形势下的继续和扩大。田氏家族自来齐政治避难始日渐强大，由一个小小的"工正"直到享有齐国，正是春风得意、踌躇满志之时。然而他们的野心还不止于此，在采取措施巩固政治地位的同时，他们又雄心勃勃地把眼光转向了整个海内。他们仿效齐桓晋文的霸业，凭借齐国的经济军事实力，决心要同秦、楚、魏等强国一争高下，满足"辟土地，朝秦楚，莅中国而抚四夷"的"大欲"（《孟子·梁惠王上》）。当时的列国都在变法，旨在富国强兵，一统天下，而能不能实现这个目标，关键就在于能否得到士阶层的广泛支持。具有悠久的养士传统和丰富的养士经验的田齐政权十分清楚这一点，他们看准了形势，先下手为强，凭借雄厚的经济实力，不失时机地创办了稷下学宫。他们采取了种种措施，千方百计地把大批的天下贤士吸引到稷下，为实现自己的政治目标服务。

（三）文化传统

齐国历史悠久，有着其他列国所不及的良好的文化传统和开明的政治风气，以及由此形成的齐国统治者的良好的文化心理素质和文化政策。这是稷下学宫得以产生的一个关键性条件，也是唯独齐国能够成为战国学术文化中心的最主要的原因。齐国是个滨海国家，浩瀚无垠、诡谲多变的大海很早就激发了齐人的奇思遐想，赋予齐人以广阔的胸襟、爽朗的性格和浪漫的精神，孕育了博大的齐文化。《史记·齐太公世家》说齐国"其民阔达多匿智"，《货殖列传》也说"其俗宽缓阔达而足智，好议论"。开国明君姜尚从实际出发，采取了"因其俗，简其礼"（《史记·齐太公世家》）的方针，顺应了齐地的民俗，并不像鲁国那样照搬西周的礼仪制度，使得齐人的思想很少受到各种条条框框的限制，从而开启了齐文化富于开创精神的传统。

姜太公这一开明的政策不仅使齐国稳定了局势，站住了脚跟，收到了显著的治国效果，使得"人民多归齐，齐为大国"（同上），更重要的意义是，这一充满开创精神的国策为后世的君主提供了效法的榜样。一代名相管仲继承了太公的传统，"与俗同好恶……俗之所欲，因而予之；俗之所否，因而去之"（《史记·管晏列传》），"不慕古，不留今，与时变，与俗化"（《管子·正世》），从而形成了齐学求实、主变、富于革新精神的特点。

自姜太公治齐以来，农工商并举，多种经济成分并存和发展，为后世齐国学术文化的繁荣创造了有利的条件。经济的多样性带来了文化思想的多元化，商业的发达促进了齐国同外界的思想文化交流，带来了齐文化的兼容性和开放性，使得齐国的文化思想较之其他列国远为活跃。在这样的文化氛围长期熏陶下，齐国的人民和统治者形成了良好的文化心理素质，他们的思想不封闭，易于接受外来的新鲜事物，容纳各种不同的甚至是互相对立冲突的思想，以便自己从中汲取丰富的营养，扬长避短。

齐文化具有的上述诸多优点，在齐国社会长期的发展中潜移默化地发生作用，终于酿成了齐国开明的政治风气和文化政策。《汉书·地理志》载："太公始封，周公问：'何以治齐？'太公曰：'举贤而上功。'"这样的政策突破了身份贵贱的限制，有利于不拘一格地发现和选拔人才。"举贤而上功"经太公首倡，成为齐国的一项基本国策和一种社会风尚。五霸之首齐桓公不惜以公爵僭用天子之礼，"庭燎之百"以招徕天下贤才，❶甚至不惜以万乘之尊五顾布衣之士小臣稷。他所重用的管仲是"鄙之贾人也，南阳之弊幽"（《战国策·秦策五》），且与自己有一箭之仇，鲍叔牙出身微贱，宁戚也因穷困而饭牛车下。齐景公重用的晏婴乃"东夷之子"，司马穰苴乃"田氏庶孽"。如果不是尊贤上功，唯才是举，而是看重出身和门第，像淳于髡那样出身"赘婿"的卑微之人又怎能被齐王优礼推重，又怎能出现人才济济的稷下学宫呢？

同其他诸侯国相比，齐国的政治是比较开明的。国君能够听取臣民的意见，及时改正自己的错误，臣民也敢于当面指陈君主的错误而不会获罪于君，齐桓公之于管仲，齐景公之于晏婴就是很好的代表。齐桓公还参考了古代传说中的有益经验，设立了一个专门的议政和咨询机构，叫作"啧室之议"，以便"下听于人""广询于下"和"观人诽"，并鼓励人们"非上之所过""以正事争于君前"。❷齐威王的虚心纳谏，勇于改过也是很有名的，据《战国策·齐策一》记载，他鼓励人们直言进谏和非议朝政："能面刺寡人之过者，受上赏；上书谏寡人者，受中赏；能谤议于市朝，闻寡人之耳者，受下赏。"在殷周时期人们的思想观念中，君主与社稷是画等号的，在齐国长期以来的民主风气熏陶下，晏婴率先冲破了这一传统观念。他说："君民者，岂以陵民？社稷是主。臣君者，岂为其口实？社稷是养。"（《左传·襄公五年》）这就把君主同社稷分别开来，把社稷的利益置于君主的利益之上。因此，臣下就不应唯君主之马首是瞻，而应首先对社稷负责，当君主的意志

---

❶ 事见《说苑·尊贤》。关于齐桓公设庭燎，参看本书第三章第一节。

❷ 事见《管子·桓公问》。关于"啧室之议"，参看本书第三章第一节。

和行为同国家社稷的利益相违背时,臣下就应该理直气壮地从国家社稷的利益出发犯颜直谏。齐国政治所具有的这种传统的开明风气在列国中是不多见的,如果齐国没有这样传统的开明政治和崭新观念,又怎能出现数百千人的先生学士在稷下学宫中"咸作书刺世",批评时政,"格君心之非"的盛况呢?

二、其他诸国之分析

其他列国特别是秦楚等大国为什么没有出现稷下学宫这样的学术文化中心呢?这显然与这些国家的地理环境、自然条件、经济实力、政治军事状况的限制有关,但更重要的是这些国家的文化传统和由此决定的文化政策的限制。下面我们对这些国家的情况做一些具体的分析并同齐国进行比较。

(一)鲁与三晋

众所周知,春秋时期列国的文化中心在鲁。姬周建国之初,即将东方最富饶的鲁地封与嫡系伯禽,意欲使鲁成为东方的盟主。不料时势的发展改变了这种格局。鲁国地处平原,无险可守,处于齐、楚等大国的压迫下难以自保而日益衰落。虽然残存到秦统一前三十多年才为楚国所灭,但战国时期鲁国的存在早已是无足轻重的了,这一点仅看鲁国连宋国和中山国那样敢于称王的勇气都没有就足以说明了。鲁国平原肥沃,农业发达,但无山林鱼盐工商之利,政府抑制工商业的发展,提倡俭啬。在商业逐渐发达的年代里,这种单一型的经济缺陷日益明显,远不如农工商并举的齐国那样富有。单一的农业经济导致了鲁文化的单一性,缺乏内在的活力。鲁文化是周文化的一脉,自西周始鲁就是东方的文化中心，后来又成为列国的文化中心。但鲁国自建国始就强制推行和株守周礼，受周礼限制的鲁文化呈封闭型和保守型，对外来文化持排斥态度，不能容纳彼此枘凿的思想，缺乏兼容和创新的精神。在战国时期诸子百家蜂出并作的文化背景下，单一、封闭、保守的鲁文化显然已不能适应新的形势，属于一种正在衰落的文化。因之，战国时期的鲁国已不能继续保持文化中心的地位，列国的文化中心必然要自鲁国向别国转移。

战国七雄中，韩、赵、燕三国相对弱小。赵国虽有较强的军事力量，也不过是居于列强的包围之中，为求自保而出现的一种代偿现象。这些国家在列国竞争中居于劣势，它们最迫切的问题是如何生存，缺乏其他大国那样的雄心，自然就无力也不会想到要建立一个学术文化中心的问题。

魏是战国初期的军事强国，但它是从晋国分化出来的一部分，历史较短，在文化传统上远不如齐国。魏文侯是战国最早养士的国君，他重用李悝、吴起、乐羊、西门豹等贤臣，以师礼待卜子夏、田子方、段干木，"由此得誉于诸侯"（《史记·魏世家》）。可惜魏国缺乏齐国那样深沉的文化积淀，文侯的明智举动未能在魏国蔚成风气，只是发生于他个人身上的偶然现象。魏国地处中原，四面受敌，无险可据，只好多筑城垒，分兵防守。《战国策·魏策一》说魏国"卒戍四方，守亭障者参列，粟粮漕庾不下十万"。鲍彪注曰："他国境或有山川关塞，唯梁无之，皆以卒戍守。"魏国常年为此耗费大量的人力物力，成为战略上的沉重负担。张仪曾经对魏国战略上的被动地位进行过分析，他说："梁之地势，固战场也。梁南与楚而不与齐，则齐攻其东；东与齐而不与赵，则赵攻其北；不合于韩，则韩攻其西；不亲于楚，则楚攻其南。此所谓四分五裂之道也。"(《史记·张仪列传》)魏长期与秦争河西之地，终年疲于战事。战国中期秦国崛起后，魏首当强秦之冲，是秦征伐的头号对象，屡战屡败，献地求和。齐威王时魏又数败于齐，元气大伤。战争的频繁失利使魏国力日衰，同时，也使魏缺乏发展学术文化所需要的相对稳定的环境，无暇考虑也无力进行长远的文化建设。

（二）楚

楚是南方大国，疆域辽阔，但经济和文化都较中原各国为落后。楚国农业不发达，生产技术落后，《史记·货殖列传》说："楚越之地，地广人希，饭稻羹鱼，或火耕而水耨。果隋嬴蛤，不待贾而足，地埶饶食，无饥馑之患，以故呰窳偷生，无积聚而多贫。"《集解》引徐广曰："呰窳，苟且惰懒之谓也。"《汉书·地理志》也说楚人"以渔猎山伐为业，果蓏嬴蛤，食物常足。故呰窳偷生，而亡积聚，饮食还给，不忧冻饿，亦亡千金之家"。颜注引应劭曰："言风俗朝夕取给偷生而已，无长久之虑也。"俯拾皆是的自然资源使楚人不必为衣食发愁，但也养成了他们的惰性，得过且过，苟且偷生，无长远考虑，缺乏进取精神和竞争意识。这是楚国在国民素质方面的缺陷。

一定的经济状况又与一定的文化相联系。由于楚人对自然界赐予的现成自然物有很大的依赖性，从而使得他们的文化中有浓厚的宗教迷信色彩。楚人"信巫鬼，重淫祀"(《汉书·地理志》)，"昔楚南郢之邑，沅湘之间，其俗信鬼而好祠，其祠必使巫觋作乐，歌舞以娱神。蛮荆陋俗，词既鄙俚，而其阴阳人鬼之间，又或不能无亵慢淫荒之杂"(王逸《楚辞章句》)。"荆湖民俗，岁时会集或祷祠，多击鼓，令男女踏歌，谓之歌场。疾病不事医药，惟灼龟打瓦，或以鸡子占卜，求祟所在，使俚巫治之。皆古楚俗也。"（《岳阳风土记》，转引自〔明〕董说《七国考》"楚杂祀"）这些都是关于楚国巫鬼文化的具体记载。这种落后的意识形态甚至渗透到楚国的上层统治集团，给楚国带来许多人祸。楚共王在五个儿子中选择嗣君，竟然还要听凭于"神意"，以至酿成了连年的祸乱。（见《左传·昭公十三年》）"楚灵王信巫祝之道，躬执羽绂，起舞坛前，以乐诸神。吴人来攻，其国人告急，而灵王鼓舞自若，顾应之曰：'寡人方祭上帝，乐神明，当蒙福佑焉。'不敢赴救，而吴兵遂至，俘获其太子及后妃以下。"（桓谭《新论·言体》）楚怀王建白马祠，岁沉白马以飨楚邦河神，"欲以获福助，却秦师，而兵挫地削，身辱国危"（《汉书·郊祀志》）。北方诸夏之国对楚既畏之又贬之，视之为蛮夷，如"楚，夷国也，强而无义"（《公羊传·僖公二十一年》）。"荆者楚也，何为谓之荆？狄之也。何为狄之，圣人立必后至，天子弱必先叛。故曰荆，狄之也。"（《穀梁传·庄公十年》）就连楚人自己也不讳言这一点，早在周共和之前，楚人祖先熊渠就明白声称："我蛮夷也，不与中国之号谥。"（《史记·楚世家》）周室东迁之后，熊通复称王，亦表示自己不属于周人的文化系统。在这样的文化背景下，很难想象战国时期的楚国会成为列国的学术文化中心。春秋以降，楚国内乱不止，弑君逐王之事屡有发生。长期的内忧外患，也使楚国缺乏发展学术文化所需的稳定环境。

除以上国民素质、文化传统和政治军事状况方面的原因外，楚国之所以没有出现稷下学宫那样的学术文化中心，关键在于它所执行的文化政策。楚国的巫鬼文化本来就比较落后，后来虽然出现了老聃、屈原那样的大思想家，但楚国统治者并未采取支持、扶植的态度，说明他们对学术文化的价值缺乏认识。楚国用人的原则是"内姓选于亲，外姓选于旧"（《左传·宣公十二年》），致使很多人才由于不亲不旧得不到重用而外流，史书称之为"楚材晋用"。春秋战国许多著名的人物如百里奚、伍子胥、范蠡、文种、李斯等都是楚人出仕他国，都做出了一番惊天动地的事业。不少在楚受迫害的人才流亡他国，给楚带来了直接的祸患。如王孙启奔晋，晋败楚于城濮；贲皇奔晋，晋败楚于鄢陵；申公巫臣奔晋、吴，使楚"一岁七奔命"（《左传·成公七年》）；伍员奔吴，吴军入郢，楚几乎灭亡。楚、齐两国的用人政策形成了鲜明的反差，楚的衰亡同它的用人政策有直接的关系。而用人政策，就其深层意蕴来说，乃是一个民族的文化传统以及由此决定的文化政策的表层反映。特别是在战国时期席卷神州的变法潮流中，楚采取了与齐迥异的政策和态度。吴起入楚佐楚悼王变法，采取了极端法家政策，打击学术文化。楚国之所以采取这样的文化政策，不能不说是与楚国的民族文化传统和由此形成的楚国统治集团的心理文化素质有关，这样的文化政策在齐国是不会出现的。因此，楚国统治者不可能产生要建立一个学术文化中心之类的想法。

（三）秦

秦国地处西陲，山河险固，蓄积殷富，战略上对山东诸国始终采取攻势，诸国畏之如虎狼，但秦的文化却远较山东诸国为落后。秦人原是游牧民族，至西周时仍"好马及畜，善养息之"（《史记·秦本纪》）。在秦人的意识形态中，周人的宗教观念和较为原始的多神崇拜的宗教观念混杂在一起，保留着许多落后的游牧民族的痕迹。秦人长期与诸戎杂处，"杂戎翟之俗"（《史记·六国年表》），生活习俗落后，"乱人子女之教，无男女之别"（《穀梁传·僖公三十三年》）。直到商鞅变法前，秦人仍是"戎翟之教，父子无别，同室而居"（《史记·商君列传》），"与戎翟同俗，有虎狼之心，贪戾好利而无信，不识礼义德行"（《战国策·魏策三》）。中原诸夏之国以秦之落后，故"夷翟遇之"（《史记·秦本纪》），连诸侯的会盟都不要秦参加。由这种文化上的落后所决定，秦人对学术思想的价值缺乏认识，对之不感兴趣，因此"士不产于秦"（《史记·李斯列传》）。荀子也明确指出秦国"无儒"，并说"此亦秦之所短也"（《荀子·强国》）。秦国长期以来实行的是一种实用主义的文化政策。由于"士不产于秦"，所以秦不得不用异国人，七国中秦用异国人最多，对秦国的政治军事起过重大作用的百里奚、商鞅、公孙衍、张仪、白起、范雎、蔡泽、吕不韦、尉缭、王绾、李斯等都是异国人。但秦所用的异国人都是些纵横法术之士，而且这些人最终大都落了个兔死狗烹的结局，实用主义的味道十分浓厚。在秦国统治者眼中，只有种粮和打仗才是有用的，其他的一切，特别是学术思想，对于国家不但无益反而有害。因此秦国的政策历来追求短期的效益，鲜有长久打算，特别是对学术思想更加排斥。

商鞅变法集中体现了秦国的实用主义文化政策。《商君书·靳令》从人皆好利的本性出发，提出"利出一孔"的主张，使人只有通过"一孔"才有利可图，这个"孔"就是农战。《农战》篇将从事农战以外的行业的人都称为"游食者"，其中特别是"文学"与"游宦者"（"游士"）更是打击的重点，被宣布为"巧言虚道""烦言饰辞而无实用"的"六虱""八害""十二害"等；主张"去无用，止浮学"，实行文化的虚无主义，认为一切学术思想（其中特别是儒家思想）都对农战不利，都应坚决予以取缔。

商鞅在秦变法，正当稷下学宫初创之时，秦齐两国的文化政策对比起来，反差是何等的强烈!《韩非子·和氏》说"商君教秦孝公……禁游宦之民"，"禁游宦之民"，不仅禁异国游宦者入秦，也禁本国人学习文化学术而在国内为宦和去别国游宦。《说苑·善说》载张禄（范雎）见孟尝君曰："夫秦者，四塞之国也，游宦者不得入焉。"所以他请孟尝君修书向秦王推荐自己。这时正是齐宣王晚年和闵王初年，稷下学宫正在鼎盛时期，而秦国却仍在执行商鞅的文化政策。"七国虎争，莫不招致四方游士"（〔宋〕洪迈《容斋随笔》卷二），唯独秦是个例外，直到秦庄襄王用大商人吕不韦为相，秦国才停止了对文学游士的排斥，李斯等才得以入秦。自秦孝公用商鞅变法，秦对文学游士的排斥和扫荡持续了一个多世纪，这种文化政策对秦国各方面的影响是巨大的，秦始皇焚书坑儒和秦王朝二世而亡与此不无关系。在这样的文化背景下，秦国怎么可能出现稷下学宫那样的学术中心呢？

第三章　稷下学宫的盛衰

一、滥觞

稷下学宫始创于战国田齐桓公午执政时期，这一点目前学术界的看法基本一致，故时下论及稷下者均从此时讲起。然稷下之制虽确立于战国，其滥觞却可上溯至春秋。笔者认为，稷下学宫的出现不是偶然的，它是齐国三百年养士传统和政策的最终产物，稷下学宫的许多制度和活动均可在春秋五霸之首齐桓公小白那里找到它的原型。

春秋时期，社会的变革导致了知识智能阶层——"士"的产生，他们日益活跃在政治舞台上，发挥着独特的作用。具有敏锐政治眼光的齐桓公率先注意到这一新动向，意识到霸业能否实现，关键在于能否得到新兴的士阶层的支持。于是他在管仲的辅佐下，采取种种措施，开始了具有开创之功的国家养士事业。

养士的第一步是把士吸引到自己的周围。据《说苑·尊贤》记载："齐桓公设庭燎，为士之欲造见者，期年而士不至。于是东野鄙人有以九九之术见者……乃因礼之。期月，四方之士相携而并至矣。"先秦时期有两个齐桓公，一个是春秋时姜齐的桓公小白，一个是战国时创立稷下学宫的田齐桓公午，在使用材料时若不仔细加以辨别，是很容易混淆的。这条材料里的齐桓公便是春秋五霸之一的齐桓公，因为其中提到了"以九九之术见者"这一线索。《三国志·魏志·刘廙传》裴松之注引了一条《战国策》佚文言道："有以九九求见齐桓公，桓公不纳。其人曰：'九九小术，而君纳之，况大于九九者乎？'于是桓公设庭燎之礼而见之。居无几，隰朋自远而至，齐遂以霸。"隰朋是同管仲一起辅佐齐桓公成就霸业的人物，足见"设庭燎"者确是春秋时的齐桓公。"九九之术"，《汉书·梅福传》颜师古注云"九九，算术，若今九章五曹之辈"，在当时被视为一种雕虫小技。东野鄙人以九九之薄能造见桓公，说之以"太山不辞壤石，江海不逆小流，所以成其大也"的道理，并引用《诗经》中"先民有言，询于刍荛"（《诗经·大雅·板》）的话，认为施政应当广泛征求意见，包括向那些割草打柴的人（刍荛），这样才能成就大事。桓公于是"设庭燎之礼而见之"。"庭燎"，见《诗·小雅·庭燎》："夜如何其？夜未央，庭燎之光。"疏云："庭燎者，树之于庭，燎之以明，是烛之大者。"《周礼·司烜氏》曰："凡邦之大事，共坟烛庭燎。"郑注："坟，大也。"可见，庭燎乃是古代邦国在朝觐、祭祀和商议军国大事时才在大庭中燃起的大烛。又《礼记·郊特牲》云"庭燎之百，由齐桓公始也"，郑注："僭天子也"。据《大戴礼》，古代根据爵位的尊卑，所用庭燎之数有很大差别，天子为一百，公爵五十，侯伯子男均为三十。桓公始以公爵僭用天子之礼待士，这样的礼节在当时是何等的隆重！无怪乎"四方之士相携而并至"了。

齐桓公意识到，坐等贤士上门是远远不够的，为了招徕更多的贤士，他采取了主动出击的措施，"为游士八十人，奉之以车马、衣裘，多其资币，使周游于四方，以号召天下贤士"(《国语·齐语》)。仅为之四处做宣传的游士就有八十人，可见其养士之多。

齐桓公求贤若渴，他除了采取以上方法招徕四方之士外，还善于发现人才，有时为了得到一位贤士，甚至三番五次亲自出面顾请。《新序·杂事》记载了以下几件事情。齐桓公邂逅因穷困而"饭牛于车下"的宁戚，发现他是一个难得的人才，连夜举火"授之以为卿"。路遇麦丘邑人，发现他是个有用之才，就"扶而载之，自御而归，礼之于朝，封之以麦丘，而断政焉"。三国时刘备三顾茅庐的故事，人们传为佳话，殊不知先此八百多年，已有齐桓公五顾贤士小臣稷的事迹。"齐桓公见小臣稷，一日三至不得见也。从者曰：'万乘之主，布衣之士，一日三至不得见，亦可以止矣。'桓公曰：'不然，士之傲爵禄者固轻其主，其主傲霸王者亦轻其士。纵夫子傲爵禄，吾庸敢傲霸王乎？'五往而后得见。天下闻之，皆曰桓公犹下布衣之士，而况国君乎？于是相率而朝，靡有不至。桓公之所以九合诸侯一匡天下者，遇士于是也。"

求贤士必以高爵厚禄相辅之，虽然桓公给这些贤士什么样的爵禄已不得而知，但从他不惜僭天子之礼以待士，不惜花费重金以号召天下贤士，不惜以万乘之尊五顾布衣之士几条材料来看，他给予这些贤士的待遇必定是很高的。这就给后来创立稷下学宫的田齐统治者提供了仿效的榜样。田齐君主"设大夫之号，招致贤人而尊崇之"(徐干《中论·亡国》)，"皆赐列第为上大夫"(《史记·田完世家》)，"受上大夫之禄"(《盐铁论·论儒》)。他们千方百计地收罗四方之士，给以优厚的政治和物质待遇，实质上这些措施均未超出齐桓公。

　　齐桓公养士除了招徕和发现人才外，更为有意义的是，他还采取更为积极主动的措施，培养和训练士，以保证有更多人才源源不断地为己所用。鲁僖公九年，齐桓公召集了有名的葵丘之会，与诸侯会盟的第二条是"尊贤育才，以彰有德"（《孟子·告子下》）。这里的"育才"就是培养人才。桓公是怎样培养人才的呢？据《国语·齐语》载，他采纳了管仲的建议，"处士也，使就闲燕（韦昭注曰：'犹清静也'）……令夫士，群萃而州处，闲燕则父与父言义，子与子言孝，其事君者言敬，其幼者言悌。少而习焉，其心安焉，不见异物而迁焉。是故其父兄之教不肃而成，其子弟之学不劳而能。夫是，故士之子恒为士"。这就是说，让"士"成为一种职业，让他们集中居住，从小就受到特定的训练和教育，通过这样的方法，使"士之子恒为士"，让他们安于本行，世代相传，这样就可以为国家源源不断地培养出大批的士。齐桓公这一措施具有开创性的意义，是齐国养士与别国养士的重要区别。这一措施为齐国开辟了一条由国家独立培养士的新路，对于齐国文化的繁荣昌盛和齐国国势的长盛不衰，特别是对于稷下学宫的最后出现具有非常重要的意义。稷下学宫的创立，可以说就是这一措施的继续，就是这一政策的最终产物。战国之世，由于官僚政治的发展，士在政治生活中的作用迅速增强，社会对士的需求量大增，因此各国君主都争先恐后地"礼士"，千方百计地收罗人才。田齐的君主由于继承了姜齐桓公的宝贵经验而具有与众不同的战略眼光，他们认识到富国强兵、统一天下的目标不是短期内可以实现的，而单靠社会上私家培养士一条途径又难以满足自己对人才的长期的、大量的需求，因而他们并不着眼于短期的"效益"，而是在收集人才的同时更注意培养人才，为自己的长远目标服务。稷下学宫的一个重要作用就在于，它在一个半世纪内为齐国源源不断地培养和输送了大量的人才，使得齐国在人才来源和储备上较之其他各国处于优先和领先的地位。稷下学宫中有一批学识渊博、德高望重的著名学者——"先生"，他们每人都有众多的门人弟子——"学士"，学士学成后经先生推荐就可以踏上仕途，成为齐国的各级官吏。这些人才在齐国的政治生活中发挥了极大的作用，齐之强盛同稷下学宫培养人才的活动是分不开的。显而易见，稷下学宫培养人才的活动乃是田齐政权为了适应新形势下的政治需要而对姜齐桓公"育才"政策的因袭和扩大。

齐桓公为了充分发挥士的作用，还参考了古代传说中的有益经验，设立了一个专门的机构，叫作"啧室之议"。《管子·桓公问》载："（管仲曰）'黄帝立明台之议者，上观于贤也；尧有衢室之问者，下听于人也；舜有告善之旌，而主不蔽也；禹立谏鼓于朝，而备讯也；汤有总街之庭，以观人诽也；武王有灵台之复，而贤者进也。此古圣帝明王所以有而勿失，得而勿忘者也。'桓公曰：'吾欲效而为之，其名云何？'对曰：'名曰啧室之议……人有非上之所过，谓之正士，内（纳）于啧室之议。'"管仲并举荐"能以正事争于君前"的东郭牙主管这一机构。《艺文类聚》卷十一引"观人诽"作"观民非"，"灵台之复"作"灵台之宫"。(转引自戴望《管子校正》)《三国志·魏文帝纪》云："轩辕有明台之议，放勋（《尚书·尧典》曰：'帝尧曰放勋'）有衢室之问，皆所以广询于下也。"根据以上材料，"啧室之议"的职能有两项：一是议政，即"非上之所过"、"观人诽"（观民非）；二是备咨询，即"下听于人""备讯""广询于下"。何谓"啧室"？《说文》曰："啧，大呼也。"《荀子·正名》曰"啧然而不类"，杨注曰"啧，争言也"。"啧室之议",尹知章《管子注》云"谓议论者言语谨哗",《说文》谨、哗互训,《荀子·儒效》杨注:"谨,喧也。"透过这些解释材料,士人们争先恐后、坐起喧哗、毫无顾忌地针砭时政的情景仿佛跃然于纸上。齐桓公设"谨室之议",广泛征询意见,鼓励人们畅所欲言、议论时政,乃是一个重要的举措,实开稷下学宫议政、咨询活动之先河。《史记·田完世家》说稷下先生"不治而议论",《新序·杂事》也说"齐有稷下先生喜议政事"。这里的"议论",其含义与现代汉语中"商议""讨论"的意义不同,而是接近于"批评"之义。《说文》曰:"论,议也。"《左传·襄公三十一年》云:"郑人游于乡校,以论执政。"又云:"夫人朝夕退而游焉,以议执政之善否。"可见"论"与"议"都是指"非议",故《辞源》给"议"下的定义是"评论是非,多指非议"。"天下有道则庶人不议"(《论语·季氏》),"圣王不作,诸侯放恣,处士横议"(《孟子·滕文公下》),"君亟定变法之虑,殆无顾天下之议之也"(《商君书·更法》),"法立则私议不行"(《慎子·逸文》),均可证其义。盖稷下先生享受优厚的待遇,作为交换条件,他们的主要职责之一就是通过各种方式批评时政,以便齐君能够及时纠正处理政务时出现的失误和偏差。这种议论是按照齐君的要求进行的,因而受到制度化的保障,批评错了也不加罪。稷下学宫同时又是一个咨询中心,齐君经常就一些重大的问题询问,进行商量,稷下先生们就针对这些问题出谋划策,指陈利弊,以便齐君做出判断,进行决策。稷下学宫这种议政和咨询的活动,不正是齐桓公"谨室之议"的职能吗?

应当指出的是,稷下学宫具有政治和学术双重性质,而齐桓公时代诸子百家还没有出现,"设庭燎""育才"、设"谨室之议"等乃是单纯的政治性举动，而与学术思想基本无涉，因而并不能简单地同稷下学宫的活动画等号；同时，稷下学宫的某些职能和活动也是前者所没有的。然而田齐政权创立稷下学宫，虽然在客观上促进了百家争鸣和学术思想的繁荣发展，但其动机归根到底仍是政治需要。透过这一点，我们就可以清楚地看到相隔三个世纪之久的两者之间的历史联系。由于史料的散佚，我们今天已无从知道自齐桓公时期到稷下学宫创立这三百年间，齐国的国家养士政策是怎样一步步地丰富、发展和制度化并最终创立了稷下学宫，然而发生在齐国的这前后两个历史现象之间所具有的惊人的相似性，却使我们无法否认它们之间的历史联系。稷下学宫这样一个兼具政治和学术二重属性的文化中心之所以唯独出现在齐国而没有出现在别的国家，如前所论虽然有其深刻的必然性，然而齐桓公在春秋时期便已开辟的国家养士的途径以及他所采取的有关政策和措施，毫无疑问地为稷下学宫的最终出现提供了文化传统方面的滋养，提供了成功的经验和宝贵的借鉴，从而成为稷下学宫产生的一个重要原因。

二、创立

稷下学宫创立于何时？根据不同的史料，历来就有不同的说法。《太平寰宇记》卷十八"益都"条下引刘向《别录》云："齐有稷门，齐之城西门也，外有学堂，即齐宣王所立学宫也。"❶有

---

❶ 这里牵涉到稷下学宫的地理位置。关于稷下学宫的地理位置，历来是众说不一，但都认为学宫因齐都临淄城之稷门而得名，"稷下"即稷门之下或之外。然而稷门的具体位置何在，却长期聚讼不已。笔者曾到临淄齐

人据此认为学宫创立于齐宣王时。但《史记·田完世家》明白地说齐宣王时"齐稷下学士复盛",既谓"复盛",则学宫必创立于宣王之前,故此说不能成立。又刘向《新序·杂事》云:"邹忌既为齐相,稷下先生淳于髡之属七十二人皆轻忌。"有人据此认为学宫的创立当在齐威王时期。其实此条材料只能说明邹忌任齐相时淳于髡等皆已为稷下先生,却不能证明是齐威王创立了稷下学宫。又三国徐干《中论·亡国》云:"昔齐桓公立稷下之官,设大夫之号,招致贤人而尊崇之,自孟轲之徒皆游于齐。"有人据此认为稷下学宫为田齐桓公午所创,今人多从此说,笔者也赞同此说。

近来有学者对此说有不同看法,复提出学宫创立于齐威王初年的观点。[1]其论据有二:其一,田齐桓公午时期,齐国国力很弱,经常被动挨打,在这样的情况下不可能动手修建稷下学宫这样庞大的建筑和拿出巨额经费维持稷下学宫的开支。其二,孟子游齐是在齐威王时期,桓公午时尚未来到齐国,因而徐干《中

国故城遗址进行过实地考察,知古临淄城由大城与小城组成。小城即宫城,位于大城(郭城)的西南一隅。关于稷门所在位置,一种意见认为是小城的西门,主要以《史记》《别录》《水经注》等古籍的记载为根据。另一种意见认为是小城的南门,主要以考古资料和地理学等方面的常识常理为依据。《管子学刊》1989年第2期刊载的《稷下学宫遗址新探》一文,认为稷下学宫所在的稷门,既不是小城的西门,也不是小城的南门,而是大城偏北的西门,亦可备一说。稷下学宫的确切地理位置是历史地理学和考古学的研究对象,故仅于此做一简单的介绍。

[1] 孙开泰:《稷下学宫创建于齐威王初年考辨》,载《管子学刊》1994年第1期。

论》所说有误，徐干既将稷下之"宫"误为稷下之"官"，那么他将齐威王误为齐桓公就不足为怪了。笔者认为这些论据都值得商榷。首先，田齐桓公午时期，正值田氏代齐后不久，齐国刚经历过长期的内乱，主要精力用于巩固政权，国力确实比较衰弱，常被攻伐。但这种局面同创建学宫并不矛盾，反而会刺激齐人招贤纳士、洗雪国耻、发愤图强的决心，先秦史上此种事例并不鲜见，而招贤图强恐怕正是桓公田午创建稷下学宫的初衷。史书上明确记载，凭借雄厚的国力大规模兴办稷下学宫的是齐宣王，而在学宫初建之时，规模未必庞大，花费未必很多，对于一个急于图强而又有远大政治眼光的国家，是应该具有在这方面进行较多投入的魄力的。况且齐威王即位之初的几年间，"好为淫乐长夜之饮，沈湎不治，委政卿大夫，百官荒乱，诸侯并侵，国且危亡，在于旦暮"（《史记·滑稽列传》）。他振奋精神，奋发图强，才开始扭转齐国衰弱的局面。如果说桓公午时期没有足够的财力兴办学宫，那么威王初年的情况并不比桓公时期好，说此时创建了稷下学宫岂不是自相矛盾？其次，徐干曰"昔齐桓公立稷下之官，设大夫之号"，此"官"字未必就是"宫"字之误。"立稷下之官"应即是"设大夫之号"，"立稷下之官，设大夫之号"实际上就是"设立稷下大夫之官号"，此与齐宣王"赐列第为上大夫""命曰列大夫"之举相同。退一步说，"官"与"宫"字形极为相似，在传抄中因形近致误的可能较大，而若说徐干将"齐威王"误为"齐桓公"，则颇为令人费解。至于孟子游齐，确不在桓公之时，但徐干的《中论》属于子书而非史书，《亡国》篇在此亦非专论稷下学宫的创建，而是在通过历史人物的活动讲述一个道理。观《亡国》篇的宗旨和此段话的前后文，徐干旨在说明尊贤纳士国家就会昌盛，反之就会亡国的道理。正是因为桓公田午创建了稷下学宫，以孟子为代表的一批贤士才由于齐国统治者的尊贤而先后来到齐国，致使齐国出现了繁荣昌盛的局面。道理讲明了，年代似可不必苛求。这样的例证，在与《中论》同属汉代的其他子书甚至严格的史书中也不鲜见，如应劭《风俗通义·穷通》曰："齐威、宣之时，聚天下贤士于稷下尊崇之，若邹衍、田骈、淳于髡之属甚众，号曰列大夫，皆世所称，咸作书刺世。"邹衍居稷下迟在襄王、王建时期，如何能在威、宣之时显于稷下？再如《史记·儒林列传》曰："于威、宣之际，孟子、荀卿之列，咸尊夫子之业而润色之，以学显于当世。"荀卿是稷下学宫后期的学者，岂能以学显于威、宣之际？因而很难说《中论》这条材料是年代有误或年代错乱，据孟子游齐一事而否定《中论》的说法是不妥当的。笔者认为徐干在指出"齐桓公立稷下之官"后，继之以"自孟轲之徒皆游于齐"，正好告诉我们这个桓公不是春秋时期姜齐之桓公，而是战国时田齐之桓公，人们现在断定稷下学宫创立于田齐桓公午时期，不正是依据的这一点么？如果徐干这段话没有"自孟轲之徒皆游于齐"一句，人们又如何判定他指的是哪一个桓公呢？或谓徐干此说是条孤证，不足为据，其实不然。据《史记·田完世家》："威王初即位以来，不治，委政卿大夫，九年之间，诸侯并伐，国人不治。"此时的威王绝不会去建立稷下学宫。后来他任用邹忌为相，开始弃旧图新，而此时淳于髡等七十二人皆已称为稷下先生，这说明他们先此已居稷下，可见学宫必创于齐威王之前。在没有可靠材料证明早于桓公田午已有稷下学宫之前，我们还是将稷下学宫的创立定位于桓公田午之时较为妥当。

桓公田午在位十八年，他继承了齐国的养士传统，创建了稷下学宫，以国君的身份继续养士。他凭借国家的财政力量，扩大养士的规模，同时充分利用国家的行政权力，提高养士的级别，专为稷下先生"设大夫之号"。"设大夫之号"，一方面说明稷下先生被尊以"大夫"，有较高的政治地位，另一方面又说明，此"大夫"是专为稷下先生所"设"的"号"，没有赋予他们相应的实际政治权力和政务。桓公田午用这样的方法"招致贤人而尊崇之"，此举为稷下学宫之后的发展在性质和作用方面定下了基调，为此后历代的田齐统治者所沿袭。

三、兴盛

桓公田午时期，稷下学宫还处于草创阶段，规模不会很大。到了威王、宣王时期，随着田齐国势的渐强，学宫也日见兴盛，宣王时达到了鼎盛时期。

战国时，各主要诸侯国为了谋求富国强兵，都先后实行了变法。首先是李悝在魏，公仲连在赵，然后是吴起在楚，商鞅在秦，申不害在韩。在列国变法潮流的影响下，齐威王振作起来，任用邹忌为相，进行了政治经济改革。变法促进了齐国的强盛，"于是齐最强于诸侯，自称为王，以令天下"（《史记·田完世家》）。齐国变法改革的主要人物邹忌很重视推荐人才，据《说苑·臣术》，邹忌推荐的田居子、田解子、黔涿子、田种首子、北郭刁勃子等，都被齐威王委以重任，为齐国的强盛发挥了作用。邹忌本人很可能是稷下先生出身，他以弹琴的道理进说威王，得到了威王的重用。司马迁在《史记·孟子荀卿列传》中把邹忌、邹衍、邹奭并称为齐之"三邹子",邹衍、邹奭都被司马迁列为稷下先生,可见在司马迁眼里,是把邹忌看成是稷下先生出身的。齐威王十分重视人才,他曾与魏惠王一起在郊外打猎,魏惠王夸耀自己有"径寸之珠"十枚,可以"照车前后各十二乘",齐威王则说"寡人之所以为宝与王异",他的"宝"是一批能够治国安邦的得力人才,"将以照千里,岂特十二乘哉!"(同上)齐威王如此重视人才,那么他大力发展稷下学宫是在情理之中的。在齐威王变法图强和争霸称王的政治活动中,稷下人物无论在出谋划策、培养人才还是在制造舆论方面无疑都是出了大力的。虽然至今尚无材料可以表明威王时期学宫发展的具体情况,但此时学宫已比初创时期有了一定的发展,这一点应当是没有问题的。

齐宣王是位有雄才大略的君主,为了实现"莅中国而抚四夷"的"大欲"(《孟子·梁惠王上》),他需要动员一切可以帮助他实现这一目标的力量,而在列国政治中越来越显示出举足轻重作用的"士",自然就成了他争取的主要对象。当时,列国的政治经济军事优势已逐渐集中于少数几个大国,实现一统天下的大趋势已渐露端倪,齐宣王首先表现出统一天下的强烈欲望。具有敏锐政治眼光的齐宣王清楚地意识到,要实现这一宏伟远大的政治目标,不仅要靠经济、军事上的实力,还要塑造自己的政治形象,加强意识形态领域的建设,在舆论上和精神上获得支持,同时广泛地容纳诸子百家的学说,博采众长,形成最佳的治国方案。在这方面,其父其祖留下的稷下学宫这份基业,正可以为他提供别国所不具备的有利条件,帮助他实现自己的政治目标。为了争取更多的士的支持,为了形成最佳的治国方案,于是齐宣王大力发展稷下学宫。史载,"宣王喜文学游说之士,自如邹衍、淳于髡、田骈、接予、慎到、环渊之徒七十六人，皆赐列第为上大夫，不治而议论，是以齐稷下学士复盛，且数百千人"（《史记·田完世家》）。"自邹衍与齐之稷下先生，如淳于髡、慎到、环渊、接子、田骈、邹奭之徒，各著书言治乱之事，以干世主，岂可胜道哉！"（《史记·孟子荀卿列传》）"于是齐王嘉之，自如淳于髡以下，皆命曰列大夫，为开第康庄之衢，高门大屋尊宠之。览天下诸侯宾客，言齐能致天下贤士也。"（同上）"齐宣王褒儒尊学，孟轲、淳于髡之徒，受上大夫之禄，不任职而论国事。盖齐稷下先生千有余人。"（《盐铁论·论儒》）

从以上所引几条材料看，与桓、威时期相比，宣王时稷下学宫有了很大的发展。这主要表现在两个方面：

第一，学术思想获得很大发展，使学宫成为列国学者荟萃之地和百家争鸣的主要园地。桓公午、威王虽重视学宫，但有较多的实用味道，他们多重视从学宫中选拔能够胜任某些具体事务的实用人才。与桓公午、威王的重视"才"相比，宣王的突出特点是重视"学"。他"喜文学游说之士"，"褒儒尊学"，让他们"不治而议论""不任职而论国事""各著书言治乱之事"，让他们发挥自己的专长，在思想理论上和培养人才方面为自己的政治实践服务。上面所引的几条材料中提到的都是些著名的学者和当时各个学派的主要代表人物，他们在学宫中自由议论，畅所欲言，争鸣辩驳，授徒传业，著书立说，传播自己的学说，宣扬自己的治国方案，从而使学宫成为名副其实的"学"宫，成为当时列国的学术中心和百家争鸣的主要场所。在这一时期，学术思想获得了很大的发展，学者们争鸣讨论的问题更加广泛，各家各派的学说不仅更加丰富和成熟，而且经过争鸣激荡和互相吸取，又涌现出一些对后世产生重大影响的新的学说和理论，如黄老之学、阴阳五行学说、精气理论、荀子之学等，百家争鸣遂被迅速地推向了高潮。

第二，齐宣王对学宫采取了特别优惠的政策，促进了学宫的迅速发展。宣王继承了学宫开创以来"招致贤人而尊崇之"的既定政策，在新的形势下，利用威王以来不断富厚的国力，对学宫采取了进一步优惠的政策，以促进学宫的发展。首先，在政治上对淳于髡等著名的稷下先生七十六人"皆赐列第为上大夫""皆命曰列大夫"，给以极高的政治地位和荣誉，满足他们参预政治的欲望。其次，在生活上给予优厚的待遇，"受上大夫之禄"，"为开第康庄之衢，高门大屋尊崇之"。《尔雅》曰："四达之谓衢，五达之谓康，六达之谓庄。"齐宣王在四通八达的康庄大道旁为稷下先生建造高门大屋，让他们享受上大夫的俸禄，过上优裕、富贵的生活。再次，稷下先生在学宫中保持着自由知识分子的身份，行动上来去自由。宣王对各派学者一律来者不拒，优礼相待，对愿去者亦不横加阻拦，而是以礼相送，馈以金帛，让他们在别国广泛宣传，扩大齐国的政治影响，以招徕更多的贤士。有了以上这些优惠政策，稷下先生们在学宫中，既有政治上的地位和荣誉，又有优裕的生活条件，且有行动上和身份上的充分自由，"这些学者们得到了这种温暖的保护，也真好像在春雨中的蘑菇一样，尽量地簇生了起来"[1]。由于采取了这些优惠政策，学宫在宣王时期获得了迅速发展，四方学者趋之若鹜，"盖齐稷下

---

[1] 见郭沫若《十批判书》中《稷下黄老学派的批判》一文，载《郭沫若全集》历史编第二卷，人民出版社1982年版。

先生千有余人"，"是以齐稷下学士复盛，且数百千人"，发展到它的鼎盛时期。

有的学者根据"复盛"二字断定在此之前学宫曾有过一个衰落时期。他们或以为，桓公午、威王之际"百官荒乱，诸侯并侵，国且危亡，在于旦暮"，于是初盛的学宫遭到挫折，走向衰落，后来威王听从了淳于髡的讽谏和邹忌的改革建议，励精图治，于是学宫又由盛转衰。❶这种观点缺乏证据，且年代自相矛盾，《史记》明明说齐宣王时稷下复盛，怎么又成了威王的事迹？或以为威王后期，齐国将相不和，相国邹忌与将军田忌闹矛盾，田忌离齐之楚，邹忌也丢了相位，这场风波的主要人物是稷下先生出身的邹忌，因此对稷下学宫不能不有或大或小的影响。❷这种观点也难以成立，因为稷下学宫不是私家养士，而是国君以国家的身份养士，学宫的盛衰应取决于国君，而不应系于将相。此时正值威王称王不久，国势正强，政权巩固，故这一点小的麻烦不应波及学宫。再说邹忌脱离稷下至此已三十年，威王怎会因他曾是稷下先生而迁怒于学宫呢？或以为学宫由衰转盛，是因为宣王对文学游说之士有一个由不喜到喜或由"轻"到"重"的转变过程，根据是《说苑·尊贤》和《战国策·齐策四》中淳于髡和王斗批评齐宣王不好士的言论。❸如《说苑·尊贤》曰："齐宣王坐，淳于髡侍。宣王曰：'先生论寡人何好？'淳于髡曰：'古者所好四，而

---

❶ 说见孙以楷《稷下学宫考述》，载《文史》第 23 辑。

❷ 说见胡家聪《稷下学宫史钩沉》，载《文史哲》1981 年第 4 期。

❸ 说见蔡德贵《稷下学宫盛衰原因论》，载《济宁师专学报》1984 年第 2 期。又见刘蔚华、苗润田著《稷下学史》，中国广播电视出版社 1992 年版，第 42—43 页。

王所好三焉。'宣王曰：'古者所好何与寡人所好？'淳于髡曰：'古者好马，王亦好马；古者好味，王亦好味；古者好色，王亦好色；古者好士，王独不好士。'"其实战国时期的士，在列国虎争、纷纷招致游士的形势下，是很少在国君面前称道其"好士"的，相反地，他们总是以各种理由指出其"不好士"，以便自抬身价，说动国君进一步"好士"，淳于髡和王斗就是这种情况的典型。齐宣王的好士在列国君主中是最负盛名的，孟子就是在齐宣王即位之初慕其"好士"之名而离梁来齐的，因此说齐宣王曾经"不好士"是难以成立的。那么"复盛"二字又如何解释呢？笔者认为，从包括《史记》在内的现有史料来看，齐宣王之前，稷下学宫的发展一直呈上升趋势，并不存在一个衰落时期，也不存在齐宣王振兴稷下学宫的问题，所谓"复盛"，应当理解为更加兴盛，理解为齐宣王时期，稷下学宫的兴盛飞跃到一个新的水平、新的阶段。当然，《史记》是研究古代历史和文化的重要材料来源，但并不是每一个字都可靠，我们研究某一历史事件，应该在全面占有史料的基础上，根据历史事实下结论。基于这样的看法，笔者认为《史记》所谓"复盛"，应理解为"益盛"或"愈盛"才更为符合历史事实。

四、衰落、中兴与终结

经过威、宣二世的经营，齐国的繁荣和富强在列国中已是首屈一指，齐闵王从其父其祖那里继承了一份良好的基业。但威王和宣王礼贤下士、虚心纳谏、勇于改过等良好素质和修养以及他们的开明政治风气却没有被继承下来。齐闵王是一个独断专横、狂妄骄暴、急功近利的君主，热衷于对外扩张。《盐铁论·论儒》记述道：齐闵王"矜功不休，百姓不堪，诸儒谏不从，各分散。慎到、捷子亡去，田骈如薛，而孙卿适楚"。齐闵王对内不任贤良，听不进稷下先生的有益劝谏，对外穷兵黩武，矜功不休，致使国库空虚，百姓不堪。《战国策·燕策二》曰：闵王末年"齐君臣不亲，百姓离心，燕因使乐毅大起兵伐齐，破之"。齐国几乎灭亡，齐闵王自己也丢了身家性命。好端端一份帝王基业，短短十几年就被断送了，几代人苦心经营起来的稷下学宫也在闵王后期迅速衰落，乃至一度中断。

稷下学宫衰落的标志是一批著名学者相继离去。从《盐铁论》的记述来看，其原因是齐闵王不能采纳他们的劝谏，使他们的自尊心受到伤害，才失望而去。其实，仅由于劝谏不被采纳，稷下先生们是不会轻易离开的，因为他们仍然可以在这里著书立说、传业授徒，从事学术和教育活动。迫使稷下先生们离开的还有另外的原因，其中一个重要的原因是齐闵王已容不得他们，如不离开就会有杀身之祸。这点从田骈的遭遇就可以看得很清楚。据《淮南子·人间训》所记："唐子短陈骈子（即田骈）于齐威王，威王欲杀之，陈骈子与其属出亡奔薛。孟尝君闻之，使人以车迎之。"此处之"威王"乃"闵王"之误，学术界早已公认。❶大概是稷下先生们习惯了威、宣时期开明宽松的政治风

---

❶ 据《史记·孟尝君列传》，孟尝君之父靖郭君田婴乃齐威王少子，孟尝君乃威王之孙，田婴死后，孟尝君承袭了封地薛。又据杨宽《战国史》，孟尝君承袭薛地在宣王晚年，闵王即位后，孟尝君专权，闵王七年，发生了"田甲劫王"事件，孟尝君被迫出奔回薛。故田骈奔薛当在闵王七年之后。对照上文所引《淮南子·人间训》的记述，此事亦当在闵王之时。

气，闵王时仍毫无顾忌地议论时政，而闵王却越来越嫌他们多嘴多舌、碍手碍脚。田骈的逆耳忠言本已使闵王厌烦，加上唐子的诬陷，闵王遂萌发了杀机，迫使田骈离开了稷下。齐闵王对待稷下先生的态度同威王和宣王相比，简直有天壤之别，这是造成稷下学宫衰落的重要原因。

稷下先生们离开学宫的另一个重要原因，是他们在闵王时期非但不被礼遇，人身安全受到威胁，而且生活上也得不到保障。齐闵王穷兵黩武，耗尽了齐国的资财，"百姓不堪"，致使学宫资养匮乏，稷下先生的生活水平急剧下降。据《淮南子·人间训》，田骈奔薛后对孟尝君说："臣之处于齐也，粝粢之饭，藜藿之羹，冬日则寒冻，夏日则暑伤。"同他昔日那种"资养千钟"的豪华生活相比，真可谓一落千丈。因而他反而感谢唐子对他的诬陷，使他在孟尝君这里过上了"食刍豢，饭黍粱，服轻暖，乘牢良"的优裕生活。

齐闵王的穷兵黩武和专横昏暴给齐国带来了灭顶之灾。闵王十七年，五国联合伐齐，七十余城只残存二城，燕军攻入齐都临淄，"尽取齐宝，烧其宗庙"（《史记·燕召公世家》），齐国几乎灭亡。兵荒马乱中，稷下学宫也在劫难逃。田单复齐之前，临淄被燕军占领达五年之久，在这五年中，人员离散，学宫的活动不可能进行，不得不中断。

稷下学宫后期的著名学者荀况在总结这段历史教训时指出："挈国以呼功利，不务张其义、齐其信，唯利以求。内则不惮诈其民而求小利焉，外则不惮诈其与而求大利焉。内不修正其所以有，然常欲人之有。如是则臣下百姓莫不以诈心待其上矣。上诈其下，下诈其上，则是上下析也。如是则敌国轻之，与国疑之，权谋日行，而国不免危削，綦之而亡，齐闵、薛公（即孟尝君）是也。故用强齐非以修礼义也，非以本政教也，非以一天下也，绵绵常以接引驰外为务。故强南足以破楚，西足以诎秦，北足以败燕，中足以举宋。及以燕赵起而攻之，若振槁然，而身死国亡，为天下大戮，后世言恶，则必稽焉。是无它故焉，唯其不由礼义而由权谋也。"《荀子·王霸》荀子将齐闵王身死国亡的原因归结为"不由仁义而由权谋"，虽不脱儒家窠臼，但他指出齐闵王贪得无厌、急功近利、穷兵黩武、全无信义，以致外强中干、众叛亲离，却是值得认真汲取的经验教训。

襄王五年，田单复国。齐国经过了这次沉重的打击，国力大衰，丧失了往日一等强国的地位，从此一蹶不振。齐襄王虽然是在废墟上重建家国，但仍想重振国势，试图有一番作为。他继承了祖先的既定国策，将复兴稷下学宫提上了重要的日程。《史记·孟子荀卿列传》载："田骈之属皆已死，齐襄王时，而荀卿最为老师。齐尚修列大夫之缺，而荀卿三为祭酒焉。"这条材料表明，经过了闵王后期的变乱，稷下先生学士离散，各谋生路，到齐襄王恢复稷下学宫时，田骈等老一辈稷下先生也已不在人世。齐襄王为了让稷下学宫在他振兴齐国的计划中发挥作用，采取了一些措施，仍尊稷下先生们为"列大夫"，一面招聘了一些名流学者到稷下，一面提升一批稷下后学，补充了列大夫的缺额，大体上恢复了学宫的编制、供给和日常活动。荀子在当时的稷下先生中最为学识渊博，且德高望重，因此三次被推举为学宫中的学术领袖——祭酒，主持学宫的日常事务。经过这一番努力，学宫出现了中兴的气象。

然而经过闵王后期的大变乱，齐国已元气大伤，恢复了的稷下学宫也失去了往日繁荣昌盛的气象，如同田齐政权一样，丧失了吸引力和号召力，很难再有所作为了。可以想见，此时的稷下学宫，无论在规模、人员素质、繁荣程度还是在政治作用、社会影响上，都已是今非昔比了。齐襄王在位十九年，无力扭转日渐颓败的国势，稷下学宫也每况愈下。齐王建即位后的四十余年间，秦国的政治、经济、军事优势日益突出，秦相吕不韦广招天下学者，其中直接和间接来自稷下者当不在少数。秦国迅速取代齐国，成为战国末年的学术文化中心，秦完成统一大业的趋势已相当明朗。田齐政权只求偏安一隅，已是苟延残喘，对稷下先生的忠言更觉逆耳。据《荀子·强国》，荀子在齐王建时期为了挽回齐国败亡的局势，曾向齐相进言，说齐国当时是"女主乱之宫，诈臣乱之朝"，对君王后把持朝政的混乱局面表示不满。《史记·孟子荀卿列传》亦曰："齐人或谗荀卿，荀卿乃适楚。"可能是齐王建听信了谗言，使荀卿感到自己的处境很危险，才同当年的田骈一样，被迫离开了学宫。身为学宫祭酒的荀卿尚且如此，其他稷下先生更可想而知。荀卿出走后，学宫失去了学术领袖，不能不受到很大影响，外流的人才一定不在少数。此时的学宫已是日薄西山，勉强维持而已，即使仍然存在，也是名存实亡了。不久，齐继五国之后为秦所灭，稷下学宫也就随之终结，走完了它漫长而又坎坷的道路。

第四章　稷下学宫的性质与功能

稷下学宫既然是适应田齐政权的政治需要而产生并为之服务的，是战国时期知识分子阶层进行精神生产和文化创造的重要场所，因而它就必然地具有政治和学术双重性质。

一、"不治而议论"之所

稷下学宫这种政治和学术相结合的双重性质，司马迁在《史记·田完世家》中表述得十分清楚——"不治而议论"，《盐铁论·论儒》表述得更为具体——"不任职而论国事"。其他如"齐之稷下先生……各著书言治乱之事，以干世主"（《史记·孟子荀卿列传》），"齐有稷下先生喜议政事"（《新序·杂事》），"咸作书刺世"（《风俗通义·穷通》）等，都是对学宫这一性质的不同表述。概而言之，"不治而议论"就是不担任具体的行政官职，而专以议政为务。这是稷下学宫同其他诸侯国的养士之间的重要区别。

具体来讲，"不治"即"不任职"，没有专司的职责。《史记·孟子荀卿列传》云稷下先生"皆命曰列大夫"，所谓"列大夫"，不过是一个称号或头衔，此乃承袭桓公田午专为稷下学宫"设大夫之号"的做法，刘向《别录》云"方齐宣王、齐威王之时，聚贤士大夫于稷下，号曰列大夫"可为之证。《广韵》曰："列，行次也，位序也。""列大夫"就是位次在大夫之列，爵位与大夫并列，这标示他们的政治地位和政治待遇，但毕竟又不同于有具体官职的大夫，所以说"不治"。正因为"列大夫"不属于正式的官僚，所以才有稷下先生淳于髡"终身不仕"（《史记·孟子荀卿列传》），田骈"设为不宦"（《战国策·齐策四》），鲁仲连"不肯仕官任职"（《史记·鲁仲连邹阳列传》）之类的说法，这表明他们仍保持着自由知识分子的身份。不过，既然政治上有一定的爵位，经济上也就享有相应的待遇，不仅居住高门大屋，而且"受上大夫之禄"（《盐铁论·论儒》），甚至有田骈那样的"訾养千钟，徒百人，不宦则然矣，而富过毕矣"（《战国策·齐策四》）的人物。

"议论"即"论国事""议政事""言治乱"，对国家政治发表评论、意见，特别是批评性意见。前面我们在"稷下学宫之滥觞"部分中讨论"啧室之议"时已指出，"议论"一词与现代汉语中"讨论""商议"这些词的含义不同，是指"非议"。稷下先生们在学宫中享有比较充分的言论自由，可以自由议政，甚至可以批评政府和国君，而这些又得到了政府和国君的鼓励和保障。因此，稷下先生们大都敢于直言相谏，对于国家的安危治乱具有一种责任感，从不为了迎合君主而发表投机性的言论。古代知识分子的言论自由在稷下学宫中发挥到了它的最大限度，不仅是空前的，甚至可以说是绝后的，以后两千多年的中国古代社会中，再也没有出现过如此宽松的政治空气和如此自由的思想学风。

有了优厚的生活待遇和充分的言论自由这双重保障，稷下学宫的学术思想就通过"不治而议论"的途径蓬勃地发展起来了。稷下先生们在这里一不为生活无着而忧虑奔忙，二不会因地位不高、声名不显而遭人白眼，三没有居官任职的政务烦劳，四不必担心因议论不合而丢掉饭碗。有了如此优越的条件，他们得以安下心来，专心致志地从事著书立说、教学授徒等学术教育活动。他们在学宫中付出了辛勤的劳动，倾注了无数的心血，充分发挥了自己的聪明才智，许多著名思想家便在这里出现了，许多著名的学术著作便在这里问世了，许多对后世产生了深远影响的思想理论便在这里产生了。稷下学宫成了远近闻名的学术文化中心和百家争鸣的主要园地，成了战国中期以来知识分子向往的理想之所。这里荟萃了各个学派的重要代表人物，战国中后期比较重要的思想家差不多都曾涉足稷下，为学宫的发展和学术思想的繁荣做出了贡献。

二、政治功能

稷下先生虽然"不治""不任职"，有别于正式的官僚，但稷下学宫毕竟不是纯粹的学术机构，而是有着浓厚的政治色彩。因而这个学术文化中心，总是通过种种方式参与和干预政治，在齐国的政治生活中处处都渗透着它的作用和影响。这里应当指出的是，在中国古代，学术和政治始终是紧密地结合在一起的，这是中国古代学术思想的一大特色，可谓政治中有学术，学术中有政治。因而，不仅稷下学宫本身从总体上来看具有学术和政治二重属性，而且稷下学宫的每一项具体活动也都具有这样的二重性质，很难将它们截然分开。

稷下学宫的政治功能主要表现在以下几个方面：

　　第一，议政和咨询。这是稷下学宫主要的政治功能之一，也是稷下先生"务于治"的主要渠道。稷下先生议政和咨询的活动主要有如下具体方式：1. 进说。用自己的学说和主张打动国君，通过国君对自己主张的采纳来实现自己的政治抱负和参预政治的愿望，如邹忌"以鼓琴干威王，因及国政"（《史记·孟子荀卿列传》）。2. 进谏。看到国君的政治决策有失误而当面指陈，及时纠正国君在处理军国大事时出现的偏差，如淳于髡谏齐王伐魏，避免了一次错误的行动。或当面批评国君不利于国家的行为，如淳于髡谏威王"罢长夜之饮"，王斗批评宣王之喜好声色犬马。3. 咨询。当国君就某些重大问题询问和商量时，向国君出谋献策，指陈利弊，以便国君进行决策。4. 演讲。在学宫定期举行的集会上宣传自己的主张，或针对时政发表评论，以期扩大影响，引起国君的注意。5. 辩论。利用各种场合公开自己的主张，与持不同政见者展开争论，以期辨明是非，备国君做出最佳选择。6. 著书立说。把自己的思想和主张书之简册，使之更加系统化、严密化和理论化，便于广泛流传，最终达到"著书言治乱之事，以干世主"的目的。以上这些议政咨询活动，正是田齐政权创办稷下学宫时的主要初衷。由于稷下学宫出色地起到了这一作用，因而时下有的学者称其为田齐政权的"参议院""智囊团""思想库"，甚至有人称其为中国古代的"兰德公司"，这些形象的说法都是有一定道理的。这些议政咨询活动，无疑对田齐政权选择治国道路、制定政策、进行决策产生了有益的影响，对齐国的发展起到了积极的作用，并间接地对列国的政治生活产生了一定的影响。

　　第二，培养人才，推荐官吏。战国以来，激烈的竞争使得士阶层的政治地位迅速上升，社会对人才的需求量有增无减。稷下学宫作为齐国的人才培养基地，在它存在的一百多年中为齐国源源不断地输送了大量的人才，其中不少人才通过各种途径流动到别国，在列国的政治舞台上扮演着重要的角色。学宫中学识渊博、德高望重者称为"先生"，他们的门人弟子则称为"学士"。这些"学士"为数众多，如田骈有"徒百人"，宋钘在稷下"聚人徒，立师学""率其群徒，明其辩说"（《荀子·正论》），其他稷下先生的门人弟子之多亦可想见。著名稷下先生淳于髡死，"诸弟子三千人"为其服丧（《太平寰宇记》卷十九引《史记》曰："髡死，诸弟子三千人为缞绖。"今《史记》无此语），这个数字难免有些夸张，但《史记·田完世家》说齐宣王时稷下学士多至"数百千人"，当不会有错。这"数百千人"还仅仅是当时正在学宫中受业的学士的人数，学宫存在的一百多年中培养出来的人才当远远超过这个数目。稷下先生们虽然"不治""不任职"，他们的门人弟子却不受这些限制，"学士"们学成之后，经"先生"推荐就可以踏上仕途，成为齐国甚至任何国家的各级官吏，如"淳于髡一日而见（荐）七士于宣王"（《战国策·齐策三》），齐宣王在稷下先生王斗的敦促下，"举士五人任官，齐国大治"（《战国策·齐策四》）。无可否认，学宫培养出来的大批人才在齐国的政治生活中发挥了重要的作用，齐之强盛同学宫培养人才的活动是分不开的。一般来说，战国时期人才的流动是没有限制的，哪里能够更好地发挥作用，他们就会流动到哪里。可以想见，战国时期列国的政治舞台上，必定都有稷下学宫培养出来的人才在活动，他们对战国时期的历史进程，无疑起到了重要的推动作用。

第三，出使他国。稷下先生不仅学识渊博、政治眼光敏锐，而且大都有游历列国的经历，他们见多识广，且有良好的口才，擅长外交活动。因而齐王经常用其所长，委派他们出使别国，他们也都能折冲樽俎，不辱君命，出色地完成使命。在这方面最突出的是淳于髡。据《史记·滑稽列传》："威王八年，楚大发兵加齐，威王使淳于髡之赵请救兵。……髡辞而行，至赵，赵王与之精兵十万，革车千乘。楚闻之，夜引兵而去。"又《吕氏春秋·报更》载"淳于髡为齐使于荆"。《淮南子·道应训》亦载"齐人淳于髡，以从（纵）说魏王"。可见淳于髡是一个出色的外交家，故司马迁说他"数使诸侯，未尝屈辱"（《史记·滑稽列传》）。邹衍也曾为齐出使别国，"齐使邹衍过赵，平原君见公孙龙及其徒綦毋子之属，论'白马非马'之辩，以问邹子"（《史记》集解引刘向《别录》）。这些都说明稷下先生在齐国的政治、外交活动中发挥了不可忽略的作用。不过，应当指出的是，稷下先生的出使他国都是临时性的委派。有的学者对稷下先生"不治而议论"的提法提出了怀疑，认为"说不治是有误的"，[1]其主要根据就是稷下先生曾参与了外交活动。其实外交这样的具体政事并非稷下先生经常性的活动，司马迁所概括的"不治而议论"，是根据稷下先生经常性的主要活动而做出的结论，我们不应以偏概全，根据某些特殊的情况而混淆学宫的一般性质。

第四，制造政治舆论。战国中期，在兼并战争达到了白热化的同时，结束割据、实现统一的大趋势也已渐露端倪，而统一天下正是田齐几代国君梦寐以求的愿望。齐威王曾表示，远则"高祖黄帝"，近则继承齐桓、晋文的霸业，他要向"朝问诸侯"——

---

❶ 见蔡德贵《论稷下学宫的性质》，载《齐鲁学刊》1983 年第 1 期。

统一天下的目标迈进。❶齐宣王说得更明确，他要实现"辟土地，朝秦楚，莅中国而抚四夷"的"大欲"。为了配合田齐统治者实现这一宏大目标，稷下学宫的学者们自然要纷纷行动起来，为之大造舆论。在稷下学宫早期的作品《黄帝四经》中，作者已在大谈"王天下之道"，对君主提出了统一天下的明确要求，并进行了理论上的探讨。在战国后期至秦汉的许多典籍，如《战国策》《吕氏春秋》《鹖冠子》《说苑》《韩诗外传》等中，都出现了"帝者""王者""霸者""亡者"之类的排列，如《战国策·燕策一》："郭隗先生对曰：帝者与师处，王者与友处，霸者与臣处，亡国与役处。"而在 1973 年马王堆汉墓出土的稷下学宫早期作品《黄帝四经·称》中，我们却找到了这些说法的来源："帝者臣，名臣，其实师也；王者臣，名臣，其实友也；霸者臣，名臣也，其实 [宾也；危者] 臣，名臣也，其实庸也；亡者臣，名臣也，其实虏也。"这些材料一方面表明士阶层地位的提高，另一方面也表明了列国兼并竞争活动的升格。士人们在以王者师友自居的同时，也给君主们戴上了高帽，向他们提出了更高的要求。这条材料也表明，早在稷下学宫创立的早期，田齐君主便萌生了做帝王的雄心，稷下的学者们就曾为此造过舆论。战国中期，自魏惠王始，各主要诸侯国在二十年内相继称王，而威王时齐已是"最强于诸侯"（《史记·田完世家》），宣王时"齐之强，天下不能当"（《战国策·齐策一》）。显

---

❶ 齐威王时所铸"陈侯因资敦"上有这样的铭文："皇考孝武桓公（即桓公田午），恭哉，大谟克诚。其唯因资（即'因齐'，威王名），扬皇考昭统，高祖黄帝，迩嗣桓、文，朝问诸侯，合扬厥德。"转引自民国九年修《临淄县志》。

然，称王已不能显示好大喜功的齐国同其他国家的区别了，于是，齐国开始酝酿帝制运动，要假借"皇天上帝"的名义来称"帝"了。后来，齐闵王"奋二世之余烈"，果然一度称帝。为了适应田齐政权帝制运动的政治需要，稷下先生们在理论上和舆论上进行了积极的配合，他们撰写了一批著作，为未来的统一大帝国拟定了一套典章制度。刘向《别录》云："《王度记》，似齐宣王时淳于髡等所说也。"（《礼记疏》卷四十三引）据顾颉刚先生的考证，《周官》一书也是战国时齐人所作，❶那么，除了为齐国称帝积极造舆论和进行筹划准备的稷下先生们，还能有谁呢？据笔者的研究，《管子》中的《幼官》《四时》《五行》等一组作品也都是齐国帝制运动的产物。❷这些作品，从大到明堂、封禅、巡狩等典礼，小到爵禄、祭祀、婚丧等制度，甚至君主的衣食住行，都为未来的统一帝国做出了详细的规定。这些舆论的作用是不可小觑的，它在齐国上上下下营造了一种统一天下已近在眼前的气氛，在列国间也造成了一种统一天下已非齐莫属的声势，对列国的君主构成了不小的心理压力，使齐国处于十分有利的地位。

三、学术活动

为了使稷下的学者们最大限度地发挥在思想理论上为自己的政权服务的作用，田齐统治者对稷下学宫除了在政治和经济上采取一系列的优惠政策外，为了鼓励学宫的学术活动，他们还有

---

❶ 顾颉刚：《"周公制礼"的传说和〈周官〉一书的出现》，载《文史》第六辑。

❷ 参看本书第九章第三节。

一条重要的保证，那就是允许学术自由，政府不干预学宫的学术活动。有了这一条保证，稷下的学术活动就蓬勃地开展起来了，主要表现在以下几个方面：

第一，著书立说。由于田齐统治者实行了开明的文化政策，并不根据自己的好恶来抬高哪一派，而是一视同仁，兼容并蓄，任其自由发展，从而吸引了各家各派的学者来到稷下。这些学派尽管大小不等，尽管主张殊异，甚至互相抵牾，但在学宫中都有自由发展和平等竞争的机会。于是，他们纷纷著书立说，标新立异，由此形成了学宫中学派林立、百花齐放的繁荣局面。当时社会上几乎所有的学派在学宫中都有自己的代表人物，都有自己的一席之地。活跃自由的学术气氛，促进了各学派的分化和互相渗透、融合。即使是同属一个学派的学者，各自的思想主张也都有不同的倾向和个性，很难找到两个思想主张完全相同的。即便是师生相承，也各有千秋。于是，一大批在中国古代极有影响的著作在学宫中问世了。诚如《史记·孟荀列传》所说，齐稷下先生"各著书言治乱之事，以干世主，岂可胜道哉！"

第二，讲学授业。稷下学宫的先生们为了宣传自己的学说，扩大自己的影响，延续和发展自己的学派，就要聚徒讲学。从学士方面来说，为了获得文化知识，为了踏上仕宦之途，就要从师受业。先生与学士构成了教与学双方，开展了学宫的教育活动。如前所说，许多著名的稷下先生都有众多的门人弟子。在稷下，教与学双方都有较大的自由度，先生可以自由讲学授业，学士也有较大的选择余地，特别是可以不限于跟一个先生学习，其他先生讲学也可以去自由听讲。这种自由灵活的学习制度，使得学士们有机会接触其他学派的学说，有助于打破门户之见，防止思想僵化和学术流派的近亲繁殖，使学术思想的发展不断获得新的活力，有利于学术思想的交流和人才的培养。据郭沫若的研究，稷下学宫还制定有统一的学生守则，这就是收入《管子》中的《弟子职》篇，❶其中对来稷下求学的学士们在品德修养、待人接物、学习纪律、饮食起居、衣着仪表等方面都制定了详细的守则。这些学则保证了学宫的教育活动的正常进行，有助于人才的培养，同时也证明了稷下学宫确是一个具有相当规模的正规的学术教育中心。稷下学宫培养人才、传播文化知识的学术活动同时又是按照田齐政权的要求进行的，主要是为了适应田齐政权的政治需要，因而有的研究者认为稷下学宫是当时的一所官办的最高学府，其说亦不为过。

第三，期会争鸣。史载，荀子在齐襄王时期曾三为稷下祭酒，可见稷下学宫是一个有组织的正规的学术团体，有其常规性的学术活动。刘向《别录》云："齐有稷门，城门也，谈说之士期会于稷下。"（《史记·田完世家》集解引）"期"乃预定、约定之意，"期会"即按约定的时间定期举行集会。既为集会，就应有德高望重之人召集主持，"祭酒"即是这样的主持人或学术领袖。"期会"进行的活动不外乎演讲和辩论两种。通过演讲，各家各派都获得向大家公开自己学说和观点的机会，有利于互相了解、互相吸取，促进了学术思想的交流和发展。稷下的学者们大都有出色的口才，都有一套辩论的技巧，在辩论中他们各持己见，互不相让，形

---

❶ 郭沫若等著《管子集校·弟子职篇第五十九》云："《弟子职篇》当是齐稷下学宫之学则。"参看《郭沫若全集》历史编第七卷第387页，人民出版社1982年版。

成了百家争鸣的热闹场面。如稷下先生兒说"持白马非马也，服齐稷下之辩者"（《韩非子·外储说左上》）。"齐辩士田巴，服狙丘，议稷下，毁五帝，罪三王，服五伯，离坚白，合同异，一日服千人。"（《史记·鲁仲连邹阳列传》正义引《鲁仲连子》）田骈、邹衍、邹奭亦因雄辩而得"天口骈""谈天衍""雕龙奭"的雅号，为人们所称道。可以想见，这些辩论在形式上不拘一格：有在先生之间进行的，有在学生之间进行的，也有在先生与学生之间进行的；有不同学派之间的，也有同一学派内部的；有面对面的问答，也有见诸简册的应对；有的注重辩明坚白同异、白马非马等抽象的概念和理论，有的注重解决现实的政治问题。辩论的结果，"胜者不失其所守，不胜者得其所求"（《史记·平原君虞卿列传》集解引刘向《别录》）。双方在争鸣中辨明了是非，取长补短，各得其所。人们通常所说的百家争鸣，主要就是在稷下学宫中通过这些方式进行的。

稷下学宫中的学者来自四面八方，这既是学宫学术思想繁荣的标志，也是有利于其发展的重要条件。作为战国中后期的学术文化中心，稷下学宫成了东西南北各种文化因素交流汇合之地。在稷下学宫中，有齐国本土的学者如淳于髡、田骈、邹衍、尹文、接子、邹奭、鲁仲连等，他们是齐文化的主要代表。来自异国的学者在学宫中也占了相当的比例，如慎到、荀卿都是赵人，宋钘、兒说为宋人，环渊是楚人，等等。这么多著名学者从四面八方聚集到一起，列国文化大汇合，不同地域和类型的文化得以进行广泛的接触和交流，互相冲突激荡，争鸣辩驳，使学术思想的发展繁荣获得了绝好的时机和条件。稷下学宫发展到鼎盛时期的同时，先秦学术文化的发展也步入它的黄金时代。

第五章　稷下学术综论

一、学派、文献与人物

田齐政权大力兴办稷下学宫，吸引了列国的众多学者前来讲学，使学宫迅速成为远近闻名的学术文化中心和各派学者的荟萃之地。《史记·太史公自序》所概括的六家学术，在稷下皆有著名的代表人物。其有据可查者：儒家有荀子、颜阖、鲁仲连；道家势力最大，人物众多，计有田骈、慎到、彭蒙、接子、环渊等人；宋钘则是墨家精神的真正继承者；属名家的有尹文、兒说和田巴；法家在稷下虽无著名代表人物，但《管子》一书的作者却主要是一批法家人物，他们是为田齐变法提供理论指导的主要力量；阴阳家在稷下的代表人物是著名学者邹衍和邹奭。值得注意的是，稷下诸子由于经常在一起争鸣交流而互有影响，因此各家人物在学术思想上的分野不似稷下之前那样的明确，有的往往是兼治两家甚至多家之学。如稷下元老淳于髡就是一位"学无所主"、兼容多家之术的学者，告子也是一位"兼治儒墨之道者"，这样的情况致使人们常常难以确定他们的学派归属。这正是稷下学术的一个突出的特点和优势，代表和引导着先秦学术思想的发展方向。

《史记·孟荀列传》曰，齐稷下先生"各著书言治乱之事，以干世主，岂可胜道哉！"此言稷下著述之盛。仅《汉书·艺文志》著录的稷下诸子之书就有：《慎子》四十二篇，《田子》二十五篇，《蜎子》十三篇，《捷子》二篇，《宋子》十八篇，《尹文子》一篇，《邹子》四十九篇，《邹子终始》五十六篇，《邹奭子》十二篇，《鲁仲连子》十四篇，《孙卿子》三十三篇，《管子》八十六篇，《黄帝四经》四篇等之多。有的研究者还认为，《晏子春秋》《春秋公羊传》《易传》也是稷下之作。本书将在第六章和第九章中对《黄帝四经》和《管子》二书进行专题讨论。

稷下学宫历时久远，规模浩大，人物众多，著述甚丰。可惜大多数人物的著作今已不存，故而我们对他们的思想知之甚少。研究稷下学术，当然要把主要的力量放在那些我们知之较多、对中国学术思想史的发展影响较大的人物和著作上。但这并不是说那些我们知之不多的人物和著作就不重要。本书在对稷下的主要人物、学派和著作进行重点专题研究之前，有必要对这些我们知之不多的人物及其学术思想，按照他们活动年代的顺序，择其要者进行一番简要的梳理。

淳于髡：淳于髡是稷下元老，早在威王兴齐之初，淳于髡就是稷下先生之首，很可能桓公田午创办学宫时就已是稷下先生了。淳于髡主要活动在齐威王和宣王年间，曾与孟子有过著名的辩论。他本"齐之赘婿"（《史记·滑稽列传》），出身微贱，但他以卓越的学识、辩才和胆略受到了齐王的尊崇和器重。司马迁说他"博闻强记，学无所主"（《史记·孟子荀卿列传》），据此，淳于髡很可能是一位学贯百家之术，思想上不拘一格的学者和政治家。作为稷下元老，这种"学无所主"、贯通百家的学风，对于稷下之学多元、融合、创新的学术特色的形成，无疑起到了很好的开创和导向的作用。《汉书·艺文志》没有著录淳于髡的著作，据孔颖达《礼记正义》引刘向《别录》云，《王度记》"似齐宣王时淳于髡等所说也"，淳于髡很可能参与了《王度记》的创作。散见于《白虎通》等书中的《王度记》佚文，可以作为研究淳于髡思想的参考材料。

彭蒙：彭蒙是稷下早期学者，《庄子·天下》曰："公而不党，易而无私，决然无主，趣物而不两。不顾于虑，不谋于知，于物无择，与之俱往。古之道术有在于是者，彭蒙、田骈、慎到闻其风而说之。"据此知彭蒙之学属道家。《天下》又曰："彭蒙之师曰：'古之道人，至于莫之是、莫之非而已矣。'"这种不谴是非、任其自然的态度为早期道家所共持。《天下》又曰："田骈亦然，学于彭蒙，得不教焉。"可知彭蒙乃田骈之师。王先谦《庄子集解》曰："举蒙之弟与师，而蒙可知。"盖彭蒙之师这种"莫之是、莫之非"的态度影响了彭蒙，田骈又从彭蒙那里接受了这种态度，故能提出"齐万物以为首"的著名观点。由此可见，从彭蒙之师，经彭蒙而至田骈，他们的学术思想是一脉相承的。又《尹文子·大道上》引彭蒙之言曰："雉兔在野，众人逐之，分未定也。鸡豕满市，莫有志者，分定故也。"此雉兔之喻强调正名定分，在形名法术派和黄老道家中颇为流行。姚振宗《汉书艺文志拾补》据此谓彭蒙当属名家，然而从以上所引材料来看，彭蒙应为稷下黄老之学的早期倡导者之一，兼有形名思想，其学术与尹文接近。《汉书·艺文志》未著录彭蒙之书，成玄英说彭蒙

“著书数篇”，❶未审何据。

告子：《孟子·告子上》和《公孙丑上》篇都记载有告子同孟子关于人性问题的著名辩论。赵岐认为告子名不害，“尝学于孟子”，近人梁启超则认为告子“恐是孟子前辈”。按《墨子·公孟》有墨子与告子的对话，墨子指责告子口言而身不行，并有弟子“请弃之”，据此，告子似为墨子弟子。又告子若为墨子弟子，则下及于孟子之时是完全可能的，故以梁启超之说为近。告子年长于孟子，当为稷下早期学者。关于告子的学派归属，赵岐认为他是“兼治儒墨之道者”，郭沫若则认为他“是黄老学派的一人”。❷我们从《孟子》书中的记载来看，告子主张“仁内义外”，又主张“生之谓性”，其说近儒。❸又告子主张“性无善无不善”“性犹湍水也，决诸东方则东流，决诸西方则西流”（《孟子·告子上》），同于墨子“所染”之意。故以赵岐之说为胜。

接子：接子是稷下黄老道家的著名学者。《史记·田完世家》接子作接予，《汉书》《盐铁论》亦作捷子，接、捷古字通，接子即捷子。❹《史记·孟荀列传》曰：“接子，齐人……学黄老道德之术，因发明序其指意。”关于接子的思想，《庄子·则阳》曰：“季真之莫为，接子之或使，二家之议，孰正于其情？孰偏

---

❶《庄子·天下》篇成玄英疏云：“姓彭名蒙，姓田名骈，姓慎名到，并齐之隐士，俱游稷下，各著书数篇。”

❷ 说见郭沫若《十批判书》中《名辩思潮的批判》一文，载《郭沫若全集》历史编第二卷，人民出版社 1982 年版。

❸《荀子·正名》曰“生之所以然者谓之性”，同于告子“生之谓性”的主张。

❹ 王先谦《汉书补注》引钱大昕曰：“接、捷古字通。”可见接子即捷子。

于其理？"陆德明《释文》曰："或与莫为对文。莫，无也；或，有也。"成玄英《疏》云："季真、接子并齐之贤人，俱游稷下。❶莫，无也；使，为也。季真以无为为道，接子谓道有为，使物之功，各执一家。"冯友兰先生对"莫为"和"或使"有这样的解释："季真主张'莫为'，就是认为万物都是自然而然地生出来的，不是由于什么力量的作为。接子主张'或使'，就是认为总有个什么东西，使万物生出来。"❷《管子·白心》曰："天或维之，地或载之。天莫之维，则天以坠矣；地莫之载，则地以沉矣。夫天不坠，地不沉，夫或维而载之也夫！……夫或者何？若然也。"其说大概是受了接子"或使"说的影响。战国中期，随着人们思维水平的深入，究竟是否存在一个支配自然和社会的力量或主宰的问题，已为人们所普遍关注，莫为和或使就是两种相反的回答。莫为说否定这个主宰，认为道是自然无为的，或使说则认为一切均由大道所规定和支配。钱穆认为：季真的莫为"近于机械的自然论"，而接子的或使，"其殆主命定之论者耶？"❸据《史记》，接子之学显于齐宣王时。据《盐铁论·论儒》，齐闵王矜功不休，百姓不堪，诸儒谏不从，接子遂亡去。《汉书·艺文志》道家类著

---

❶ 成玄英谓季真与接子俱游稷下，恐未必。钱穆先生在《先秦诸子系年·接子考》中指出："季真事迹多在梁，其一时交游亦以梁为盛。成氏谓之齐人，游稷下，未审所据，岂以接子而连类说之耶？"可见，据成玄英之言难以断定季真也是稷下先生，他说季真游稷下，很可能是由于季真与接子连称而致误。季真与接子的争论很可能并不发生在稷下。

❷ 转引自张秉楠《稷下钩沉》，上海古籍出版社1991年版，第165页注3。

❸ 钱穆《接子考》，载《先秦诸子系年》。

录《捷子》二篇，已佚。

环渊： 关于环渊，学界歧见颇多，主要集中在环渊这个人究竟是谁这个问题上。郭沫若和钱穆认为环渊就是关尹，❶冯友兰和张岱年则认为环渊非关尹。❷本书亦从此说。《史记·孟荀列传》云："环渊，楚人，皆学黄老道德之术……著上下篇。"❸《汉书·艺文志》道家类有《蜎子》十三篇，班固自注："名渊，楚人，老子弟子。"此蜎渊即是环渊，因为肙、睘互通，可以彼此替代。《黄帝四经·经法·论》有"蚑行喙息，扇飞蠕动"之语，《新语·道基》作"蚑行喘息，蜎飞蠕动"，《淮南子·原道训》作"蚑行喙息，蠉飞蠕动"，故蜎渊即环（環）渊。又《史记·樗里子甘茂列传》记有"楚王问于范蜎"一事，此事又见于《战国策·楚策一》"楚王问于范环"，蜎直接作环，此乃蜎渊即环渊之确证。《蜎子》十三篇久佚，环渊的学术思想我们已不可知其详，论者多用上引《战国策》中范环答楚王问的材料来阐发环渊的思想，❹这是不正确的，因为这个范蜎或范环并不是环渊。如前所论，环渊就是蜎渊，《史记·孟荀列传》司马贞《索引》引刘向《别录》，"环"作姓也，《汉书·艺文志》颜师古注曰"蜎，姓也"，环、蜎都是姓，而范环、范蜎之"环""蜎"却是名，岂能因前者之姓同于后者之名就认定是同一个人？且"范"作为姓又

---

❶ 参看郭沫若著《青铜时代》《十批判书》和钱穆著《先秦诸子系年》。

❷ 参看冯友兰著《中国哲学史史料学初稿》和张岱年著《中国哲学史史料学》。

❸ 《风俗通义·姓氏》曰："楚有贤者环渊，著书上下篇。"显然系根据的《孟荀列传》。

❹ 参看周立升《环渊考辨》一文，载《齐鲁学刊》1983年第3期。

从何而来？有人举例证明范、环相通以圆此说，那么，范蜎、范环岂不成了"环蜎""环环"？姓与名相同已是难圆其说，更何况"渊"字又哪里去了？退一步说，就算范蜎或范环就是环渊，从他答楚王问的对话里也丝毫看不出有道家的味道，不过是就事论事、权衡利弊而已。总之，环渊的思想已难以考见，我们只好存而不论，不能强为申说。至于"娟嬛""便蜎""便嬛""玄渊""它嚣""范睢""涓子"乃至"太公涓"等，或因辗转通假，已失其真，或显系他人名字之误，或为神仙家的杜撰，以致越扯越远，越来越离奇，皆不足为据。

兒说：兒说是稷下名家的重要人物。《韩非子·外储说左上》载："兒说，宋人，善辩者也。持白马非马也，服稷下之辩者。"据此，著名的白马非马之辨是兒说首先提出来的。❶这一著名命题后为公孙龙所接受和发挥，著《白马论》，成为其名辩学说的重要组成部分。兒说在当时以"巧"著称，不少古籍都记有他的事迹。《淮南子·说山训》曰："兒说之为宋王解闭结，此皆微眇可以观论者。"同书《人间训》曰："夫兒说之巧，于闭结无不解，非能闭结而尽解之也，不解不可解也。至夫以弗解解之者，可与及言论矣。"这里已透露出"以弗解解之"的倾向。《吕氏春秋·君守》记兒说之弟子为人解闭结，最后也是"以不解解之"，这大概是从兒说那里学来的。兒说及其弟子避开闭结不可解的现实，只从概念上空谈闭结可解，开启了从概念到概念，玩弄文字

---

❶　《吕氏春秋·君守》曰："鲁鄙人遗宋元王闭，元王号令全国，有巧者皆来解闭，莫之能解。兒说之弟子请往解之。"宋元王即宋王偃，其国为齐闵王所并。兒说的弟子当闵王之时，兒说则当宣王之时，早于公孙龙。

游戏之端，对名家诡辩派理论的最后完成起到了重要的作用。惠施"连环可解"的命题，就是对兒说"闭结可解"的承袭和发挥。兒说的白马非马之辩，必也是这类概念游戏，而置客观事实于不顾。因而《韩非子·外储说左上》紧接着上文所引就说，兒说"乘白马而过关，则顾白马之赋。故籍之虚辞，则能胜一国，考实按形，不能谩于一人"。尽管兒说能把白马说成不是马，谁也辩不过他，守关人可不听这一套，兒说还是不能蒙混过关，不得不为他的白马缴纳过关税，这是对兒说诡辩理论最有力的戳穿。

田巴：《太平御览》卷四六四引《鲁连子》曰："齐之辩士田巴，辩于徂丘而议稷下，毁五帝，罪三王，訾五伯，离坚白，合同异，一日服千人。"据此，"离坚白""合同异"的著名论题可能是稷下先生田巴首创。田巴之辩"离坚白""合同异"，是从概念到概念的文字游戏，以他的滔滔辩才，虽可以服人之口，却不能服人之心。年仅十二岁的鲁仲连抓住田巴之辩脱离现实这一致命弱点，指出他的理论"危不能为安，亡不能为存"，从而轻而易举地击败田巴，田巴从此"杜口易业，终身不复谈"。田巴"离坚白"的命题被公孙龙所接受并展开，成为公孙龙学说的重要组成部分。"合同异"的命题则对惠施产生了重要的影响，成为惠施相对主义理论的主要内容。

在稷下的名家学派中，兒说、田巴的学说同务实派尹文的学说分道扬镳，走上了脱离实际的诡辩之途。继其之后的惠施、公孙龙吸收了他们提供的思想资料，沿着他们开辟的方向继续发展下去，最终完成了先秦名辩派的理论体系。可见，稷下名家兒说、田巴是先秦名家学派发展的一个重要阶段，起着承上启下的重要作用。同时也应承认，他们提出的"白马非马""离坚白""合同异"等命题对于先秦逻辑学的发展，对于启发人们的思想，锻炼人们的思维能力，对活跃稷下的百家争鸣，都有着不可忽视的贡献。

颜斶：颜斶的事迹见于《战国策·齐策四》："齐宣王见颜斶……对曰：'士贵耳，王者不贵。'"《齐策四》还记载了王斗的事迹，与颜斶雷同。《汉书·古今人表》中列有颜歜、王升、王歜三人，此王升显系王斗之误，钱穆疑此三人实为一人，[1]但没有说清颜歜是怎样变成了王斗。按《齐策四》云"齐宣王见颜斶"，吴师道曰"《春秋后语》作王蠋"，[2]斶、蠋、歜皆可相通，可知颜斶、颜歜与王歜、王蠋为一人。那么王歜又是怎样变成王斗的呢？原来，"斗"因形近而误为"升"，《太平御览》卷八一六引作"先生王斗"，而《初学记》卷三十四则引作"先生王升"，可见王斗已误为王升。朱起凤曰"升字草书与叔字相似，故又之化升为叔"，《文选·竟陵文宣王行状》注引作"先生王叔"是其证。叔字又因声近而误为歜，故《太平御览》卷四五六引作"先生王歜造门而歌，欲见齐宣王"。于是王斗就辗转变成了颜斶，足见《齐策》的颜斶与王斗实为一人。从颜斶与齐宣王的对话看，他称引尧、舜、禹、汤、文王、周公之"圣"与"德"，说明他是儒家信徒。同时他又说"无实而喜其名者削，无德而望其福者约，无功而受其禄者辱"，追求"形神两全""清静以自虞""归反于朴"，并称引老子之言："虽贵，必以贱为本；虽高，必以下为基。是以

---

[1] 见钱穆《田骈考》一文，载《先秦诸子系年》。

[2] 转引自诸祖耿《战国策集注汇考》中册，江苏古籍出版社1985年版，第609页注1。

侯王称孤、寡、不穀。"**❶**可见他又有浓厚的道家思想。《史记·田单列传》载，"燕之初入齐，闻画邑人王蠋（即颜斶）贤，令军中曰'环画邑三十里无人'，以王蠋之故"，并迫其降。他回答说："忠臣不事二君，贞女不更二夫。齐王不听吾谏，故退而耕于野……"他不愿"助桀为虐"，遂自经其颈而死。这条材料表明颜斶是齐闵王时期的稷下先生，因闵王不听劝谏而退耕于家乡，最后以自己的生命实践了儒家的忠君主张。

鲁仲连：鲁仲连是后期稷下先生，据《史记》本传《正义》引《鲁仲连子》，鲁仲连是徐劫**❷**的学生，十二岁时就因聪颖过人而被誉为"千里驹"，折服稷下辩士田巴。据《史记》本传，鲁仲连"义不帝秦"，指责秦国"弃礼义而上首功"，在"遗聊城燕将书"中称引三王（禹、汤、文王），可见他是儒家人物，故《汉书·艺文志》列《鲁仲连子》十四篇为儒家。不过鲁仲连的思想比起传统儒家来已是大不相同，他不仅大谈功名、功业，而且不像孔孟那样讳不言"利"。他"义不帝秦"，就是以利害关系来陈述帝秦之害；在《遗聊城燕将书》中，开头就讲"吾闻之，智者不倍（背）时而弃利"；他与孟尝君论"势数"，以门关为例，主张顺应情势、时势，以求事半功倍之效；（《太平御览》卷一八四引《鲁仲连子》）他强调人君应"知时""知行""知宜"（《艺文类聚》卷九十九引《鲁仲连子》），亦是"不倍（背）时"、顺应"势数"之义。可见他

---

❶ 此段见于《老子》第三十九章，原作"故贵以贱为本，高以下为基。是以侯王自谓孤、寡、不穀"。

❷ 《汉书·艺文志》儒家类有《徐子》四十二篇，不少学者认为是徐劫所著，其实未必。孟子有弟子徐子名辟，《孟子·滕文公上》和《离娄下》两次提到徐子，焉知此《徐子》不是徐辟所著？

受到了黄老道家的重大影响，既讲原则，又讲变通，因此不像孔孟那样不合时宜。这也是稷下儒家的一个特点，是儒家学说在稷下同其他学派长期共存、互相影响的结果，所以马国翰才说其学"未能粹合圣贤之义"（〔清〕马国翰《玉函山房辑佚书·鲁仲连子》序）。

邹奭：邹奭是邹衍学说在稷下的唯一传人，有关他的材料保存下来的很少。《史记·孟荀列传》说："邹奭者，齐诸邹子，亦颇采邹衍之术以纪文。"又说："邹衍之术迂大而闳辩，奭也文具难施……故齐人颂曰：'谈天衍，雕龙奭。'"同传《集解》引《别录》曰："邹奭修衍之文，饰若雕镂龙文，故曰雕龙。"《汉志》阴阳家有《邹奭子》十二篇，久佚，其学术内容已不可详知。但从上引"颇采邹衍之术以纪文""修衍之文，饰若雕镂龙文"等文字来看，他的学术继承了邹衍，并在此基础上进行加工修饰。他善于雕琢文辞，大概把邹衍的学说发挥得相当详尽精致，只可惜没有传下来。《孟荀列传》论邹衍之术是"迂大而闳辩"，即是同传所说"怪迂之变""闳大不经"之意，难以施行之谓也；而论邹奭之术是"文具难施"，这同论邹衍之术是"迂大而闳辩""其后不能行之"是一个意思。"雕龙"之号也是说雕得再好也只能供人观赏，难以施行。一些学者把"文具难施"解释成"文辞已相当完备，难以再行雕琢"，乃是望文生义，未得其解。

二、学术特点

同稷下之前和稷下之外的学术思想相比，稷下学术有自己突出的特点，这些特点可以概括为多元、融合与创新。

（一）多元

稷下学术首先是多元、自由和平等的。稷下学宫是战国中后期的学术文化中心，是诸子百家的荟萃之地，《史记·论六家要旨》和《汉书·艺文志》所开列的六家或九流十家，都曾活跃于稷下。举办稷下学宫的田齐统治者具有一种难得的长远眼光和开放心态，对各派学者来者不拒，兼收并蓄，一律平等相待，任其在学宫中平等竞争，自由发展。政府对学宫的学术活动从不干涉，也不根据自己的好恶抬高或贬低哪一派，因而学派不论大小，在学宫中都享有充分的学术自由，有着平等的地位和均等的发展机会。

先秦时期，由于历史、地理等方面的背景的差异，各不同地域的思想文化逐步形成了各自的特色，呈现出不同的文化类型。如南方荆楚之地是道家思想的发祥地和主要流传地带，三晋之地盛行刑名法术之学，邹鲁之地是儒墨的故乡，而燕齐海上之士则以五行数术见长。稷下学宫创立之前，各家各派的学说缺乏直接交流的机会和条件，影响了学术思想的发展。稷下学宫的创立，为列国文化的交流融汇提供了一个理想的场所，于是来自不同国家和地域的各种学说迅速聚集于稷下来寻求发展，由此形成了稷下学术多元化的特点。

稷下学术以原本就比较发达的齐地文化为主体，兼容来自异国的百家之学。在著名的稷下先生中，齐国本地的学者最多，如淳于髡、彭蒙、田骈、尹文、邹衍、邹奭、接子、颜斶、田巴、鲁仲连等。来自异国的著名学者也占有相当的比例，如慎到、荀卿是赵国人，宋钘、兒说是宋国人，环渊是楚国人等。稷下学宫兴盛时曾有先生学士"数百千人",其中更多的是佚名的学者,他们中来自异国的学者应该占有更多的比例。如此之多的异国学者来到稷下,带来了不同国家和地域的异质文化,也带来了稷下学宫的兴盛和稷下学术的繁荣。稷下学宫中的先生们都是当时各家各派的重要代表人物,战国中期以后的著名思想家多数都曾在稷下讲学,很多人就是在稷下成名的。百家之学无论人数多寡、影响大小,无论是否受到君主的重视,在稷下学宫中都有着平等的地位,都可以自由地著书立说、传道授业、议论时政,都可以平等地进行交流和辩论。

思想理论的多元、自由与平等是学术繁荣和发展的前提和重要条件。只有一家之言和一花独放就谈不上繁荣,政治高压下的学术是不自由的、缺乏独立性的,其结果只能是使学术成为政治的附庸或扼杀学术的发展,没有学术平等也不会有真正的繁荣和发展。稷下学宫之所以获得极大的成功,稷下学术之所以有如此的辉煌,首先就在于思想理论的多元化,就在于高度的学术自由与平等。这是历史的经验的确证,也是稷下学研究的重要现实启悟价值之所在。

(二)融合

百家之学汇聚于稷下,在自由平等的条件下展开了充分的交流和争鸣,将学术思想的发展迅速推向了高潮。在稷下学宫创立之前,各学派之间彼此了解不多,更缺乏当面交流辩论的机会,因而学术思想的发展缺乏动力,发展的速度不快,真正意义上的百家争鸣还未形成。稷下学宫汇聚了四面八方的学术文化,这些来自不同地域的不同类型的思想理论相互接触,必然要发生冲突，百家争鸣就是这种冲突的表现。

百家争鸣首先带来了学术思想的分化。在稷下学宫之前，各派学说也有分化，但都是某一学派内部传承中发生的自然分化，如"儒分为八""墨离为三"等。它们或者是各自继承发挥了本学派创始人的思想的不同方面，或者是对创始人思想理论的理解有分歧，由此造成的分化纯是本学派内部的，与其他学派基本上无关。稷下学宫中发生的学派分化，情况与此就有所不同，它主要是不同学派的思想理论在广泛交流中互相影响、互相启发、互相借鉴、互相汲取，从而形成许多犹如现代科学所谓的"边缘学科"和"交叉学科"。例如，同属于黄老学派，慎到的学说是典型的援道入法或援法入道，被后人称为"道法之转关"；尹文的学说则明显接受了名家思想而突出名法，主张道、法、名三结合，因而学术史上常把他划归名家；《管子》中的黄老学说则较多地接受了儒家的思想，显得更为温和，同时还具有浓厚的齐学色彩，注重心、气、性的修养。再如，名家学说在稷下也发生了分化，有的受到了墨辩的影响，注重概念分析，热衷于揭示语言中的逻辑矛盾，并由此走火入魔，玩弄概念游戏而流于诡辩，此派被称为名辩派；有的则受到法家的影响，将形名理论同变法实践结合起来，以名论法，此派是名家中的名法派。这样的分化是一种高级的分化，它标志着稷下的学术思想比稷下之前有了长足的发展。没有学术思想的广泛交流和充分争鸣，这样的分化是不会出现的。

百家争鸣更带来了学术思想的融合。所谓融合，不是合而为一，而是以本学派思想理论为本位吸收别家，形成你中有我、我中有你、逐步趋同的局面。从这一角度来说，学术思想的分化同时也可以看成是融合。在稷下学宫之前，各学派之间要么不搭界，如道之与法、儒之与道，要么处于互为水火的状态，如儒之与墨、儒之与法。经过稷下的广泛交流，百家之学一方面进行着激烈的争鸣，另一方面又在冲突中互相吸取，许多看法逐步成为共识，学术思想呈现出新的面貌。如儒法两家在稷下已不再势如水火，而是在寻求联手互补；道法两家也不再是互不搭界，而是开创了道法结合的新局面。某些学说的价值被人们普遍认可，如儒家的德政文治教化的主张被人们普遍接受，道、法、名、阴阳诸家均吸收了儒家的主张；道家的深刻哲理和独特方法更为诸家学说争相采纳，使他们受益匪浅；实行法治、富国强兵已是诸家学说的共识和主要论证目标。一些精彩绝妙的比喻也流行一时，为人们所共用，如前引《尹文子·大道上》引彭蒙之言曰："雉、兔在野，众人逐之，分未定也。鸡、豕满市，莫有志者，分定故也。"说的是"定分"的道理，在《慎子》《商君书》《吕氏春秋》等书中，我们也可以看到同样的比喻。❶在稷下学术中，各家各派的学说都普遍存在互相渗透的情况，纯粹的某家之言已不复存在，以至我们在给某位思想家或某部著作进行学派划分时常常感到非常困难。事实上，在稷下学宫中，任何一位思想家都不

❶ 《后汉书·袁绍刘表列传》李贤注引《慎子》曰："兔走于街，百人追之，贪人具存，人莫之非者，以兔为未定分也。积兔满市，过而不顾，非不欲兔也，分定之后，虽鄙不争。"《吕氏春秋·慎势》引慎子云："今一兔走，百人逐之，非一兔足为百人分也，由未定。由未定，尧且屈力，而况众人乎？积兔满市，行者不顾，非不欲兔也，分已定矣。分已定，人虽鄙不争，故治天下及国在乎定分而已矣。"《商君书·定分》亦曰："一兔走，百人逐之，非以兔。夫卖者满市而盗不敢取，由名分已定也。"

过是以某家学说为本位而已，我们都可以在他的学说中找到来自别家的思想因素。最典型的是黄老道家，在稷下黄老之学的主要著作《管子》的部分篇章和《黄帝四经》中，都是在道法结合的同时兼容百家之学，"因阴阳之大顺，采儒墨之善，撮名法之要"（《史记·论六家要旨》），稷下黄老之学的代表人物慎到、田骈、尹文等人的学说也莫不如此。稷下元老淳于髡"学无所主"（《史记·孟子荀卿列传》），正表明他博通百家之术，表明他的思想的兼容性。著名的稷下先生宋钘是墨家的支裔，但也受到了道家的赞许。❶与孟子进行过著名争论的告子是一位"兼治儒墨之道者"（赵岐注《孟子·告子上》）。稷下后期阴阳家大师邹衍最初也是学儒者之术，其学之要归，乃不出仁义节俭。❷

稷下学术的这一既分化又融合的特色，代表了战国百家争鸣时期学术思想发展的普遍规律和一般趋势。

（三）创新

稷下学术与稷下之前和稷下之外的学术思想有很大的不同。在稷下之前，如儒、墨、道诸家之学术，基本上都是一个封闭的体系，彼此之间互相排斥、界限分明。在稷下之外，大致与稷下同时的庄子、商鞅、公孙龙等人的情况也是如此，他们的思

---

❶ 《庄子·逍遥游》称道宋荣子（即宋钘）"举世而誉之而不加劝，举世而非之而不加沮，定乎内外之分，辩乎荣辱之境"。表明宋钘思想与道家相通。

❷ 《史记·孟子荀卿列传》述邹衍之学曰："然其要归，必止乎仁义节俭，君臣上下六亲之施。"《盐铁论·论儒》也说："邹子之作变化之术，亦归于仁义。"

想学术从基本派别来讲都比较单纯，排他性较强，基本上与别家不杂，其原因就在于缺乏交流。而稷下各派的学术主张虽也彼此不同甚至对立，又都自成体系，但这些体系都是开放的，排他性不强，相互之间的界限已不再是泾渭分明，而是逐渐模糊化。长期的共存和充分的交流，使各家学说的短处暴露无遗，其长处也逐渐被大家所认可。诸子百家互相影响、互相启发、互相濡染，大家的眼界开阔了，心态也开放了，逐渐能够以比较客观和冷静的态度来对待自家之短和别家之长。于是，取人之长以补己之短就成为稷下学术的一种时尚或潮流。

　　我们可以以法家思想在稷下的变化发展为例来说明这种取长补短的情况。人们常将先秦时期的法家学说分为三晋法家和齐法家两大系，实际上，齐法家也就是后起的以《管子》为代表的稷下法家，在稷下学宫创建之前，法家只是在三晋之地活跃和流传。我们在稷下学术中看不到那种阴森森的三晋法家，不是因为三晋法家没有来到稷下，而是因为法家思想在稷下发生了变化。三晋法家是法家中的极端派，认为法是万能的，对其他学派的主张持简单的排斥态度。而在稷下百家互相濡染的环境中，法家思想却发生了变化，看到了自身的不足，认识到别家之长正是自家之短，遂对其他学派的长处均有吸取。稷下法家首先接受了儒家尊德礼、尚仁义、重教化的主张，使法家思想以比较温和的面目出现，改变了原来刻薄寡恩的形象。道家长于哲理，其思辨程度之高、理论之深为百家所莫及，稷下法家接受了道家的道论和处世艺术，用道家哲理来论说法家政治，变道家人生哲学为法家的人君南面之术，由原来的浅陋简单、疏于哲理变得高深难测起来。名家思想以逻辑严密、善察名实著称，这正是法家之短，稷下法家吸取了名家的形名理论，用于督责法治、严控名实，使短项变成了长项，后来人们将"形名"与"刑名"混用，恐怕不单是文字上的通假，思想理论上的名法结合以至于密不可分当是其主要的原因。

百家之学在稷下由于互相采撷、互相渗透而互相贯通，从而出现了融合的趋势，使得学派之间的界限变得模糊起来。由于这种融合的情况在稷下是普遍存在的，致使我们在对稷下的学术划分派别时常常难于确定他们的归属。目前稷下学研究中关于学派归属问题的纷乱状况实际上就是稷下学术这一特色的客观反映。由于这种融合的趋势，稷下学者们的思想体系中，都同时兼有两种或多种不同学派的思想学说，因此严格来说，他们都不是纯粹的这一派或那一派，都程度不同地受到了其他学派的影响。

百家之学在稷下的迅速发展突出地表现在学术思想的创新上。由于诸子百家的学说理论在稷下优越的条件下得以充分地接触和广泛地交流，从而使得一些新的组合、新的尝试和新的创造成为可能，这些新的尝试和组合所碰撞出来的思想火花经过一定的氤氲培育，就产生出一些新的思想理论和学术流派，为学术思想的发展开辟了新的领域和新的方向。比如，黄老之学就是稷下学术的一个重要创造，也是稷下学术的一个重大贡献。黄老之学的学术特征是道法结合、以道论法、兼采百家，因而可以说是集中了百家之长，其中多有新的组合和新的尝试。这一新的学说体系具有其他学派难以相比的优势，它符合历史潮流，代表着先秦学术思想的发展趋势。我们知道，变法图强、实行以法治国是战国历史舞台上的主旋律，因而法家学说最受列国统治者青睐；儒家思想在当时虽被认为是"迂远而阔于事情"（《史记·孟子荀卿列传》)，但却符合封建统治者长治久安的长远利益；道家学说以其深邃的哲理、缜密的思辨、惊世的妙语、超然的人生态度征服了诸子百家，时人无不以高谈玄妙的道论来装点自己的学说。黄老之学是扬长避短的典范，它至少是集此三家的优势于一身，既适应时君世主的眼前需要，又符合他们的长远利益，且不失玄妙深沉超脱之雅。黄老之学于是终能压倒百家，独领风骚，成为战国后期真正的显学，《史记》中记述的六国之末的思想家多为"学黄老之术"者。再比如，儒家在先秦可谓时运不济，主要是因为他们的主张不能解列国君主的当务之急。稷下后期的儒家大师荀子受稷下学术的深刻影响，可谓善识时务，他不像孟子那样执着，而是采取变通的态度，以儒家为本位接纳别家思想，特别是黄老思想。这一新的尝试为儒家学说开辟了一片新天地，荀学之阳儒阴法奠定了以后两千年封建统治模式的根基。此外，精气理论乃是进入齐国的老子之学同齐地久已流行的行气养生思想相结合的新成果，阴阳五行思想是从异地进入齐国的阴阳说和五行说同燕齐之地流行的方术三结合的产物。如此等等，不烦多举。

稷下学术可以说是充满了新的创造，正是这些充满创造性的新学说新理论，把先秦的学术思想迅速地推向了鼎盛，使百家争鸣迅速地达到了高潮。

三、发展趋势

纵观先秦学术思想的发展史，到了战国中期以后，诸子百家之间越来越表现出某种趋同性，大有打通学派壁垒之势。可以说，由多元走向融合，由分化走向统一，是战国中期之后学术思想发展的总的走向,稷下学术就集中而突出地表现和促进了这一趋势。

我们的兴趣并不仅仅在于指出稷下学术的这一发展趋势,更重要的是要进一步探寻它的原因。我们认为,稷下学术的发展之所以出现这一趋势,主要是由以下三方面的原因决定的。

第一,政治上统一趋势的要求。战国中期之前,社会的政治变革还没有达到高潮,列国经济、军事力量的对比总体上尚处于平衡状态,兼并战争只是在相对盲目的状态中进行。在这样的政治形势下,诸子百家只能是适应"天下大乱,圣贤不明""时君世主,好恶多方"的客观形势,各自开出不同的救世之方,纷然杂陈以取合于世主,从而出现"道术将为天下裂"的局面。诸子百家之学"譬如耳目鼻口,皆有所明,不能相通,犹百家众技也,皆有所长,时有所用"(《庄子·天下》),他们"各为其所欲焉以自为方"(同上),都认为自己的主张是最正确的而排斥别家,是以"百家往而不返,必不合矣"(同上)。此时的各家学说,尚不具备融合的条件,没有出现合流统一的迹象。进入战国中期以后,各主要的诸侯国都相继完成了变法改革,列国的经济、军事优势已集中于少数几个大国,合纵还是连横❶成为列国军事和外交活动的焦点。政治上实现大一统的趋势越来越明朗,实现统一只是一个时间的问题了。在这样的政治形势下,学术思想上"各引一端",互相抵牾的局面已不能适应新出现的统一趋势的要求了,于是,如何"舍短取长,则可以通万方之略矣"(《汉书·艺文志》),总结提炼

---

❶ 《韩非子·五蠹》对合纵连横做了简捷明确的解释:"纵者,合众弱以攻一强也;而横者,事一强以攻众弱也。"

学术思想的成果，为统治者乃至未来的统一大帝国提供一个切实可行的治国方案，就成为思想家们所关注的中心课题。这就要求思想家们以更广大的学术胸襟，打破学派间的门户壁垒，汲取别家学说的养料，补充和完善自己的学说理论。于是，适应政治上结束分裂、实现统一的大趋势的要求，学术思想就出现了融合统一的趋势。

第二，学术思想自身发展的内在逻辑的要求。先秦时期的学术思想，从其发展的内在规律的角度来看，大致可以分为三个阶段。第一个阶段是春秋末期到春秋战国之际。这个时期是古代的学术思想由合到分的时期，"学在王官"的统一局面被打破，是诸子百家的初创阶段，主要是儒、道、墨三大学派的创立，由此奠定了以后学术思想发展的基本格局。第二个阶段是战国初期到战国中期。这个时期是儒、道、墨三大学派分化发展的时期，"儒分为八""墨离为三"，道家也发生了分化，有的发挥了老子学说中清静无为的方面，有的则发展了其中注重权术的方面。三大学派分化的结果，形成了隶属于这三大学派的不同流派、分支，他们"蜂出并作，各引一端，崇其所善"（同上），并由此派生出名家、法家、农家等学派。❶这时的诸子学说才初步成其为"百家"，把春秋战国之际儒、道、墨三大学派的分歧争论引向了纵深化、扩大化和激烈化。以上两个阶段是先秦时期道术为天下裂，王官之学散为百家之学的必然结果，完成了古代学术思想由合到分的历史进程。然而，正如社会历史的发展要经过"合久必分，分久必合"的

---

❶ 说见郭沫若《十批判书》，《郭沫若全集》历史编第二卷，人民出版社 1982 年版。

具体途径一样,学术思想的发展也要通过这种分与合的矛盾运动才能实现。当古代的学术思想经过了充分的分化,走完了由合到分的阶段之后,其发展的内在逻辑就要求结束"分"的状态,在更高的基础上开始新的"合",即通过学术思想发展的否定之否定来达到更高的阶段。于是,由这种内在的逻辑所决定,先秦学术思想的发展进入了它的第三个阶段——战国中期到战国末期。这一时期的诸子百家之学,在经过了充分的争鸣之后,各派学说的优点已表现得很充分,逐渐成为大家的共识,缺点也已充分暴露,为大家所规避。比如,墨家是两大显学之一,在当时影响很大,墨家的许多主张如兼爱、尚同、尚贤、节用、非攻、功利等都被其他学派在不同程度上予以吸取和认同,唯独非乐和节葬的主张却不见有人赞同,而这两项主张正是墨家学说中最极端、最不近人情之处。同时,诸子百家的学说,本质上都是对同一社会现实的反映,都是为了解决相同的社会问题,达到相同的目的,因而它们之间除了存在着相互对立之外,也必然存在着统一的方面。《易》曰:"天下同归而殊涂,一致而百虑。"(《汉书·艺文志》引)班固亦云:诸子百家"其言虽殊,譬犹水火,相灭亦相生也。仁之与义,敬之与和,相反亦皆相成也"(《汉书·艺文志》)。百家之学就是在这种"相灭相生""相反相成"的对立统一关系中并存和发展的。通过充分的交流与争鸣辩驳,彼此间都看清了各自的长处和短处,遂开始自觉地取人之长,补己之短,不断地丰富、完善和发展自己的学说理论。这样,战国中期以后的学术思想就开始逐渐趋向一致,开始出现了各家各派之间的融合与统一。

第三,稷下学宫为学术思想的融合统一提供了必要的条件。政治上的统一要求和学术思想发展的内在逻辑要求是战国学术思想走向融合统一的内在原因，然而这毕竟只是一种可能性，可能性要转化为现实还必须具备一定的外部条件。稷下学宫的建立和发展，恰为这种转化提供了必不可少的条件。关于这一点，我们已在前面有过较多的论述，兹不赘言。这里要说的是，这种融合与统一不仅发生于稷下学宫，同时也发生在稷下学宫之外，这同稷下学术的影响和带动作用有极大的关系。可以肯定地说，若是没有稷下学宫，这个过程将会进行得十分缓慢，而且必然要影响到融合的广度和深度。稷下学宫的存在和作用，无疑大大加快了这一融合的进程。战国时期学术思想的融合是在稷下学宫中开始的，并主要地是在稷下学宫中进行的，稷下学术的这一发展方向代表了战国中后期学术思想发展的一般趋势。同时我们要指出的是，稷下各学派对别家的吸收融合是有一定的原则和立场的，即都是以我为体，以他为用。因此，无论他们怎样容纳别家的学说，却总是保持着本学派的基本面貌，他们的理论体系和治国方略仍有根本的区别，我们不能因为他们都容纳了别家之长而看不到他们之间的区别和对立。稷下诸子百家融合吸收别家学说的对象和程度也是有所不同的：有的只吸收了某一家的学说，有的却吸收了不止一家；有的吸收了某家的很多思想，有的却只吸收了个别的观点；有的虽吸收了某家的某一主张，但对其他的主张却大加挞伐。这些纷繁复杂的情况都需要进行具体细致的研究，不能失之公式化和简单化。

四、历史地位

稷下学术在中国古代的学术思想发展史上有着极为重要的

地位，这主要表现在如下两个方面。

第一，稷下学术促进了先秦学术思想的繁荣。首先，稷下学术丰富了古代学术思想的内容。在稷下，各家学术互相争鸣激荡，大大开阔了人们的视野和思路，引发了人们积极地思考新问题，探索解决现实问题的新方法，从而涌现出许多新的学派，提出了许多新概念、新命题。其中最重要的莫过于以道论法这条新路的开辟和儒法结合政治模式的提出。前者的结果是黄老道家这一新学派的兴起和壮大，并最终压倒百家，成为战国中后期的主流学派；后者则摸索出一条适合古代中国社会具体情况的治国道路，并为之后历代王朝所遵循。稷下时期，人们探讨的问题更加广泛，如古今之辨、王霸之争、人性善恶等，这些问题的讨论在稷下得到了充分的展开，各家各派都对这些问题提出了自己的见解。至于新提出的概念和命题更是不胜枚举，仅从名辩派提出的"合同异""离坚白""白马非马"等命题便可见其一斑。其次，稷下学术深化了古代学术思想的层次。这里仅举天人关系论为例。天人关系是与中国哲学共始终的重大论题，早在商周时期便引起人们的特别关注，在稷下之前，老子、孔子和墨子的学说奠定了中国古代天人关系论的基调。天人关系的讨论在稷下获得了极大的深化，取得了重要的认识成果。稷下黄老道家在继承传统道家天道自然无为观念的基础上，着重阐发了人在自然面前应如何作为的问题，提出了"因天时""尽天极""用天当""静作得时""当断不断，反受其乱"等极有价值的思想。这种积极辩证的态度影响了荀子，使他的天人关系论达到了先秦时代的最高水平。

第二，稷下学术是古代学术思想史上的重要环节，它对中国古代的历史、哲学与文化产生了重大的影响。先秦百家之学在稷下时期得到了充分的争鸣和长足的发展，许多重要的学说理论都是在稷下出现和成熟的，以至于离开了稷下学术，我们就无法弄清古代学术思想变化发展的来龙去脉。比如，主导了汉初政治数十年之久的黄老之学是何时从老学中分化出来的，是什么原因促成了这一分化，这一重要学派在先秦时期流传和发展的情况如何，其在先秦学术史上的地位及其与其他学派的关系如何等等，这些问题只有对稷下学术进行深入的研究才能得到解答。再比如，儒与法这两种大体上互相排斥的思想学说或治国方案是如何走向联手互补的，这种联手互补的具体发展线索如何，由此形成的阳儒阴法或杂王霸之道而用之的政治理论模式的成熟形态是什么等等，这些问题只有稷下学术才能说明。再比如，作为中国古典哲学的重要组成部分的气论，其成熟形态是元气论，而从原始的气论到成熟的元气论之间的过渡形态是什么，这一问题只有通过产生并发展于稷下的精气论才能得到解答。再比如，被称为中国人的思维框架的阴阳五行学说，原本是阴阳自阴阳、五行自五行的分离状态，是什么契机促成了这两大文化体系的合流，这一合流的具体历程如何，是哪一部著作完成了阴阳五行合流这一重要的理论创造，其标志是什么，这些问题也只有在稷下学中才能找到答案。如此等等。以上这些问题是如此的重要，以至于不弄清这些问题，就不甚了解中国的历史、哲学和文化，稷下学术的历史地位以及开展稷下学研究的重要性由此可见一斑。

第六章　稷下的主流学派黄老之学

黄老之学是先秦思想史上一个极为重要的学派,它的重要地位,蒙文通先生曾有一个很好的概括:"百家盛于战国,但后来却是黄老独盛,压倒百家。"❶可以说,只有黄老之学才是战国中后期真正的显学,稷下学宫的情况就突出地表明了这一点。在稷下,无论从人数、著作还是从影响上来看,黄老之学都占有主流的地位,代表了先秦学术发展的一般趋势。然而以往的学术界对黄老之学的研究却显得比较薄弱,这种情况只是近年来才有了一定的改观。我们研究先秦学术,特别是研究稷下学,必须给予黄老之学高度的重视。

一、黄老之学产生并成熟于稷下

"黄老"之称不见于先秦典籍,而首见于《史记》。但是司马父子并未从学术内涵上对什么是黄老之学做出任何界定,而只是笼统地说某某"学黄老之术"、某某之学"归本于黄老"等,从

---

❶ 参看蒙文通《略论黄老学》一文,载《蒙文通文集》第一卷《古学甄微》,巴蜀书社 1987 年版,第 276 页。

而导致当今学术界的许多分歧意见。黄老之学曾是汉初一度占统治地位的政治思想，从汉初奉行的"清静无为""与民休息"的基本国策来看，适应这种政治、经济状况并为之服务的黄老之学必属道家无疑。但众所周知，作为历史上道家主流的老庄派是道家中的隐逸派，他们注重的是修身处世之道，对如何为政并无多大兴趣，因而汉初流行的黄老之学不可能是道家的老庄派，而只是从中择取了"清静自然无为"的基本精神及其道论而与之发生了关系。"黄老"之名，要点不在"老"而在"黄"，其与老庄的主要不同在于它的积极用世，探讨治国之道。或者说，它对老庄为代表的传统道家学说进行了重要的改造，对统治集团采取了积极的合作态度。正是由于这一点，它才能够为汉初政治所用而大行于世。

黄老之学的学术内容，今人虽众说不一，但无非是以两个标准来界定的。其一是依托黄帝立言者，1973 年长沙马王堆汉墓出土的《黄帝四经》是其主要代表；其二是道法结合、以道论法、兼采百家者。由于依托黄帝立言的《黄帝四经》的学术特征亦是道法结合、以道论法、兼采百家，因而后者实际上就成为界定黄老之学的唯一标准。《史记》虽未从内涵上明确黄老之学的定义，但却从外延上提供了判定黄老之学的依据。从《史记》所记述的"学黄老之术"的战国学者的学术思想上看，其共同点就是道法结合、以道论法、兼采百家。因而可以说，今人界定黄老之学的标准，正是根据《史记》提供的线索，从黄老学者们的学术思想中概括出来的。根据这一标准我们看到，从战国到汉初确实存在着一个黄老学派，这个学派以其吸收了百家之长而又归本于道家的学术主张适应了汉初的政治需要，从而一度成为占统治地位的学术思想,而且在战国时期也以其道法结合、以道论法、兼采百家的学术特征符合了当时的政治需要,顺应了学术思想发展的潮流,从而成为战国中后期人数最多、影响最大的学派,堪称当时真正的显学。这一学派打着黄帝与老子两面旗帜,把帝王之祖黄帝和隐者之宗老子的形象糅合在一起,用虚设假托的所谓黄帝之言改铸了实实在在的老子之学,从而一举将阐扬柔退不争的隐逸之道的老子之学改造为探讨如何才能富国强兵以适应天下大争局面的为政之道的黄老之学。黄老之学从传统道家思想中择取的实际上只有其道论的宇宙观以及由此演生出的自然无为的方法论,并以此作为自己政治主张的哲学基础。它为道家学说注入了全新的内容,为道家学说的发展开辟了另一个方向,从而创立了一个全新的学派。

黄老之学是战国时期一部分热衷于为政之道的道家学者为适应当时的政治需要,将老子之学同春秋以来流行的"黄帝之言"❶结合起来进行综合改造的结果。它的产生有着独特的社会历史根源和思想文化背景,而齐国的稷下学宫最为具备产生这一崭新学说的各种条件。

田氏代齐之后,采取了一系列措施来巩固刚刚到手的政权,其中首要的就是为自己正名,申明田氏取代姜氏不是篡国违礼,而是具有宗法的合理性,应该得到诸侯的认可。于是他们抬出了中华人文之祖——黄帝。黄帝姬姓,田氏原为陈国公族,乃姬姓之后,而姜齐则是姜姓炎帝之后。田氏尊黄帝的目的显然是

---

❶ 关于春秋以来流行的"黄帝之言",可参看齐思和先生《黄帝之制器故事》一文,载《古史辨》第七册。

附会和利用黄帝战胜炎帝而有天下的历史传说，论证田齐取代姜齐的合理性。田齐统治者声称自己是黄帝之胄，并把这一杜撰铸在青铜祭器上，使"子子孙孙永保用"，^❶这样就为自己的取国找到了充分的根据，同时也为日后的王霸之业制造了舆论。田齐政权的这一举措在客观上大大刺激了春秋以来的"黄帝之言"在齐国的流传和发展，促成了黄帝之言与老子之学的结合。因而"黄帝之学"在田齐最为盛行，并获得了长足的发展，这应该是顺理成章的。

战国以来，列国政治舞台的主旋律是变法图强。田齐的变法虽然来得较晚，也没有秦、楚变法那样的轰轰烈烈和悲壮，但其理论准备却远比秦、楚变法充分和深刻。它的深刻之处就在于找到了道法结合、以道论法这条路子，充分论证了实行法治是顺应天道、符合大道的。而这条路子的开辟，一来得力于稷下诸子深厚的理论积淀，二来也与齐国特殊的历史文化条件有关。齐文化本具有富于革新精神和创造性的特点，管仲佐齐桓公争霸，在齐国推行了一系列的社会改革措施，在齐人心目中，管仲就是法家的先驱，法家思想对于齐人并不陌生。春秋末年，早期道家的重要人物范蠡入齐，将道家思想传到了齐国，道家思想在齐国本有一定的流传基础。稷下学宫的建立，吸引了来自各国的大量学者，南方楚、陈之地的道家学说在齐国获得了迅速的发展，深深地影响了齐地的文化和齐人的思想，这种影响在齐地本土的管仲学派所依托编集的《管子》一书中便可清楚地看到。在田齐政权变法改制的客观需要的刺激和推动下，稷下的理论家们迫切需

---

❶ "陈侯因𰲵敦"铭文，转引自民国九年修《临淄县志》。

要寻找一种适合田齐的政治需要，符合田齐统治者的口味并具有齐国特色的变法理论。他们发现传统的道家学说虽然反对法治，但其中顺应天道和人的本性、崇尚自然、反对人为干预的思想内容正好可以用来作为变法的理论根据，论证实行法治的合理性、必然性和可行性。于是他们就找到了道法结合、以道论法这条新路，并进行了大量的探讨和论证，从而形成了一个新的学派——黄老学派。这一学派以它新奇特有的道法理论区别于以《商君书》为代表的三晋法家，它使得法治思想获得了前所未有的理论深度，给了变法实践以理论上的满足，克服了早期法家那种疏于哲理的刀笔式的缺陷。同时也一改传统道家消极无为的思想倾向和冷漠的不合作态度，为道家学说的发展开辟了一条新路，使其在社会政治实践中具有了更高的实用价值。

战国中期，百家争鸣进入高潮，各主要学派为了提高本学派的声望，以便在争鸣中处于有利的地位，于是纷纷打起了远古帝王的旗号来竞长争高，以示源远流长。儒、墨被称为当时两大显学，儒家"祖述尧舜，宪章文武"，墨家也声称自己的学说是"禹之道"。道家仅凭创始人老子的声望难以与儒墨抗衡，处于十分不利的地位。稷下的道家学者受田齐统治者"高祖黄帝"举措的启发，遂打起了黄帝的旗号，冠黄帝于老子之上，声称自己的学派乃是直接继承黄帝的统绪，因而比儒墨渊源更久远，道术比儒墨更高明，地位也比儒墨更显赫。这实在是一个高明之举，它不仅使道家学派在百家争鸣中一举改变了原先的不利地位，更为重要的是使道家学者得以借用黄帝的名义，名正言顺地改造传统的道家理论，打着黄帝的旗号随心所欲地"采儒墨之善，撮名法之要"（《史记·论六家要旨》），根据自己的需要为道家学说增加了许多新的内容。这一工作主要是在稷下学宫中进行的，《史记》所记述的"学黄老之术"者，大都是著名的稷下先生，如慎到、田骈、尹文、接子、环渊等。这就足以证明黄老之学是产生并成熟于稷下，离开了田齐统治者"高祖黄帝"、变法图强的政治实践和稷下诸子道法结合的理论尝试，便没有战国的黄老之学。

二、稷下黄老学派的奠基之作《黄帝四经》

自从开辟了道法结合这条新路，黄老之学很快便成为稷下的主流学派，不仅见于史书记述的黄老学者众多，而且还有许多没有留下姓名的黄老学者，他们对黄老之学的开创和发展做出过重要的贡献。《黄帝四经》的作者和《管子》中有关篇章的作者便是其中的佼佼者，而《黄帝四经》的作者对黄老之学更有筚路蓝缕之功。

稷下黄老学者的著作多已散佚，这使得人们在研究黄老之学时常有史料缺乏的困难，以致难以理出一条清晰的线索。1973年马王堆汉墓出土的早已亡佚两千多年的帛书《黄帝四经》，在很大程度上弥补了这一不足，也使得学术界终于能够确认以《黄帝四经》《慎子》《尹文子》《管子》的部分篇章为代表的战国稷下黄老学派发展的一条连续的、较为清晰的线索。

《黄帝四经》包括《经法》《十大经》《称》《道原》四篇。它的重新发现是国学界的一件盛事，大大激发了人们对黄老思想的研究热情，但随之也出现了不少争议，譬如书名、成书年代、作者等。关于书名，本书采取唐兰先生首倡的观点，认为这四篇古佚书就是《汉书·艺文志》所列的《黄帝四经》，**❶**而不取《黄老帛书》这种虽较稳妥但却较为含混的提法。关于成书年代，本书认为其成书较早，当在战国早中期之际，先于管、慎、孟、庄诸书。关于作者，学界意见分歧，有郑人说、楚人说、越人说、齐人说等，笔者认为，该书最有可能是稷下学宫中佚名的早期黄老学者所作，它是稷下黄老学派的奠基之作。

（一）《黄帝四经》早出之新证

1. 常见的论证方法之局限

确定《黄帝四经》的年代，是我们研究《四经》的出发点，也是该项研究的重点和难点。笔者认为，虽然研究《四经》的年代离不开其他古籍中的材料做参照，但人们普遍采用的通过文句比较的论证方法却是靠不住的，因而寻找更为可靠的论证方法便显得十分必要。

首先让我们分析一下常见的论证方法之局限。

关于《黄帝四经》的成书年代，目前学术界大体有四种观点：战国中期以前、战国中期左右、战国末期、秦汉之际到西汉初年。这四种观点又可分为早出说和晚出说两类。

然而无论是早出说还是晚出说，都普遍地采取了一个主要的论证方法，即通过《四经》与《管子》《庄子》《慎子》《鹖冠子》等古籍中相近文句的比较，来论证《四经》的年代。这种方法不是不可以用，但它有很大的局限性，因为对材料的不同理解可以得出彼此相反的结论。例如，有人认为《四经》中的某

---

❶ 唐兰：《马王堆出土〈老子〉乙本卷前古佚书研究》，载《考古学报》1975 年第 1 期。

些文句比《管子》中的相近文句概括程度高，从而认为《四经》晚出，而相反的意见却认为《四经》的思想比较浓缩、凝练，《管子》等书是对《四经》思想的演绎、发挥和阐释，从而认为《四经》早出；有人认为《四经》中的某些文句思想内容比较丰富，是对《管子》等书的增益和补充，从而认为《四经》后出，而相反的意见也可以认为《管子》等书是对《四经》文句的节录和缩略，从而认为《四经》先出；有人认为《四经》中的某些文句行文比较清晰严密，从而认定《四经》在后，相反的意见却认为他书的文句之所以没有《四经》清晰严密，正因为是对《四经》的抄袭和拼凑，从而认定《四经》在先。如此各执一端，谁也说服不了谁。可见，这种常见的论证方法是难以解决问题的，也是靠不住的。

要正确地判定《四经》的成书年代，需要改变思路，另寻别径。在这方面，已有专家为我们提供了一些令人信服的论证方法。如陈鼓应先生运用汉语词汇的演变是先有单词后有复合词的规律，论证了《四经》至少与《孟子》和《庄子》内篇同时。[1]李学勤先生通过古史传说系统的演变论证了《四经》不晚于战国中期。[2]王博先生指出"气"字在《四经》中还只是个一般名词，而在《管子》中已具有了哲学抽象的意义，从而论证了《四经》早于《管子》。[3]这些论证方法都是令人信服的和相当可靠的。

[1] 陈鼓应：《黄帝四经今注今译》，台湾商务印书馆1995年版，第35—36页。

[2] 李学勤：《楚帛书与道家思想》，载《道家文化研究》第5辑。

[3] 王博：《〈黄帝四经〉与〈管子〉四篇》，载《道家文化研究》第1辑。

判定《黄帝四经》的年代是一项复杂的、综合性很强的工作，涉及哲学、历史、语言文字等诸多方面，因而论证的方法也应该是多种多样的。笔者认为，考察学术思想发展的轨迹，把《四经》放在先秦学术思想发展史的大背景下来考察，将有助于我们正确地判定《四经》的年代。纵观学术思想史，我们可以看到，在历史发展的每一个阶段，都有当时人们普遍关注的理论上的热点，从而使学术思想的发展也呈现出阶段性；同时，学术思想的发展也有一个逐步深入、丰富和成熟的过程。基于这样的认识，笔者在研读《四经》时注意到这样一个事实：不少战国中后期思想界普遍关注、讨论十分热烈的问题和习见的观念、说法，在《四经》中都没有涉及；同时，一些在战国中后期已经发展得较为成熟或基本定型的思想和理论，在《四经》中尚处于草创阶段。因而，将《四经》同战国中后期的作品放在一起，总显得有些不协调。如果《四经》是出于战国中期以后，那么这些问题、观念和思想理论就理应在《四经》中反映出来。这恐怕只有一种合理的解释，那就是它们不是一个时代的作品。据此，笔者认为，《黄帝四经》的成书年代，应定在战国早中期之际，它在墨子之后，而在孟子、庄子之前。

下面，笔者就试图从学术思想发展史的角度，分四个方面将《四经》同战国中后期的作品进行比较，以论证《黄帝四经》之早出。

2. 从人性论的发展演变论证《四经》早出

战国中期以前，人性问题尚未引起人们的思考和关注，《老子》《论语》和早期墨家的著作中，都没有对人性问题的直接和明确的论述。孔子仅说过"性相近也，习相远也"（《论语·阳货》），并没有进一步回答人的本性究竟如何，故子贡有言："夫子之言性与天道，不可得而闻也。"（《论语·公冶长》）《老子》中没有关于人性的概念，他讲的"素朴""无名之朴"不是在谈人的本性，这些概念只是到了战国中期以后才被引入人性论。这表明人性问题尚未被老子关注。战国初期的墨子也没有谈到人性，《墨子》书中有关人性问题的内容，是后期墨家的思想。

到了战国中期，现实政治的需要促使人们去思考和探索人的本性，以解决社会面临的问题。于是，人性问题引起了人们的广泛关注，成为百家争鸣的一大热点。诸子百家都对人性问题提出了自己的看法，无不根据自己对人性的理解提出相应的政治主张。可以肯定地说，人性问题是战国中后期百家争鸣进入高潮以后才凸显出来的，它带有鲜明的时代特征。随着秦的统一六国，历史已经对各种各样的人性论做出了选择，人性问题已不再是思想界关注的焦点，秦汉以后的人性理论实为战国中后期之余绪。因而可以说，先秦关于人性问题的讨论，只是集中在战国中后期这一段时间，尤以战国中期为甚。这一事实为我们判定《黄帝四经》的年代提供了一个比较可靠的参照系。

在战国时期各种各样的人性论观点中，孟子的性善论对后世的影响最大。然而这不过是历史做出的选择，而在孟子的时代，真正占有优势的是法家和黄老家关于人皆好利恶害的人性论主张。法家和黄老家出于论证法治之必要性和可行性的目的，对人性问题最为关注，论证最为充分，在当时蔚为主流。法家著作《商君书》和《韩非子》将人的自私本性揭露得十分透彻。这样的观点在稷下也十分流行，稷下诸子慎到、田骈、尹文等和《管子》的作者们均持此种论点。孟子提出性善论，实为儒家对法家和黄老家大谈人性自私自利的回应。这种性善论在当时就引起了争论，仅在《孟子》书中便可见到三种不同的观点，性可以为善可以为不善、有性善有性不善以及告子的性无善无不善，足见当时争论之激烈。后来荀子的性恶论实际上是对孟子性善论和法家黄老家性私论的综合，其前一半由于对稷下黄老之学多有吸取而与孟子相左，后一半则由于对稷下黄老人性论的扬弃，主张对人性进行改造而与孟子殊途同归了。

百家言人性，以庄子的人性自然论最为超脱和独特。此外，宋钘主张人的本性是欲寡而不是欲多，这种观点在稷下可谓别具一格，它显然是稷下诸子皆言人性自私好利的特定理论背景下的产物。

这里特别值得一提的是墨家的人性论。墨子本人并没有论及人性问题，后期墨家则从人的本性入手，为墨子的功利主义提供了心理学的依据。《墨子·经上》云"利，所得而喜也""害，所得而恶也"，《经说上》解释说"得是而喜，则是利也，其害也，非是也""得是而恶，则是害也，其利也，非是也"。这就是说，喜利恶害是人的本性。后期墨家还指出，人的行为往往被眼前的利害所左右而或趋或避，而眼前的利害可能只是小利害，"智"（理性）的作用就是透过眼前的小利害看到将来的大利害，从而指导人们趋将来之大利而避将来之大害，并于复杂的利害关系中"权轻重"，于众利之中取其大者，于众害之中取其小者。这些见解无疑是深刻的。由前期墨家在人性问题上的阙如，到后期墨家达成如此深刻的认识，这一点很能说明问题，它清楚地表明了人性问题只是到了战国中期以后才为人们所关注。

　　从人性论的角度为法治的主张提供依据，是战国中后期法家和黄老之学的通例。《四经》虽然也主张法治，但却是从天道观的角度而不是从人性论的角度论证的。《四经》中有的地方也涉及一些与人性有关的问题，但还很朦胧微弱，如《称》篇云："行曾（憎）而索爱，父弗得子；行母（侮）而索敬，君弗得臣。"又云："利不兼，赏不倍。"值得注意的是，《称》篇有这样的话："不受禄者，天子弗臣也；禄泊（薄）者，弗与犯难。故以人之自为□□□□□□□□。"《慎子·因循》中有相近的文句，前一句作"是故先王见不受禄者不臣，禄不厚者不与人难"。两书说的是一个意思。《称》篇原缺的八个字，陈鼓应先生《黄帝四经今注今译》一书中据《慎子》补作"故以人之自为也，不以人之为我也"。笔者认为还须慎重从事。我们知道，《称》篇是格言体，它反映的内容应是当时人们已有的认识，其中当然应包括在此之前已达成的认识。人有好利恶害之心，每个普通人都可以自发地认识到这一点，只是没有上升到理论的高度来认识而已。早在春秋时期，孔子在论述道德的作用时就曾指出："富与贵，是人之所欲也……贫与贱，是人之所恶也。"（《论语·里仁》）这实际上就是后来的黄老家所谓的"自为"之心。关于"自为"一词，《四经》中仅此一处，更遗憾的是由于缺文而难于知其确切意谓。但在《慎子》中就大不一样了。《慎子》对人的自为之心有精辟详尽的论述，如"人莫不自为也"（《慎子·因循》），"能辞万钟之禄于朝陛，不能不拾一金于无人之地；能谨百节之礼于庙宇，不能不弛一容于独居之余。盖人情每狃于所私故也"（《慎子·逸文》），"匠人成棺，不憎人死，利之所在，忘其丑也"（同上）。即便是亲属之间也不例外："家富则疏族聚，家贫则兄弟离，非不相爱，利不足以相容也。"（同上）这就是说，人的本性就是自私自利，为自己打算，人与人之间本质上是一种利害关系，这正是赏罚之为用的内在根据。《慎子》所言不仅比《四经》详尽具体，而且更为深刻，明确地将"人之情"同"因"的原则，同"天之道"，同"法"联系在一起。这是《四经》所不能相提并论的，《四经》涉及的程度仅与春秋时期人们达成的认识相当。从人性理论的角度来看，若把《四经》同战国中后期的作品相比较，就会明显地看出它们不属于一个时代，它们的人性论显然不在同一个发展水平上。我们可以说，《四经》没有参与战国中后期人性问题的大讨论，仅此一点便足以表明它不是那一时代的作品，它无疑先于管、慎、孟、庄诸书。

由以上所论还可看出，战国中后期的黄老学者（包括受黄老影响的荀、韩等）由于达成了人皆好利恶害的认识，因而对人的物质欲望表现出相当的宽容态度，在一定程度上承认"欲"的合理性，并给予道德上的肯定，只不过主张有所节制而已。而《四经》对"欲"却持明确的否定态度。如"生有害，曰欲"（《经法·道法》），"心欲是行，身危有央（殃）"（《经法·国次》），并把"纵心欲"视为"三凶"之一（《经法·亡论》）。此点与以后的黄老派显然不同，这标示着黄老思想发展的不同阶段。

"因"在黄老之学中是一个重要的范畴，其含义为因循、因任、顺应，具有普遍的方法论意义。从《四经》到稷下黄老派诸子以及受黄老影响的荀子、韩非、《吕氏春秋》都很重视"因"。但由于《四经》没有从人性论的角度考虑问题，其"因"的理论同后来者相比，在内容上就有着明显的差异。"因"在《四经》中只有"因天时"之义，如"因天时，罚天毁"（《经法·四度》），"因天时，与之皆断"（《十大经·兵容》），"因天之则"（《称》）等。后来的黄老家则将"因"的原则应用于人性论，提出"因人情"的主张，这是一个重要的推进。《慎子·因循》曰："天道因则大，化则细。因也者，因人之情也。人莫不自为也，化而使之为我，则莫可得而用矣。"主张顺应和利用人皆"自为"的本性，并把这说成是"因天道"。田骈指出："人皆自为，而不能为人。故君人者之使人，使其自为用，而不使为我用。"（《群书治要》卷三十七引《尹文子》）又说："天下之士，莫肯处其门庭，臣其妻子，必游宦诸侯之朝者，利引之也。"（《尹文子·大道上》）因此，他提出"因性任物"（《吕氏春秋·执一》），主张顺应人的这一自然本性并加以利用。《管子·心术上》曰："礼者，因人之情。"作者不仅对"因"做了明确的界定，如"因也者，无益无损也""因也者，舍己而以物为法者也"，而且提出了"静因之道"，将"因"的原则引入认识论，对荀子产生了重大的影响。韩非关于"因"的思想全袭自黄老，他说："凡治天下，必因人情。人情者，有好恶，故赏罚可用。"（《韩非子·八经》）他不仅讲"因天道""因事理""因人情"，而且讲"因法数"，提出"因道全法"（《韩非子·大体》）的命题。从《四经》到《韩非子》，我们可以清楚地看到黄老家"因"的思想的发展轨迹。

3. 从认识论的发展论证《四经》早出

历史上人们思考和讨论的问题总是不断丰富和深化的，先秦认识论的发展就体现了人类认识发展的这个一般规律。如果将春秋末期到战国早期的认识论同战国中后期的情况进行比较，就会看出二者无论在深度、广度和精确度上都存在着明显的差异。

对"心"的关注，把作为认识主体的"心"当作特定的对象来考察，标志着哲学认识的深化。战国中期以前，人们尚未对"心"发生兴趣。《老子》中"心"字凡十见。其一是指心器而言，如"虚其心，实其腹"之类；其二是指某种精神状态，如"心善渊""歙歙为天下浑其心"之类；其三是指意念或意志，如"心使气曰强"之类。三者均与认识活动无关，也没有把"心"作为认识对象来考察。《论语》中"心"字六见，都是在一般意义上使用的，其含义要简单于老子，如"七十而从心所欲""无所用心""天下之民归心"等。在《墨子》一书的早期墨家作品中，"心"字使用虽多，但同《论语》中一样，都不是独立的哲学概念，并无高深的含义。《四经》中的"心"字，据笔者初步统计，共出现十六次，含义比较单一，尚未成为独立的哲学概念，与《论语》和早期墨家中的"心"字处于同一层次，亦未与人的认识活动发生联系。《四经》多在日常用语的层次上使用"心"字，如"俗者，顺民心也"(《经法·君正》)，"壹道同心，上下不趄"(同上)，"诈伪不生，民无邪心"(同上)，"所谓行忿者，心唯(虽)忿，不能徒怒"(《十大经·本伐》)等。另有含义略复杂些的两条："言者心之符也，色者心之华也，气者心之浮也。"(《十大经·行守》)"心之所欲则志归之，志之所欲则力归之。"(《称》)前一条之"心"犹今所谓"内心"，是说"言"（言辞）、"色"（表情）、"气"（气质）都是内心活动的表露。后一条之"心"同"志"（意念、目的）与"力"（行动）相联系，它是"志"的发出者，实际上亦指"内心"，并无什么特殊意义。可见《四经》所谓"心"都是在其初始意义上使用的，并没有超出《老子》《论语》和《墨子》，尚不具备认识论方面的意义。

到了战国中后期，情况发生了重大的变化。庄、管、孟、荀等书均把"心"引入认识论，把作为认识主体的"心"对象化进行思考，"心"遂上升为重要的哲学概念。

"心"成为哲学概念，首先是明确"心"与思维活动的关系，然后是把"心"同形体特别是耳目感官区分开来，明确它们的不同职能，强调"心"的特殊作用。《庄子》中出现了"心知""心意"的概念，并将"心"与"神"对文："解心释神"（《庄子·在宥》），其对"心"与思维活动的关系已相当明确。《孟子·告子上》曰："耳目之官不思……心之官则思，思则得之，不思则不得也。"明确了"心"是思维活动的主体。《管子·宙合》也说："耳司听""目司视""心司虑"。《心术上》更进一步："心之在体，君之位也；九窍之有职，官之分也。"并强调了心对九窍的控制作用："心术者，无为而制窍者也。"荀子称感官为"天官"，称心为"天君"，他说："心居中虚以治五官，夫是之谓天君。"（《荀子·天论》）又说："心者，形之君也，而神明之主也。"（《荀子·解蔽》）这些显然是受了《管子》的影响。后期墨家承认知必由"五路"（五官），又进一步指出："循所闻而得其意，心之察也。""执所言而意得见，心之辨也。"（《墨子·经上》）在后期墨家看来，感官（"五路"）是获取外界经验知识的必由之路，但仅有感官与外界的接触还不等于已经获得了知识，感性材料还必须经过理性思维的综合加工，才能获得知识，这种抽象思维的能力便是"心之察""心之辨"。《荀子·正名》亦曾指出，"缘耳而知声""缘目而知形"靠的正是"心有征知"的作用，这种认识可能是受了后期墨家的影响。

通过以上把《四经》中关于"心"的材料同战国中后期取得的有关成果相比较，可以明显地看出它们不在同一认识发展水平上。对"心"的关注和研究，是战国中后期才盛行的。

春秋末期到战国早期的认识论，关注的主要是知识的来源和求知的方法、途径等问题。如孔子所谓生知与学知以及学与思的关系，老子所论为学与为道，墨子论闻见之知等。战国中期以后，随着百家争鸣进入高潮，人们讨论的问题也逐步深入，如何才能获得全面正确的认识，这一问题为百家所关注。对此，人们着重探讨了两方面的问题：一是妨碍正确认识的因素是什么，二是认识主体——"心"处于什么样的状态才能获得正确认识。

在妨碍正确认识的因素（即认识为什么会陷入错误）这个问题上，人们大体达成了共识，那就是来自主观方面的偏见和成见，造成了人们的以自我为中心和排他性，导致认识上的偏差和失误。不过各家各派对此有不同的表述，如慎到所谓"建己之患"与"用知之累"，宋钘所谓"宥"，庄子所谓"成心"，《管子》所谓"过在自用"和"去智与故"，韩非所谓"前识"，荀子所谓"蔽"，《吕氏春秋》所谓"尤"与"囿"等。

《四经》中没有探讨人们犯错误的认识论根源。《经法·道法》曰："故执道者之观于天下也，无执也，无处也，无为也，无私也。"说的是执道之圣人以"四无"示于天下，此"四无"是一般性地讲不固执，不自居，不妄为和公正无私，并不是谈的认识问题。

在如何才能获得正确认识的问题上，战国中后期的思想家们的目光都集中在认识的主体——"心"上，都认为"心"处于某种特定的理想状态便能获得最高的修养，也就能获得正确的认识。如庄子所谓"心斋"，孟子所谓"存心""养心"，《管子》所谓"心处其道""虚素"，荀子所谓心之"大清明""虚壹而静"等。

《四经》也经常使用"虚""静"等概念，如"虚静谨听，以法为符"（《经法·名理》），"故唯执道者能虚静公正"（同上）等，但都没有与"心"联系起来，而是与"法"和君主联系起来。这表明作者尚不是自觉地去探讨认识问题，其涉及问题的深度是不能同战国中后期的作品相提并论的。

4. 从阴阳五行思想的发展论证《四经》早出

学术界一般认为，阴阳思想与五行思想产生甚早，它们本为两种各自独立发展的文化体系，只是到了后来才逐步合流。阴阳思想和五行思想合流的材料，最早见于《管子》。❶在《管子》的《幼官》《四时》《五行》《轻重己》一组文章中，呈现在我们面前的已经是一些融阴阳与五行为一体的，以阴阳说为精神实质、以五行说为表现形式的较为完整的宇宙图式，尽管这些图式尚不如《吕氏春秋》中的那样完善。

《四经》中有比较丰富的阴阳思想，但却不见五行思想。虽然书中出现了"五逆""五正（政）"字样，但亦有"六逆""八正"以及"三名""四度""六分""七法""三凶""六危"等提法，可见"五逆""五正"不过是《四经》政治思想中的经验之谈，并无五行说的意味。特别是《四经》中既没有出现特定含义的金、木、水、火、土字样，也没有出现五方、五色、五音、五味等自春秋以来就已程式化了的五行说的基本配当条目。这同《管子》相比，差异是显而易见的。这一差异清楚地表明，在《四经》的时代，阴阳与五行两说尚无合流的迹象。由此看来，《四经》之先于《管子》是没有问题的。诚然，从逻辑上讲，《四经》

---

❶ 关于阴阳五行合流于何时，学术界有不同的看法，笔者认为阴阳与五行合流于《管子》，本书第九章第三节有详细论证。

中这种只见阴阳不见五行的情况，并不能排除那个时代阴阳与五行已经合流的可能。然而《四经》之前的典籍中阴阳与五行都是分离的，而《四经》之后的战国中后期，阴阳与五行的合流却是大行于世，这种情况使我们确信《四经》的时代阴阳与五行确实是尚未合流，而不是《四经》中没有记载。

把阴阳范畴引入社会领域，提出四时教令的思想，是《四经》对阴阳思想的重要发展。《四经》的四时教令思想，首先讲的是因天地阴阳之序来安排农业生产。这种"敬授民时"的思想，即所谓顺天道之大经、因四时阴阳之大顺的思想，正是阴阳家之所长，也是阴阳思想的主要内容之一。阴阳思想发展到后来，产生了一些弊端，如"大祥而众忌讳，使人拘而多所畏"（《史记·太史公自序》），"及拘者为之，则牵于禁忌，泥于小数，舍人事而任鬼神"（《汉书·艺文志》）等。这些弊端在《四经》中是见不到的，这也从另一个方面证实了《四经》之早出。

把阴阳之理应用于政治领域，首创了阴阳刑德的理论，是《四经》四时教令思想的主要内容。《四经》阴阳刑德理论的基本思想，是把一年分为春夏和秋冬两段，主张"春夏为德，秋冬为刑"（《十大经·观》），以符"阳节""阴节"。这种理论还属草创，尚不明细，它反映了阴阳刑德理论发展的初始阶段的情况。到了《管子》，则把四时教令具体地落实到每一季，根据"德始于春，长于夏；刑始于秋，流于冬"（《管子·四时》）的认识，对每一季的政令都做了具体的规定，以求"人与天调"。《管子》的这些思想显然是对《四经》的发展。到了《吕氏春秋》，则更进一步把四时教令具体落实到了每一个月。从《四经》经《管子》再到《吕氏春秋》，四时教令的思想呈越来越具体、明细的趋势。

关于刑德在具体实施上如何转换的问题,《四经》提出了"赢阴布德"和"宿阳修刑"(《十大经·观》),作为对"春夏为德,秋冬为刑"的补充和深化,可惜仍有语焉不详的不足。《管子》对此有了重要的推进。《侈靡》篇曰:"阴阳时贷,其冬厚则夏热,其阳厚则阴寒。是故王者谨于日至,故知虚、满之所在,以为政令。""虚""满"是指阴阳二气盈缩变化的两个临界点,"虚"是增益的肇始,"满"是减损的开端。"日至"指冬至和夏至两日。冬至日阴气降到极致,阳气始上,白昼自此渐长;夏至日阳气发展到顶端,阴气始下,白昼自此渐短。此二日正是阴阳二气"虚、满之所在",王者据此"务时而寄政",于夏至日始政令渐趋严急,于冬至日始政令渐趋温和。这是对《四经》有关理论的发挥和精确化。

5. 从先秦子书的古史传说系统论证《四经》早出❶

《老子》《论语》和《墨子》中都没有尧、舜以前的古史记载。关于黄帝及更早的古史传说,大量出现于战国中后期的诸子书中,特别是道家及与道家有关的典籍,而且是越来越多,越推越古。而《四经》中只有黄帝的传说,却未及神农、伏羲以前。《四经》的这种情况,正好排在这两个时代之间。这使我们有理由相信,《四经》是战国早中期之际的作品。

战国中后期几乎所有子书中都出现了黄帝和更早的神农、伏羲,这种情况也包括《易·系辞》《商君书》和《战国策》。《商君书》中虽无伏羲,却有神农之前的"昊英"。《孟子》中虽只

---

❶ 此条受李学勤先生《楚帛书与道家思想》一文启发,李先生文章载于《道家文化研究》第5辑。

有神农而无黄帝，但在战国时期，神农是排在黄帝之前的。在《管子》《庄子》《尸子》《荀子》和《韩非子》的古史传说系统中，于神农、伏羲之前又出现了"燧人"；而《庄子》和《韩非子》中更出现了比燧人更早的"有巢氏"。可见，儒家在典数尧、舜、禹、汤、文、武、周公的同时，也兼及燧人、伏羲、神农、黄帝，这反映了当时古史传说的盛行，也影响了儒家。道家对古史系统的造说最热衷，故所造越来越多、越来越古。

在这些古史系统的传说中，有一个共同的观念，即人们都认为上古时期是人类的黄金时代，后来的历史是与世风日趋衰薄相伴随的。

世风衰薄的说法，有儒家一系，有道家一系。

在儒家看来，世道之盛衰治乱系于圣王在位抑或暴王在位，一盛一衰、一治一乱是儒家对历史的总的评价。孔子生逢乱世，有感于周室衰微，礼崩乐坏，诸侯不能行仁义，遂托意于古之圣王，魂牵梦萦于周公。然而儒家对现实始终不放弃希望，并力图挽救之，使之衰而复盛、乱而复治，这种对社会的责任感已成为儒者的信念。《孟子·滕文公下》曰："世衰道微，邪说暴行有作，臣弑其君者有之，子弑其父者有之。孔子惧，作《春秋》。"这种"知其不可而为之"（《论语·宪问》）的态度正是儒家的社会责任感。可见儒家对世衰道微的评价是从政治上着眼的，其态度是比较客观、宽容和积极的。

儒家的这种态度受到了道家的嘲讽。道家对世风的评价是从人心着眼的，他们对社会历史持悲观的和批判的态度。在道家看来，世风日下、人心不古是必然的、不可挽回的，一切企图挽救社会人心的努力都是徒劳的，不明智的。而世风衰薄的根源在于人心的自然状态遭到了破坏，更可悲的还在于这种破坏是不可修复的。于是他们往往沉迷于对远古"至德之世"的溯寻和对人类淳朴未散的自然之心的追述，这一点在他们关于上古传说的记述中有集中的反映。

道家所谓世风衰薄，有如下几方面表现：

道家崇自然，尚无为，对人心纯真素朴的自然状态十分看重。战国之前的道家著作《老子》中没有世风衰薄的观念，但却有对人心自然状态的最早描述："圣人在天下，歙歙为天下浑其心。"（《老子·第四十九章》）世风衰薄，首先就表现为这种纯朴的自然之心的破坏。《庄子·应帝王》中有名的为浑沌凿七窍的寓言明确而又极为艺术性地表达了这一观念。《庄子·缮性》的一段话可以看作是对这一寓言的诠解，其言曰：

> 古之人，在混芒之中，与一世而得澹漠焉。当是时也，阴阳和静，鬼神不扰，四时得节，万物不伤，群生不夭，人虽有知，无所用之，此之谓至一。当是时也，莫之为而常自然。
>
> 逮德下衰，及燧人、伏羲始为天下，是故顺而不一。德又下衰，及神农、黄帝始为天下，是故安而不顺。德又下衰，及唐、虞始为天下，兴治化之流，澆淳散朴，离道以善，险德以行，然后去性而从于心。心与心识知，而不足与治天下，然后附之以文，益之以博。文灭质，博溺心，然后民始惑乱，无以反其性情而复其初。

古之人混沌茫昧，无知无为，其心纯朴未散而合于自然。后来由于不断动用心智和增加人为的作用，纯朴之心逐步遭到破坏，难以复归其初。

在此之后的《文子》把这一观念表述得更为清楚具体：

老子曰：上古真人呼吸阴阳，而群生莫不仰其德以和顺。当此之时，领理隐密，自成纯朴，纯朴未散，而万物大优。及世之衰也，至伏羲氏，昧昧懋懋，皆欲离其童蒙之心，而觉悟乎天地之间，其德烦而不一。及至神农、黄帝，戮领天下，纪纲四时，和调阴阳，于是万民莫不竦身而思，戴听而视，故治而不和。❶

上古之世"自成纯朴，纯朴未散"，这里描述的是人心最初的自然状态，亦即"童蒙之心"，此时人们的行为与天地阴阳自然相合。至伏羲氏世风已衰，人们不再保有纯真的"童蒙之心"，而试图有所"觉悟"。及至神农、黄帝，遂给人们规定了各种条条框框，人心就再也不能复其本真了。这是世风衰薄的最深层面的表现。

《四经》中也有上古之初混沌茫昧的描写。如《道原》开篇云："恒无之初，迥同大虚，虚同为一，恒一而止。湿湿梦梦，未有晦明，神微周盈，精静不熙。古未有以，万物莫以。古无有形，大迥无名。"但是没有纯朴离散、世风日衰之类的议论。这与《老子》中的情况相同，表明道家的世风衰薄之说始于战国中期以后，《四经》时尚未兴起。

参读战国中后期道家关于上古传说的记述，可以看到其中透露着某种一代不如一代的无可奈何的情绪。这是世风衰薄的又一种表现。《庄子·天运》将黄帝、尧、舜、禹的"治天下"进行了一番比较："黄帝之治天下，使民心一"，"尧之治天下，使民心

❶ 《文子·上礼》。《淮南子·俶真训》有一段话与此相近而略有发挥，这表明世风衰薄之说至少延续到汉初。

亲"，"舜之治天下，使民心竞"，"禹之治天下，使民心变"。可谓每况愈下，但对黄帝还是赞许的。《盗跖》篇进而对黄帝也大有微辞：

> 神农之世，卧则居居，起则于于，民知其母，不知其父，与麋鹿共处，耕而食，织而衣，无有相害之心，此至德之隆也。然而黄帝不能致德，与蚩尤战于涿鹿之野，流血百里。尧舜作，立群臣，汤放其主，武王杀纣。自是以后，以强凌弱，以众暴寡，汤武以来，皆乱人之徒也。

上引《缮性》篇和《文子·上礼》，甚至认为连神农以及更早的伏羲也是一代不如一代。战国中后期法家著作《商君书·更法》记载了商鞅与甘龙、杜挚的争论，其中言道："伏羲、神农教而不诛，黄帝、尧、舜诛而不怒。"又《商君书·画策》曰："神农之世，男耕而食，妇织而衣，刑政不用而治，甲兵不起而王。神农既没，以强胜弱，以众暴寡，故黄帝作为君臣上下之义，父子兄弟之礼，夫妇妃匹之合，内行刀锯，外用甲兵。"这些事例在道家看来正是世道衰微的表现，而在主张不必法古、与时俱变的法家看来，却并不表明神农比黄帝高明。尽管法家对此的评价与道家很不相同，但这些材料却可以证明道家关于世风衰薄的说法是多么盛行和影响广远。

然而在《四经》关于远古时代的描述中，却不见今不如昔、每况愈下的观念。这只能有一种合理的解释，那就是在《四经》的时代，此种说法尚未兴起。

《十大经·顺道》开篇言道：昔大庭氏"不辨阴阳，不数日月，不志四时"。《道原》亦曰："恒无之初……湿湿梦梦，未有晦明。"《十大经·观》亦曰："黄帝曰……无晦无明，未有阴阳。阴阳未定，吾未有以名。今始判为两，分为阴阳，离为四时。"《淮南子·说林训》亦云"黄帝生阴阳"。这些材料均认为分阴阳是在黄帝之世。前引《文子·上礼》云："及至神农、黄帝，颛领天下，纪纲四时，和调阴阳。"《淮南子·俶真训》云："乃至神农、黄帝，剖判大宗，窍领天地……提挈阴阳，嫥捖刚柔，枝解叶贯，万物百族，使各有经纪条贯……"亦言黄帝分阴阳。但《文子》和《淮南子》的说法，由于有世风衰薄的观念于其中，谓黄帝分阴阳是为天下万民万物制定"经纪条贯"，即规定各种条条框框，以使"万民睢睢盱盱然，莫不竦身而载听视"。这样的做法，就自然方面而论是由混沌而分离，就社会人心方面而论是由纯朴而失真，因而黄帝分阴阳也是一种世风衰薄的表现。

可是在上举《四经》的几条材料中，对黄帝分阴阳之举并无任何贬义，且字里行间透出称颂之意。此亦表明《四经》早出。

（二）《黄帝四经》的道家哲学理论

《四经》中的道家哲学思想是作者立论的理论基础。它既不同于之后的庄子学派，也有别于之前的老子之学。它大体上继承了老子的道论，又在方法论上对老子学说有较大的修正和发展，从而对之后的稷下学术乃至秦汉以后的学术思想产生了重要的影响。

1. 对老子学说的继承与发挥

《四经》的宇宙观继承了老子的道论，以"道"为最高范畴。书中不仅大量使用"道""一""虚""静"等道论的基本概念，而且还使用了老学中特有的名词，如"玄德""道纪"等。《四经》中的道是一个抽象的本体和绝对的"一"，《道原》曰"一者，其号也"，《十大经·成法》亦曰"一者，道其本也"。道是无形无象、看不见摸不着的，但它却是万物产生的根源和万物存在变化的内在根据，《道原》曰："鸟得而蜚（飞），鱼得而流（游），兽得而走，万物得之以生，百事得之以成。人皆以之，莫知其名，人皆用之，莫见其刑（形）。"《道原》认为，大到天地日月星辰，小到各种动植物，皆由道而来，道却不会因此而有丝毫减少——"皆取生，道弗为益少"；万物最终都要复归于道，道也不会因此而有所增多——"皆反焉，道弗为益多"。这些说法与老子并无二致。

《四经》描述了宇宙发生发展的过程："恒先之初，迥同太虚。虚同为一，恒一而止。湿湿梦梦，未有晦明。"（《道原》）"无晦无明，未有阴阳。阴阳未定，吾未有以名。今始判为两，分为阴阳，离为四时。"（《十大经·观》）"虚无形，其裻冥冥，万物之所从生。"（《经法·道法》）这就是说，在阴阳剖判之前，整个宇宙是混沌一团的原初状态，后来化分出阴与阳，才有了天地、四时，继而才有了万物。在《四经》作者看来，宇宙万物的发生发展经历了一个由无到有的过程，这个"无"不是绝对的空虚，而是一个包含着对立统一的无形无象的整体，也就是"道"，这个统一的"道"也就是"一"，故曰"一者，道其本也"。宇宙万物就是由这个"一"发展演化而来的，故曰"一以驺（趋）化"。因此，从无到有的过程也就是从一到多的过程。这种描述同老子关于道与万物的关系的论述是一致的。《四经》作者认为，了解道与万物的关系是认识事物和处理问题的关键。《十大经·成法》云："夫唯一不失，一以驺化，少以知多。"又云："万物之多，皆阅一空……握一以知多。"《道原》亦云："得道之本，握少以知多。"这就是说，沿着道生万物的过程从万物反溯上去，就可以由多追溯到一，把握最根本的道，获得最高的知识，便可以"握一以知多"，"遍知天下而不惑"。

《四经》和老子一样，认为阴阳是宇宙间一对最基本的矛盾，宇宙的运动就是从阴阳的对立统一开始的，并认为矛盾现象在自然界和人类社会中都是普遍存在的。《四经》中涉及动静、逆顺、奇正、德刑、损益等数十对矛盾概念，并认为这些矛盾现象都是阴阳这对最基本矛盾的具体表现，从而得出了"凡论必以阴阳［明］大义"（《称》）的结论，把矛盾方法视为认识世界、处理问题、指导行动的基本方法。对于矛盾双方的辩证关系，《四经》也有深刻的认识，认为对立面之间存在着互相联系、互相依存、互相排斥、互相转化的关系，并在分析了大量的具体例证之后，把这种辩证关系概括为"敌者生争"（《十大经·姓争》），"两相养、时相成"（同上），"两若有名，相与则成"（《十大经·果童》），这也就是人们常说的"相反相成"。《四经》认为阴阳对立是事物运动变化的内在原因和动力，"阴阳备物，化变乃生"（同上）。阴阳对立推动事物变化又是遵循着"极而反，盛而衰"（《经法·四度》）的规律进行的，因而人们就可以通过认识和把握这一规律来指导自己的行为，达到预期的目的，避免不利的结果。为此，《四经》提出"天极""天度""天当"的概念，认为"适者，天度也"（《经法·论》），教导人们凡事要把握适度的原则，"毋失天极，究数而止"（《称》），切勿"过极失当"（《经法·国次》），否则将招致"天诛""天毁"或"天刑"。这些思想都具有普遍的方法论意义，不失为对矛盾规律的一种深刻认识。

"见知之道，唯虚无有"（《经法·道法》）是《四经》认识和把握"道"的途径和方法。"虚无有"就是保持内心的虚静，不抱任何主观成见，不受外界的干扰和影响。怎样才能做到"虚无有"呢？作者指出，"故执道者之观于天下也，无执也、无处也、无私也"（同上），这就是保证"虚无有"的条件。《经法·论》亦云："惠生正，正生静。静则平，平则宁，宁则素，素则精，精则神。至神之极，见知不惑。"正、静、平、宁、素、精就是"虚无有"这种内心状态的具体表现。这是一种内心直观的认识方法，是对老子"涤除玄鉴"说的继承和发挥。《四经》的作者同老子一样，不屑于对具体事物的认识和了解，只看重对道的体认和把握，而只有运用不同于认识具体事物的特殊方法，才能体认和把握特殊的、最高的道，才能获得最高的智慧。这种内心直观的方法，虽然排斥了感性经验在认识过程中的基础作用，在总体上是不足取的，但它同时又要求在认识中排除主观成见以确保认识过程的客观性，因而又有其合理因素。

2. 对老子学说的扬弃与修正

老子主张贵柔守雌，认为"柔弱胜刚强"。《四经》也贵柔屈刚，提倡"卑约主柔""守弱节"，强调"辨雌雄之节"，认为"雄节"是"凶节"，不足取，故而提倡"雌节"。书中所推重的"阴节""柔节""弱节""女节"等都是"雌节"的别称。但《四经》并不将此奉为金科玉律，而是辩证地看待刚柔雌雄，主张灵活掌握。《经法·四度》指出"柔弱者无罪而几，不及而翟"，《三禁》亦云"人道刚柔，刚不足以，柔不足寺（恃）"，认为柔弱也有它的缺陷，因而一味柔弱也是不足取的。这是对老子学说的修正。

与贵柔守雌相关联，老子主张"为而不争""不敢为天下先"，恪守"不争"的人生信条，《四经》也认为"骄溢好争"是自取危亡，主张"善予不争"（《称》）、"好德不争，立于不敢，行于不能"（《十大经·顺道》）。但《四经》作者较老子更能正确看待"争"，《十大经·姓争》指出"天地已定，规侥毕挣（争）"，"天地已成，黔首乃生，胜生已定，敌者生争，不谌不定"，认为从自然界到人类社会，矛盾和斗争都是普遍存在的、不可避免的，斗争乃是解决矛盾的必要手段。因而《姓争》又说"作争者凶，不争亦毋以成功"，肯定了斗争这种凶险的手段乃是取得成功的必要条件。可见《四经》的作者并不像老子那样机械，并没有把"不争"的原则绝对化。这也是对老子学说的重要修正。

《四经》中"天"这一概念大量出现，其含义同老子学说中一样，大体上是指自然之天。书中出现的"天功""天德""天诛""天刑""天毁"等概念虽然没有摆脱神秘主义的形式，但实际上并无多少神秘含义，大致可以解释为自然的功德和惩罚。《四经》中曾出现过"天之命"的提法，但与儒家所谓"天命"不同，而是解释为"必"："必者，天之命也"（《经法·论》），即自然界的运动所表现出来的非人力所能抗拒的必然性和规律性。将"天之命"解释为"必"，此"天"便不是有意志的人格神，而是自然之天了。《四经》对这种客观的必然性或规律性极为重视，强调人的行为必须顺应自然，符合天道、天理，遵循天时。这种对待天人关系的态度是道家学派共持的观点。然而以老子为代表的传统道家过于片面地强调顺应自然，过分强调了人对自然的服从，而忽视了天人关系应有的另一方面——人的主观能动性对自然的反作用，因而具有消极被动的缺陷。《四经》却在一定程度上克服了这一缺陷，在天人关系上表现出一种积极向上的进取精神，这种精神正是老学所缺乏的。在《四经》作者眼中，人对于天并不单是服从的关系，并不总是消极被动的，作者提倡在遵循自然规律的同时，还要发挥人的主观能动性，把握和运用自然规律。《四经》反复强调"时"的概念，要求无论是生产活动、政治举动还是军事行动，都必须"因天时"，并阐明了如何"因天时"。"因天时"的思想中包含着对自然规律的深刻认识，反映了作者对把握和运用自然规律的强烈愿望和不懈追求。在老庄派道家看来，自然和人为是不两立的，人为必然会破坏自然。而在《四经》的作者看来，遵循自然规律的行为不但不会破坏自然，而且还会得到自然的襄助，《十大经·姓争》云"静作得时，天地与之"，便阐明了这一道理。作者反对的是"静作失时"，即违背自然规律的行为。"时"的概念意味着必须如何做事，"静作失时"逻辑地包含着"可作不作"和"不可作而作"两种情况，都是没有按照客观规律办事，必然要招致失败。《四经》用主客关系来描述天与人的辩证关系，在作者看来，天与人是交相为主客的，天为主时人即为客，人为主时天则为客。就人同万物一样受天道的支配来说，是天为主而人为客；而人一旦掌握了天道之后，便能主动利用自然规律为自己造福，这时人就成了主，天反成了客，这叫作"天道环周，于人反为之客"（《十大经·姓争》）。当人违背了天道，没有按照客观规律办事时，便会失去时机和于己有利的"主"的地位，这叫作"可作不作，天稽环周，人反为之客"（同上）。作者将主、客与作、静对应起来，为主则作，为客则静，主客作静，要视"天时"而定，当为主时便要采取行动，当为客时就不能贸然有所举动。《十大经·兵容》中有一句后来成了千古名言的话："因天时，与之皆断，当断不断，反受其乱"，便反映了《四经》作者对天人关系的辩证理解。这种积极主动的进取精神乃是对老子学说的重大修正。

（三）《黄帝四经》的法家政治学说

《四经》的道家哲学是作者立论的理论基础，而其政治学说才是作者真正关心之所在。这也是中国古代学术的共同路数。《四经》的政治学说，按照《史记》中六家的分类法和《汉书》中九流十家的分类法，当属于法家的范畴，但又与一般意义上的法家不同。其一，由于它采取了道家理论作为哲学根据，因而不似以《商君书》为代表的三晋正宗法家那样缺乏理论深度。这也是《四经》在整体上被目前学界划归黄老而不是法家的根据。其二，由于它在道法结合、以道论法的同时，对百家学说亦有不同程度的吸取，从而也使它以较为温和的面目出现而有别于那种拒斥百家的刀笔式的三晋法家。这也是汉初思想界把亡秦的原因归于法家而《四经》却能够大行于世的缘故。《四经》创始的这种政治理论模式为战国中期以后大部分学者所接受，代表着先秦学术思想走向融合的发展大趋势。

1. 法理学说

道法结合、以道论法是《四经》法理学说的核心内容。《四经》中的第一句话也是第一个命题，便是"道生法"，这一命题集中而鲜明地表达了作者的学术主张，虽然只有三个字，但却确立了黄老之学的基本思路。这一命题首次将道与法统一了起来，明确地揭示了道与法的基本关系——法是由道派生的，是道这一宇宙间的根本法则在社会领域的落实和体现。这就不仅从宇宙观的高度为法治找到了理论根据，从而使之易于被人接受，而且也为道这一抽象的本体和法则在社会政治领域中找到了归着点，使道不再高高在上、虚无缥缈，从而大大增强了道的实用性。从"道生法"这一命题出发，《四经》推衍出它的所有政治主张。其后的黄老学者无不循着这一路数论证他们的主张。因此，笔者认为，"道生法"应当被视为黄老学派的第一命题。

道是如何生法的呢？《四经》认为法是君主根据道的原则制定出来的，这就是"道生法"。《经法·论》曰："人主者，天地之□也，号令之所出也。"君主是立法者，但不可随心所欲，必须以道的原则为依据来立法，这样才能保证法的公正性和权威性，故曰："执道者生法"（《经法·道法》），"抱道执度，天下可一也"（《道原》）。

由于法是道这一宇宙间最高法则在社会政治生活中的体现，因而法便有了绝对的权威性。《经法·道法》云"法者，引得失以绳，而明曲直者也"，《经法·名理》亦云"是非有分，以法断之，虚静谨听，以法为符"，认为法是判明是非曲直的准绳和尺度，是社会统治秩序的保障。

法既然是由道派生的，它的权威性对于任何人来说就都应该是普遍有效的。但人类社会是复杂的，法治常常受到来自各方面的扰乱和破坏，因而《四经》强调法不可乱，否则必然导致政治的无序和社会的混乱。《经法·君正》曰"而以法度治者，不可乱也"，《称》亦曰"案法而治，则不可乱"。《四经》认为，对法治的扰乱和破坏主要来自执法的各级统治者，特别是立法的君主。为了确保法治的实行，《经法·君正》对生法立法的君主提出了特别的要求："而以法度治者，不可乱也；而生法度者，不可乱也。"《经法·道法》亦曰"故执道者，生法而弗敢犯者也，法立而弗敢废也"，要求君主"不可释法而用我"，要"自引以绳"，以自己制定的法令自矫。显而易见，如果君主不能守法，必然会上行下效，最终导致法治的弛废；反之，君主若能做执法守法的表率，则国之上下无人敢以身试法，法必大行于世。《四经》关于法对君主同样有效、君主也不能特殊化的主张，对君权进行了限制，这是舍弃人治实行法治的重要保障，体现了在既定的法律面前人人平等这一法治的基本原则，是先秦主张法治者的共识，并同主张"刑不上大夫，礼不下庶人"的儒家学说形成了鲜明的对照。

《四经》认为，法之所以能够成为判断是非曲直的准绳与尺度，在于它体现了大道的公正性。《经法·君正》曰"法度者，正之至也"，为了确保法治的实行，《四经》提出了"去私而立公"（《经法·道法》）的主张。"公"即所谓体现了全社会整体利益的法，"私"指的是个人的私欲和私利。作者要求统治者做到"精公无私"（《经法·君正》），效法天地之"兼复（覆）载而无私"（《经法·六分》），"唯公无私，见知不惑"（《经法·名理》），"诛禁当罪而不私其利"（《经法·六分》）。不难看出，《四经》"去私而立公"的主张，主要是针对统治者特别是君主提出的，这种主张为慎到、尹文、《管子》的作者等黄老学者所继承和发挥。

2. 等级名分理论

以老庄为代表的正宗道家具有一定的平等思想，老子曰"圣人不仁，以百姓为刍狗"（《老子·第五章》），"天之道，损有余而补不足"（《老子·第七十七章》），庄子也主张"万物一齐"。因为在他们看来，大道对天地间的一切皆一视同仁，万物包括所有的人在内都同样体现了大道，在这一点上是没有差别的，因而他们不以社会等级为然，主张人人平等和均贫富。《四经》却认为等级是天经地义的，名分是必须遵守的。《经法·道法》指出"天地有恒常，万民有恒事，贵贱有恒位"，认为人间的贵贱等级如同天在上地在下一样永远如此，不可更改。《十大经·果童》亦曰"贵贱必谌，贫富又（有）等，前世法之，后世既员"，认为贵贱的等级是必然的，贫富的差别也是自然的，前面的世世代代都如此，后世也必须承认和遵循这一既成事实。

在承认贵贱贫富等级客观存在的前提下，《四经》论述了它的名分思想。《道原》曰："分之以其分，而万民不争；授之以其名，而万物自定。"《十大经·成法》亦曰："吾闻天下成法，故曰不多，一言而止，循名复一，民无乱纪。"这就是说，人们由于各自在尊卑贵贱的等级序列中的不同地位而确立了自己应遵守的名分，继而根据自己的名分确定了自己的权利范围，不生非分之想，不做非分之举，这样就可以"万民不争""民无乱纪"，社会就能安宁有序。作者把这样的安排说成是"天下之成法"，认为是符合大道的，即所谓"循名复一"。遵守名分谓之顺，超越名分谓之逆，《四经》对逆顺之道极为重视，认为顺是王霸之本，逆为危乱之源，并对此进行了大量的阐述，如"五逆""六逆""六顺""六危"等。《经法·六分》曰："凡观国，有六逆：其子父，其臣主……""其子父"是指儿子具有父亲的权力，父亲靠边站；"其臣主"是指大臣具有君主的威势，君主大权旁落。与此相反，"凡观国，有六顺：主不失其位，则国有本……主主臣臣，上下不赿者，其国强"。最后的结论是："六顺六逆者，存亡兴坏之分也。"可见《四经》对君臣父子尊卑上下的等级名分是何等的重视。此类论述书中还有很多，如《经法·四度》云"君臣易位谓之逆"，《称》云"臣有两位者，其国必危""子有两位者家必乱""故立天子者，不使诸侯疑焉；立正敌（嫡）者，不使庶孽疑焉；立正妻者，不使婢妾疑焉。疑则相伤，杂则相方"。"疑"通"拟"，比也，并也。君臣不可并立，嫡庶不可比同，否则危乱必至。《经法·六分》对后妃干预朝政提出了警告："主两则失其明，男女挣（争）威，国有乱兵，此谓亡国。""主两，男女分威，命曰大麋（迷），国中有师。"后妃争权，与君主同掌国政叫作"主两"，国家就会发生内乱，甚至导致亡国。《四经》认为，这些尊卑上下的等级名分之所以不可颠倒淆乱，是因为它取法于天地阴阳。《称》云："主阳臣阴，上阳下阴，男阳女阴，父阳子阴，兄阳弟阴，长阳少阴，贵阳贱阴……制人者阳，制于人者阴。"又云"诸阳者法天""诸阴者法地"，是天地阴阳的基本关系决定了人们之间的等级秩序。《四经》关于等级名分的思想为后来者提供了重要的思想资料，在《慎子》《尹文子》《管子》等书中都有进一步的阐发。

3. 重民思想

在如何对待"民"这一问题上，《四经》同三晋法家有重大的区别。三晋法家视民如同动物和工具，像牧养牲畜那样对待他们，迫使他们服从，只关心如何驱使他们种粮打仗，根本谈不上爱民。《四经》作者的态度则不同，他们懂得统治者和民众的依存关系，懂得民足才能国富，懂得民心的向背同自己政权的稳定以及守固战胜之间是什么关系，懂得如何实行德政以争取民意民心。因而《四经》中有较为丰富的重民思想。

　　《四经》很重视民心，主张统治者的政令要顺民心、合民心。《经法·君正》制定了一个七年规划，第一年要做的事便是"从其俗……俗者顺民心"。《经法·四度》强调"参于天地，阖（合）于民心"。《十大经·前道》亦云："圣人举事，合于天地，顺于民。"把民心同天地并列，可见民心之重要。《经法·君正》又曰："号令合于民心，则民听令。"号令合于民心，人民就会自愿地服从，无需强迫，这同"刻薄寡恩"、只知一味用暴力手段迫使人们服从的三晋法家是不同的。显然，在作者心目中，使人民心甘情愿地听令比起被迫听令来要高明，效果也更好。基于对民心重要性的认识，《四经》主张爱民、亲民，以换取人民的拥护和支持。《经法·君正》曰："兼爱无私，则民亲上。"《十大经·立命》亦曰："优未爱民，与天同道。"这里将民与天地并列，把爱民说成是"与天同道"，民心就成了天意的同义语。将民的重要性提得如此之高，把民心看得如此重要，在当时还是不多见的。这种重民的思想促进了战国民本思想的发展，呼声越来越高，孟子"民贵君轻"的惊世之语与此不无关系。

　　关于民生的思想也是《四经》重民思想的重要内容。《十大经·观》道出了民生之不易："夫民之生也，规规生食与继"。"继"指传宗接代，意谓老百姓辛辛苦苦无非是为两件事，一是填饱肚子，二是传宗接代。为了这两件事，就必须从事生产，即"男农女工"，此乃"万民之恒事"（《经法·道法》）。男农女工是国计民生的基本内容，如果不受干扰与破坏，这一切就会如同天地之运转一样平静地进行。《四经》认为，对民生的干扰破坏莫过于繁重的赋敛和徭役，从而提出了"节民力"的主张。《经法·君正》曰："人之本在地……民之用在力，力之用在节。""节民力"包括三个方面："毋苛事，节赋敛，毋夺民时"。"毋苛事"即不要让人民承担过重的劳役，劳役过重则伤民。《称》曰"疾役可发泽，禁也"，"疾役"即苛重的劳役，"发"为"废"之借字，意为劳役过重过多致使山泽弛废，这是必须禁止的。"节赋敛"即"赋敛有度"，赋敛无度则民不堪。《经法·君正》曰："赋敛有度则民富，民富则有佴（耻）。"此与《管子》所谓"仓廪实则知礼节，衣食足则知荣辱"（《管子·轻重甲》）如出一辙，不节赋敛，人民衣食不周，就谈不上道德教化。"毋夺民时"即不要在农忙季节征发劳役，民时夺则民功乱，《经法·亡论》曰："夏起大土功，命曰绝理。犯禁绝理，天诛必至。"夏季正是农作物生长的大忙时节，此时征用农民，兴建大型土木工程，必然破坏农业生产，必会招致天的惩罚。这种"节民力"的思想在历史上影响很大，在需要恢复生产时尤其如此，这也是《四经》在汉初得以广泛流行的原因之一。

（四）《黄帝四经》与百家之学

《易大传》曰："天下一致而百虑，同归而殊涂。"（《史记·论六家要旨》引）先秦诸子百家的学说，虽因出发的立场和角度不同而取舍各异、各执一端，但本质上都是对同一社会现实的反映，都是为了解决共同的社会问题，因此，它们之间除了排斥与对立之外，必然存在着同一的方面，具有互相吸取的可能。另一方面，诸子百家通过争鸣辩驳，都看到了各自的长处和短处，随着时局的变化发展，如何"舍短取长，以通万方之略"（《汉书·艺文志》），便成为人们共同关心的课题。黄老之学的出现，便标志着这一学术新时期的开始。

黄老之学的学术内容，除了道法结合、以道论法这一主要方面外，还有其他的方面。司马谈《论六家要旨》言道家（即当时正处于鼎盛时期的黄老道家）"采儒墨之善，撮名法之要"，故而推崇备至，可见广泛吸取百家学说乃是黄老之学的另一重要特征。具体来说，就是在道法两家学说为主体的基础上，广泛吸取了儒、墨、名、阴阳四家学说的长处。因而，黄老学派的理论特征，准确地说应是道法结合、以道论法、兼采百家。它熔先秦百家学说于一炉，集中了各家各派的思想精华，堪称先秦学术思想融汇综合的最高成果。

《黄帝四经》是稷下黄老学派的开山之作，黄老之学道法结合、以道论法、兼采百家的理论特征正是由《四经》奠定的。关于《四经》中道法结合、以道论法的学术内容，前已论之，下面让我们看看《四经》是如何兼采百家的。

1. 同儒家思想的关系

儒家思想在中国历史上影响最大，在先秦百家争鸣的时代招致的非议也颇多，道家、法家、墨家都曾激烈地批评儒家学说。但是，儒家"列君臣父子之礼，序夫妇长幼之别"（《史记·太史公自序》）的要旨，却是"虽百家弗能易也"。《四经》对此采取了与众不同的态度，将儒家学说的精义吸收进自己的体系。

仁、义、礼是构成儒家学说体系的三个最重要的范畴，《四经》在重视道和法的同时，对仁、义和礼也是兼收并蓄的。书中多次提到义，把义看得很重要，并给义下了一系列的定义，如："伐乱禁暴，起贤废不肖，所谓义也"（《十大经·本伐》），"义者众之所死也"（同上），"阖于天地，顺于民，祥于鬼神，使民同利，万夫赖之，所谓义也"(《十大经·前道》)。这些规定同儒家所谓"义者宜也""舍生取义"等含义是一致的，都是指判断是非可否的标准。《四经》讲述黄帝伐蚩尤的名义便是蚩尤违反了义。

《四经》虽未倡言仁与礼，但也未曾反对仁与礼，这同老、庄、杨朱等南方道家是有重大区别的。《四经》言及仁虽只有一处，但却是持肯定态度的："体正信以仁，慈惠以爱人。"(《十大经·顺道》)《四经》中虽未出现礼这一概念，但并不等于没有礼的思想，其反复强调的逆、顺、故、常、制、父子、君臣、名分等均属礼的范畴，讲的都是尊卑上下的等级秩序，这正是儒家"列君臣父子之礼，序夫妇长幼之别"的要旨。可见《四经》吸取了儒家礼治学说的精义，维护等级之礼是其立论的重要目的。

孔子曰："导之以政，齐之以刑，民免而无耻；导之以德，齐之以礼，有耻且格。"(《论语·为政》)将德与刑对立起来，崇德抑刑，乃是孔孟儒家的一个基本主张。三晋法家也把德与刑对立起来，但与儒家相反，"无教化，去仁爱，专任刑法而欲以致治"(《汉书·艺文志》)。《四经》的政治学说推重法治，但却不像三晋法家那样排斥德治，而是吸收了儒家关于德治的思想，将德与刑统一成一个有机体，提出了刑德并用的主张。

这里需要特别注意的是，《四经》中的刑德与其后韩非等人所论的刑德含义有所不同。《韩非子·二柄》曰："二柄者，刑德也。何谓刑德？曰：杀戮之谓刑，庆赏之谓德。"可见韩非所谓刑德乃是法治的两个方面。法治所利用的是人皆趋利避害的本性，由人皆避害而用刑罚，此之谓刑；由人皆趋利而用爵赏，此之谓德。《四经》所谓刑德与此不同。《经法·君正》给德下了定义："德者，爱勉之也。"即以仁爱之心待人，勉励、教化他们，以这样的指导思想施政即是德治。德治的结果必然提高人的自觉心，使人向善。可见德治是利用人们道德自觉的力量来调动其主动性和积极性，即孔子所谓"有耻且格"。而法治则是利用人们非自觉的类似动物的本性来驱使和迫使其就范，而与道德自觉无关，即孔子所谓"免而无耻"。要之，《四经》所谓德乃是仁德、德治之义，其所谓刑乃泛指法治，其刑德乃是指法治与德治两种统治方式。而韩非所谓德则是指爵禄庆赏，属于法治的一个方面，其刑德乃是指赏罚二柄即法治这种统治方式。二者不可混同。

《四经》认为理想的政治只需使用德政，无需使用刑罚。《称》曰"善为国者，太上无刑"，这种看法可能来自孔子。孔子曰："善人为邦百年，亦可以胜残去杀矣。"（《论语·子路》）又曰："必也使无讼乎。"（《论语·颜渊》）但现实生活中刑罚又是必不可少的，因而如何把刑与德协调统一起来，论证刑德并用的可行性和必要性，便成为《四经》重点探讨的问题。《十大经·姓争》有一段论述刑德并用不可偏废的道理的文字十分精辟，其文曰："刑德皇皇，日月相望，以明其当。望失其当，环视其央（殃）。天德皇皇，非刑不行，缪缪天刑，非德必顷（倾）。刑德相养，逆顺若成。刑晦而德明，刑阴而德阳，刑微而德章（彰）。"正如太阳和月亮协调配合方能使万物生长一样，德与刑也并非互不相容，而是互补的，相辅相成的，需互相配合才能相得益彰，二者一阴一阳，一明一晦，一隐一显，偏废任何一方都是不可能的，也是行不通的。这是一个了不起的认识，是古代思想家们在长期的政治实践和争鸣辩驳中取得的宝贵经验和结论，它开辟了刑德并用、儒法结合的治国道路。继此之后的战国思想家们在这条道路上继续探索，终于取得了共识，确立了阳儒阴法这种政治模式。其后两千多年的中国封建社会中，各朝各代的政治实践无不是在此模式中进行的。足见《四经》这一思想意义之重大。

除了仁、义、礼和德政思想外，《四经》对儒家的其他主张也有不同程度的吸收。如《十大经·立命》主张"亲亲而兴贤""畏天爱地亲民"，《经法·君正》主张"顺民心""毋苛事，节赋敛，毋夺民时"等，都是儒家学说原有的内容。《称》云"时极未至，而隐于德；既得其极，远其德"，"隐于德"即独修其德，"远其德"即广布其德。这似乎也受到儒家仕进观的影响。儒家有云："天下有道则见，无道则隐。"（《论语·泰伯》）"古之人得志，泽加于民；不得志，修身见于世。穷则独善其身，达则兼善天下。"（《孟子·尽心上》）此外，儒家思想体系中的许多范畴，如恭、俭、信、慈、惠、智、敬、忠等，也都在《四经》中从正面提到。可以说，《四经》对儒学的吸收虽然还不够深入，还仅仅是尝试，许多内容还只是点到而止，但仍然是比较全面的。之后的《慎子》《尹文子》《管子》等书对儒家的吸收都是对《四经》这一首创的继续和深化。

2. 墨家的影响

墨家是先秦诸子百家中最接近社会下层的一派学说，其立论皆从国计民生出发，事事以国家百姓人民之利为是非取舍的标准，招致的非议最多。然而正如《史记·太史公自序》所言，墨家"要曰强本节用，则人给家足之道。此墨子之所长，虽百家弗能废也"。《四经》对墨家采取的正是这种客观的态度，择其善者而从之。细读《四经》，不难看出其亦深受墨家学说的影响。

功利主义是墨学一大特色。《墨子》书中多次强调"国家百姓人民之利"，《四经》中也浸透着功利主义的精神，《十大经·

前道》主张"长利国家社稷，世利万夫百姓"，也把国家之利和人民之利看成是一致的。墨学强本，重视增加生产，满足人民需要，《经法·君正》亦曰："人之本在地，地之本在宜，宜之生在时，时之用在民，民之用在力，力之用在节。知地宜，须时而树，节民力以使，则财生。"《经法·道法》亦曰："万民之恒事，男农女工。"兼爱是墨子十大主张之首，《经法·君正》亦有"兼爱无私，而民亲上"之语。"兼爱无私"一句显系取自墨学，《墨子·兼爱下》云："文王之兼爱天下之博大也，譬之日月兼照天下无有私也。"墨子主张尚同，以君上之是非为是非，来"壹同天下之义"，《经法·四度》也说："参于天地，阖于民心，文武并立，命之曰上同。"墨子尚贤，《十大经·立命》也主张"亲亲而兴贤"，《十大经·本伐》亦主张"起贤废不宵（肖）"。墨子尚俭，主张节用，反对统治者放纵心欲，聚敛财富，挥霍无度，《称》也反对统治者纵欲，把"嗜欲无穷"视为"三死"之一，《经法·亡论》亦把"纵心欲"视为"三凶"之一。《经法·四度》视聚敛挥霍为祸乱之本："黄金珠玉藏积，怨之本也；女乐玩好燔财，乱之基也。"《称》亦云："宫室过度，上帝所恶。"值得注意的是，《四经》不是笼统地反对一切情欲和享乐，而是主张对情欲有所节制，把享乐控制在适度的范围。如《经法·六分》曰"知王术者，驱骋驰猎而不禽荒，饮食喜乐而不湎康，玩好嬛好而不惑心"，只要有所节制而不放纵，声色犬马饮宴玩好并不妨碍"王天下"的目标。这种主张是对"使人忧，使人悲"，令人望而生畏的墨学节用主张的修正，易于被统治者接受。墨子相信天有意志，《四经》中亦有"天诛""天毁""天刑"的提法。墨子明鬼，《四经》也讲圣人举事要"祥于鬼神"。墨子否认天命，《四经》也说"必者，天之命也"，把天命解释为自然界的规律和必然性。墨子非攻，反对不义的战争，支持正义的战争，《四经》也区分了三种不同目的的战争，"世兵道三：有为利者，有为义者，有行忿者"（《十大经·本伐》），肯定了"为义"的战争，但又进行了限制："兵者，不得已而行。"（《称》）老子认为兵乃不祥之器，笼统地反对一切战争，《四经》对战争的态度，与其说是对老子的修正，不如说更近于墨家关于正义与非正义战争的态度。

总之，《四经》对墨家的所有主张，除对"非乐"未加评论，对"节葬"表示反对外（《称》云"减衣衾，薄棺椁，禁也"），均有不同程度的采纳。而"非乐"和"节葬"二说，正是墨学中最极端、最不近人情之处。

3. 名家之言

名家又称形名家，《庄子·天道》曰"形名者，古人有之"，足见名家思想由来之久。然它作为一种学说，始于春秋时郑人邓析。名学的出现，是以礼治的崩坏和法治的兴起为背景的，自邓析首倡其学，随着法治受到普遍重视，名学也渐为兴盛。今本《邓析子》是伪书，我们现在所看到的只是较晚时期的庄子、惠施、公孙龙、荀子、韩非和《墨辩》中的形名学说，缺乏较早的思想材料。《四经》的出土，在一定程度上弥补了这一不足。《四经》中保存了较为丰富的名家思想，可以视为春秋末期到战国早中期本已失传断线了的名家者言，是研究早期名家思想的宝贵资料。

名家学说以"循名责实""审名察形"、探讨名实关系为主要内容，《四经》发挥了这一思想，作为其法理学说的重要内容。在

《四经》中，道、法、名紧紧地结合在一起，构成一个有机的整体。《四经》首先将名与道联系了起来。《经法·四度》曰："名功相抱，是故长久。名功不相抱，名进实退，是谓失道。"名实相抱就符合大道的要求，名实不符就是"失道"。根据这一标准，《经法·论约》指出："故执道者之观于天下也，必审观事之所始起，审其刑（形）名。刑（形）名已定，逆顺有立（位），死生有分，存亡兴坏有处。"这就是说，要根据大道的要求来审察事物的名实是否相符，名实是否相符乃是决定逆顺、死生、存亡、兴坏、祸福的关键。

《四经》又认为，名实是否相符是判断是非曲直黑白真伪的标准。《经法·道法》云："秋毫成之，必有形名。形名立，则黑白之分已。"又云："是故天下有事，无不自为形名声号矣。形名已立，声号已建，则无所逃迹匿正矣。"认为再细小的事物也必定有它的形与名，审其名、察其形，便可分清是非黑白。《经法·四度》亦云："美恶有名，逆顺有形，情伪有实，王公执□以为天下正。"《称》亦云："观今之曲直，审其名以称断之。"《经法·论》亦曰："名实相应，尽知情伪而不惑。"从上引这些材料看，名乃是王公判断是非以正天下的标准和工具，此"名"实际上已是"法"的代名词，所谓"立形名，建声号"，使天下"无所逃迹匿正"，实际上就是立法，合于名便是合于法。《经法·名理》说得更明确："天下有事，必审其名。名□□，循名究理之所之，是必为福，非必为灾。是非有分，以法断之。"又云："虚静谨听，以法为符。""循名究理"即循名责实以究是非，是者爵赏，非者戮罚。"虚静谨听，以法为符"即排除主观随意性，一切按照循名责实的原则，以法断是非。足见在《四经》中，名与法已经完全融为一体，二者的区别，不过是裁决者和执行者的关系而已。《四经》虽开宗明义，声称"道生法"，但毕竟使人一时难于理解把握。在道与法之间有了名这一中介，便显得更加顺理成章，易于理解把握，其法理学说也显得更加充实丰满了。

《四经》所谓名的政治含义，乃是名分、名位。《十大经·果童》曰"天正名以作"，《十大经·前道》亦曰"名正者治，名奇者乱。正名不奇，奇名不立"。"奇"就是不正，名不正就无法使名实相符，这样的"奇名"就不能让它确立。名的正与奇是社会治乱的关键，所以《四经》把"正名"放在特别重要的地位。正名就是正名位、正名分，确定每个人在等级制度下的位置、权利范围和行为规范，以保证社会的稳定有序。人们的行为一旦超出这个权利范围或不符合一定的规范，便是名实不符，轻则引起纷争，重则被视为篡逆。这时就要用法来解决，使名实重新相符，使社会秩序恢复正常。可见在《四经》中，法是根据名来确定的，或者说法是用来维护正常的名实关系即正常的统治秩序的。因此可以说，《四经》引进形名学说，是为了丰富自己的法理学说，从另一个角度、另一个方面来论证等级制度的合理性与必然性，用另一种方法来维护等级制的统治秩序。名法结合已构成《四经》的一大理论特色，名家思想遂成为《四经》中不可缺少的重要内容。

4. 对阴阳思想的发展

阴阳之为家始于战国时齐人邹衍，但阴阳的观念却由来已久，其最初的也是最基本的含义是指日光的向背有无，后来逐步被抽象而赋予普遍的意义。西周末年的伯阳父就用阴阳二气的升降解释地震这种自然现象。老子曰"万物负阴而抱阳"（《老子·第四十二章》），阴阳被赋予更普遍的哲学含义。然而老子也仅是用阴阳来解释自然界天地万物的生成变化，而把阴阳引入社会领域，用于解释和论证社会现象特别是政治与伦理的，当首推《四经》。

《史记·太史公自序》评论阴阳家学说云："夫春生夏长，秋收冬藏，此天道之大经也，弗顺则无以为天下纲纪，故曰：四时之大顺不可失也。"《汉志》亦云："敬顺昊天，历象日月星辰，敬授民时，此其所长也。"这种敬授民时或顺天授时的思想是《四经》对阴阳理论的重要发展。《四经》用阴阳观念解释季节的变化，把四季的推移看成是阴阳消长的结果，把先民在长期的生产实践中达成的关于季节变化同农业生产的关系的朴素的规律性认识上升到天人关系的高度，使之理论化、系统化为顺天授时或敬授民时的思想。《十大经·观》认为，天地未分之时"无晦无明，未有阴阳"，后"始判为两，离为四时"，把四时看成是阴阳分化而成的。《经法·道法》曰："天地有恒常，万民有恒事……天地之恒常，四时、晦明、生杀、柔刚，万民之恒事，男农、女工。"生杀指草木的生长与凋零，是阴阳二气的作用，柔刚是阴阳表现出来的两种相反的气质或特性，而四时和晦明都是阴阳二气的运动变化。作者将这些同男农女工等农业生产对应起来，表明他们认识到二者之间遵循着共同的规律。基于这种认识，《四经》强调"因天时"，《十大经·姓争》曰"静作得时，天地与之；静作失时，天地夺之"，把能否顺应自然界的阴阳变化视为成败的关键。此类认识，《四经》中还有很多，如《经法·论》曰："动静不时，种树失地之宜，则天地之道逆矣。"《称》曰："日为明，月为晦，昏而休，明而起，毋失天极，究数而止。”据《史记》和《汉书》所论，这种敬授民时即所谓顺天道之大经，因阴阳之大顺的思想，正是阴阳家之所长，也是阴阳学说的主要内容之一。阴阳家思想发展到后来，不免流于“大祥而众忌讳，使人拘而多所畏”（《史记·太史公自序》）和“及拘者为之，则牵于禁忌，泥于小数，舍人事而任鬼神”（《汉书·艺文志》）的弊端。这些弊端在《四经》中是见不到的，这表明它代表了阴阳家思想发展的较早阶段。

《四经》对阴阳思想的发展突出地表现在将阴阳之理应用于社会政治与伦理。

《四经》将阴阳思想应用于社会政治，首创了阴阳刑德的理论。如前所论，《四经》第一次把德治与法治两种原本对立的学说结合起来，提出了刑德并用的政治主张，而这种政治主张正是以阴阳学说为理论根据的。《四经》认为，为政之所以要刑德相辅并用，是因为人事必须符合天道，天道有阴有阳，为政就要有刑有德。《四经》并根据宇宙间最基本的自然现象、阴阳四时的流布运行，为刑与德的施行确立了根据和法式。《四经》认为，德与刑的施行要顺应阴阳运作的规律，从而把刑德这一“人事之理”同阴阳这一“天地之道”配合对应起来，这叫作“刑晦而德明，刑阴而德阳”（《十大经·姓争》）。那么刑德又是如何体现阴阳的作用呢？《四经》的做法是将刑德与四时相配，《十大经·观》曰：“春夏为德，秋冬为刑，先德后刑以养生。”又曰：“夫并（秉）时以养民功，先德后刑，顺于天。”在作者看来，春夏两季阳气充盈，万物萌发生长，宜施行德政；秋冬两季阴气上降，万物肃杀凋零，宜正名修刑。由于四时之序是春夏在前秋冬在后，故而要先实行德政教化，让万民休养生息，再随之以刑政，这就是“顺于天"。《四经》这一理论可能有其思想来源，由于史料的散佚，已难以考证，但说《四经》是将前人零星的有关思想材料系统化，完整地表达出来，当不会有错。这一理论连同敬授民时的理论一起，正是后来被称为"四时教令"思想的全部内容。"四时教令"的思想在《四经》中尚未完全成熟，但已基本确立，后来的《管子》将其进一步发挥发展，成为邹衍学说的重要理论来源。秦汉时期的重要著作《吕氏春秋》《淮南子》和《春秋繁露》都深受其影响。

关于刑与德如何转换的问题，《四经》提出"赢阴布德"和"宿阳修刑"的理论，作为"春夏为德，秋冬为刑"的具体化和深化，使之更加精细和完备。《四经》作者对物极必反的规律有深刻的认识，《经法·四度》指出"极而反，盛而衰，天之道也，人之理也"，认为物极必反是自然界和人类社会共同的规律，并认为，"极阳杀于外，极阴生于内"。"杀"指草木的凋败枯萎，此句是说，当阳气发展到极盛时便开始转衰，阴气转盛，这种变化表现于外，那就是草木始"杀"；而当阴气发展到极致时，阳气就开始转盛，这种变化反映于内，那就是万物内部萌发的生机。自然界是这样，人类社会也必须依此而行，那就是"赢阴布德"和"宿阳修刑"。前者是说，当秋冬已尽，阴气发展到极致时，阳气即开始萌发，此时正是万物孕育生机的时候，应开始布施仁德。后者是说，当春夏已尽，阳气停止发展时，阴气便开始转盛，此时正是万物由盛转衰的契机，应开始修饬刑罚。这就是刑德转换为用的天道观根据。

《四经》对违反阴阳法则的行为提出了警告，这是其阴阳刑德思想的另一方面。《十大经·观》曰："其时赢而事绌，阴节复次，地尤复收，正名修刑，执（蛰）虫不出，雪霜复清，孟谷乃肃，此灾□生。如此者举事将不成。""赢"为生长，"绌"为收缩，"阴节"即秋冬季节。此句是说，春夏季是万物生长的季节，应实行仁德宽厚的政治，如果此时正名修刑，实行秋冬那种严厉的政治，就会促使阴气发展，致使地气收缩，表现为昆虫蛰伏不出，霜雪再现，谷物凋敝等本应秋冬才有的现象，造成灾害。同样道理，"其时绌而事赢，阳节复次，地尤不收，正名弛刑，执虫发声，草苴复荣。已阳而又阳，重时而无光，如此者举事将不行"。秋冬两季，阴气充盈，本应实行严急的政治，若此时刑罚弛懈，实行宽仁的政治，就会使得本已停止发展的阳气不正常地发展，使地气不能收缩，将会出现天气炎热，蛰虫不伏，草木复荣等反常现象，造成灾害。

从《四经》这些议论中我们可以看到其阴阳思想的严重弊端。《四经》将天道与人事联系起来，是有一定合理因素的，但它过于强调二者的对应关系，不免流于牵强、机械和简单化，终致得出错误结论。以阴阳之理论证刑德并用的思想本是《四经》对古代政治理论的一个重要贡献，但由于机械地规定了春夏行德政、秋冬施刑政，从而不自觉地重又将二者分离并对立起来，使本已达成的正确认识重又陷入错误。此外，自然界的气候变化本是极为复杂的，某个季节中出现暂时的反常气候并导致一些少见的自然现象，亦属偶然中有必然，本不足为奇。而《四经》却把偶然的自然现象和自然灾害解释为人事未能符合天道所致，这不仅失之牵强，而且容易诱发《史记》和《汉书》所指出的后期阴阳家的弊端。诚然，《四经》的时代阴阳之为家尚未出现，《四经》只是吸收、运用和发挥发展了早期的阴阳思想，尽管其中并无神秘主义的内容，尚未形成这些弊端，但作为早期阴阳思想和战国后期阴阳家的重要中间环节，后者的弊端同《四经》中的某些思想是不无关系的。

《四经》对阴阳思想的另一发展，是将阴阳思想运用于社会伦理，论证等级制度的必然性和合理性。《称》在"凡论必以阴阳［明］大义"的前提下，将阴阳推广应用于人伦关系的各个方面，如："主阳臣阴，上阳下阴，男阳女阴，父阳子阴，兄阳弟阴，长阳少阴，贵阳贱阴……制人者阳，制于人者阴。"其中既有统治集团内部的君臣上下贵贱之等，也有血缘家庭内部的父子夫妇长幼之别。《称》将这些概括为"诸阳者法天"和"诸阴者法地"，认为这些尊卑贵贱的等级差别正如天在上地在下一样，是天经地义的、不可更改的。这种阳尊阴卑的思想在《四经》中所占比重虽不大，但对后世的影响却极为重大和深远。据《史记·孟荀列传》，阴阳家的集大成者邹衍的学说"然要其归，必止乎仁义节俭，君臣上下六亲之施"，可见邹衍是直接继承了《四经》关于阳尊阴卑的伦常思想。到了汉代的董仲舒，遂将此思想纳入儒家学说的理论体系，发展成整套的纲常名教学说，成为两千年来维护封建等级制度的重要理论支柱。

三、慎到、田骈学术之异同

在众多的稷下黄老学者中，慎到具有重要的地位。《四库全书总目》称慎到思想为"道法之转关"，可见慎到在援道入法、道法结合方面做了重要的理论工作，对黄老之学的发展有突出的理论贡献。慎到的黄老思想是较为成熟的，曾在战国中后期产生了广泛的影响。《汉书·艺文志》说慎到"先申韩，申韩称之"，《史记·老子韩非列传》言"申子之学本于黄老"，又言韩非之学"归本于黄老"，可见申不害和韩非所"称"乃是慎到的黄老之言，仅此便可见慎到思想的影响之巨。在有姓名可考的黄老学者中，大多数人的著作都没有流传下来，所幸《慎子》残卷还大体反映了慎到思想的原貌，这就使得慎到的思想在黄老研究中显得更为重要。

田骈也是著名的稷下先生，他与慎到同为稷下道家的中坚人物。近年来，随着齐文化和稷下学研究的开展，对田骈、慎到的研究也取得了一定的成果。但这里有一个问题值得注意，即研究者们均由于《庄子·天下》篇将二人合论，而把其中的有关思想当作二人共同的观点，没有再做区分，似乎二人的学术完全相同。人们在引用《天下》篇的材料时，有时当作慎到的思想，有时当作田骈的思想，有时当作二人共同的思想，可谓各取所需。这样做固然很便利，但显然是大有问题的。笔者认为，慎到、田骈的思想有同也有异，不应混为一谈。下面就让我们从对《天下》篇的分析入手，辅之以其他材料，对二人学术的异同做一初步的分析。

《天下》篇将慎到与田骈合论，这样就在给我们带来方便的同时也带来了不便。它可以使我们易于看到二人学术上的联系，却不利于我们进行详细深入的研究，并由此产生了一些误解和混乱。细细研读《天下》关于二人学术要旨的文字，愚以为作者对二人的学术思想大体上是做了区分的。这就需要进行一番仔细的甄别，弄清其中哪些观点属慎到，哪些属田骈，哪些为二人所共持。笔者认为，篇中的全部有关文字可以分为五段，除了第五段是对二人学术的总评价和第一段是将二人合论外，其余三段的篇幅占全部文字的 80%以上，是明显地将二人分别论述的，并无丝毫错乱。为下面论述的方便，兹以自然段的形式抄录于下：

公而不党，易而无私，决然无主，趣物而不两。不顾于虑，不谋于知，于物无择，与之俱往。古之道术有在于是者，彭蒙、田骈、慎到闻其风而悦之。

齐万物以为首，曰："天能覆之而不能载之，地能载之而不能覆之，大道能包之而不能辩之。"知万物皆有所可，有所不可，故曰："选则不遍，教则不至，道则无遗者矣。"

是故慎到弃私去己，而缘不得已；泠汰于物，以为道理。曰："知不知，将薄知而后邻伤之也。"谋髁无任，而笑天下之尚贤也；纵脱无行，而非天下之大圣。椎拍辐断，与物宛转；舍是与非，苟可以免。不师知虑，不知前后，魏然而已矣。推而后行，曳而后往，若飘风之还，若羽之旋，若磨石之隧。全而无非，动静无过，未尝有罪。是何故？夫无知之物，无建己之患，无用知之累，动静不离于理，故曰："至于若无知之物而已，无用贤圣，夫块不失道。"豪杰相与笑之曰："慎到之道，非生人之道，而至死人之理。"适得怪焉。

田骈亦然，学于彭蒙，得不教焉。彭蒙之师曰："古之道人，至于莫之是、莫之非而已矣。其风窢然，恶可而言？"常反人，不见观，而不免于魭断。其所谓道非道，而所言之韪不免于非。

彭蒙、田骈、慎到不知道。虽然，概乎皆尝有所闻者也。以上第一段是概括二人学术的共同点。其共同点有二：一曰因任自然，二曰弃私去己。因任自然即所谓"趣（趋）物""与之俱往"，不违背事物的自然本性，顺随事物的自然变化。弃私去己即所谓"不党""无私""无主""不两""无择""不顾于虑，不谋于知"，排除任何主观好恶、倾向和智虑，客观地对待一切事物。这两点又是互相联系、密不可分的：因任自然是弃私去己的目的，弃私去己是因任自然的条件。只有弃私去己，不带任何主观倾向性，不以个人好恶评价和取舍事物，才能做到顺随事物的自然变化，符合因任自然的宗旨。这两点正是道家学派的基本主张，也是《天下》篇将慎到、田骈二人合论的依据。

第二段和第四段讲的是田骈的学术思想。田骈从因任自然、弃私去己的道家基本观点出发，提出了"齐万物"的思想，并"以此为第一事"（王先谦《庄子集解》引宣颖语）。

万物既云之"万物"，就是不齐的，这是每个正常的人都必须承认的，问题在于如何对待这不齐的万物。田骈采取的是因任自然的态度，不要人为地干预和破坏事物的自然状态，即不要强使不齐为齐，而应任其自然而然地存在和发展。那么怎样才能因任自然呢？除了弃私去己，田骈又进一步提出一种更为彻底的方法——"齐万物"，即以不齐为齐，对千差万别的事物一视同仁，以主观上的"齐"对待客观上的不齐，将万物看成是没有差别的。这样就可以彻底消除强使不齐为齐的根源，避免这种错误的做法而因任自然了。

齐万物的思想是田骈从其哲学的最高范畴——"道"的特性中推导出来的。具体来讲，天地万物皆有所能，也有所不能，皆有所可，也有所不可，而作为天地万物之本根的大道的特性却是"能包之而不能辩（辨）之"，它可以包容万物，但却不去辨别万物，这正是大道同具体事物的根本区别之所在。也就是说，芸芸万物，皆有所能与不能、可与不可，此乃"不齐"，而大道对此采取的是"不辨"的态度，对万物一视同仁，因此在大道看来，万物都是"齐"的，这就是以不齐为齐。准此，既然具体的事物皆有其局限性，人们对待万物的态度就应该效法大道的"齐万物"，对千差万别的事物采取"不辨""不选""不教"的态度，排除任何主观倾向性，这样才能避免"不遍""不至"的片面性，从而收到最好的效果，这就叫作"道则无遗者矣"。

第四段载彭蒙之师曰"古之道人，至于莫之是、莫之非而已矣"，田骈既然"学于彭蒙，得不教焉"，他对待是非的态度必与此无异。这种齐是非的态度乃是"齐万物"中应有之义。《天下》篇评论说，这种思想"不免于魭断"，郭象注云"魭断，无圭角"，正与齐物之义相合。人们之间的争论，为的就是争出个"是非"二字，田骈却要齐是非，视是非为无别，适与人们的正常观念相反，故而《天下》的作者才说他"常反人，不见观"。

《吕氏春秋》中保存了有关田骈学术的一些材料，这些材料反映的情况同上述田骈的基本观点是一致的。如《不二》篇说"陈骈贵齐"，高诱注曰："齐生死，等古今。""贵齐"即"齐万物以为首"，"齐生死，等古今"亦是"齐万物"中应有之义。又《士容》篇载田骈之言曰"火烛一隅，则室偏无光"，其义与《天下》所谓"选则不遍""道则无遗"相同；又云"取舍不悦，而心甚素朴"，正是指任其自然、排除主观倾向性的态度。又《执一》篇载田骈自称其学说"变化应来而皆有章，因性任物而莫不宜当"，此"因性任物"即田骈因任自然和人的本性的基本主张。又《用众》载田骈谓齐王曰"孟贲庶乎患术，而边境弗患……得之众也"，意谓只要善于用众，则不待孟贲之勇而边防可备，众庶合力与孟贲之勇效用无二，此亦证田骈贵齐之论。

田骈的学术大抵如此。综而观之，田骈并没有提出任何治理国家的具体策略措施，他的学说注重对道家理论的阐发，因而显得内容空泛，大而化之，无法用来解决实际问题。所以当他以"道术"说齐王时，齐王就感到他的学说太空泛，听得不耐烦，便直截了当地指出"道术难以除患""寡人所有者齐国也，愿闻齐国之政"（事见《淮南子·道应训》与《吕氏春秋·执一》）。田骈回答说，我讲的"道术"虽然没有直接言政，但都是些普遍适用的原则，只要善于应用，就可以治理好国家（"无政而可以得政"），就好比有了林木就不愁无材一样。他还说，这些还只是"浅言之"，如果是"博言之"，岂止是齐国之政，甚至可以"彭祖以寿，三代以昌，五帝以昭，神农以鸿"。绕着圈子说了一大堆，仍然没有落到实处。因此，《荀子·非十二子》评论田骈的学说是"终日言成文典，反纠察之，则偶然无所归宿，不可以经国定分"，正是点出了问题所在。

不少学者把"齐万物"当作是田骈与慎到的共同观点，甚至有人认为是慎到一人的观点，笔者则认为"齐万物"是田骈学术的重要内容，也是田、慎学术的重要区别之一。《吕氏春秋·不二》说"陈骈贵齐"，《尸子·广泽》也说"田子贵均"，"均"与"齐"义同，这表明"贵齐"确是田骈的思想。田骈既然以"齐万物为首"，可以想见，这一思想在已佚《田子》二十五篇中必有详尽的阐发。而现存《慎子》七篇中却不见与此相关的论述。如果说《慎子》原书大半已亡佚，或许有关"齐万物"的内容也随之亡佚了，那么今本《慎子》后所附数十条"逸文"乃是清代学者从《太平御览》《艺文类聚》《文选》《意林》《绎史》以及各种子书等二十余种古籍中辑得，为什么也不见有关材料？现存有关田骈思想的材料比慎到的少得多，为什么《吕氏春秋》《尸子》等书中却都提到田骈"贵齐""贵均"，而没有提及慎到也有此思想呢？这些都说明"齐万物"乃是田骈的观点，而与慎到无涉。田骈这一观点在当时产生了不小的影响，《庄子·齐物论》的思想与之如出一辙，正如张岱年先生所说："'齐物'之说可能是田骈首唱的，庄周受其影响。"❶

　　第三段是专讲慎到的学术思想。此段篇幅虽长，仍不外是"因任自然"和"弃私去己"两条的展开和具体化。属于"因任自然"的如"缘不得已""泠汰于物""謑髁无任""纵脱无行""椎拍辁断，与物宛转""推而后行，曳而后往，若飘风之还，若羽之旋，若磨石之隧"。属于"弃私去己"的如"弃知去己""知不知，将薄知而后邻伤之""舍是与非""不师知虑，不知前后，魏然而已""无建己之患，无用知之累""至于若无知之物""块不失道"。慎到的这些思想过分地强调了因任自然，因而存在着两个缺陷，一是忽视了人的能动性，二是鄙薄知识思虑，这样就把人降低到普通的自然物的地位，故《天下》的作者笑之曰："慎到之道，非生人之行，而至死人之理。"《荀子·天论》亦曰："慎子有见于后，无见于先。"这些批评都切中了要害。慎到哲学的这一缺陷，可以说是先秦道家学派的共同缺陷，老、庄、田、慎均莫能外。

　　慎到是先秦援法入道的黄老道家的重要人物。慎到的法治思想保存在《慎子》一书中，据《汉书·艺文志》，《慎子》原有四十二篇，今仅存辑本七篇。仅从这残缺的七篇来看，慎到的法治思想也是比较全面和成熟的，完全可以自成体系。他对立法的

---

❶ 张岱年：《中国哲学史史料学》，三联书店1982年版，第93页。

必要性和可能性、立法的原则和根据、法的职能和地位、执法的原则、变法的必要性和依据、君与法的关系、君主的势位、君道无为和臣道有为等方面都进行了阐述，法家学说的主要内容在这里差不多都具备了。可以想见，原本《慎子》中的法治思想必是相当系统和详备的。

今存《慎子》残本只保留了慎到政治思想的片段，其哲学思想在原书中必有精到的阐发，可惜已无缘得见，幸赖《天下》篇我们才得以略知其梗概。慎到既为道法之"转关"，其学说必不同于传统道家，亦不同于纯粹的法家，其中哲学（道家思想）和政治（法家思想）两大部分必有密切的逻辑联系。尽管由于全书大多已散佚，慎到是怎样援法入道、怎样用道家哲学论说法家政治的已难知其详，但从现存的材料中我们仍可窥见其大略。试分析如下：

在《天下》篇那段关于慎到学术的文字中，有两点值得注意。第一，因任自然、弃私去己之道的客观效果，是"无非""无过""未尝有罪"。在慎到看来，毁誉、得失、祸福、是非、功过等都是相倚相伏的，因此，"弃知去己"，无所追求，使自己的思想和行为以一个客观的社会标准为转移，乃是全生免祸、"未尝有罪"的最好方法，这个客观的社会标准只能是"法"。这就透露出慎到学说中道与法的内在联系，道是法的哲学基础和根据，法是道的归宿和目的。第二，慎到将因任自然、弃私去己的哲学观点同笑贤非圣的政治主张联系在一起，"謑髁无任，而笑天下之尚贤也；纵脱无行，而非天下之大圣"，"至于若无知之物而已，无用贤圣"。在他看来，儒墨推崇备至的贤与圣都是任私智、尚人为的典范，都是人治的倡导者和实行者，他们的主张和行为是同因任自然的原则相违背的，是乱邦弱国的根源，必须予以拒斥。而能够取代贤圣的只能是客观的"法"，能够与人治相抗并优于人治的只能是法治，只有法治才符合因任自然的精神。在慎到那里，尚法同因任自然是一致的，同尚贤则是对立的，所以《荀子·解蔽》才说他"蔽于法而不知贤"。

《慎子》中的法治主张是以道家思想为哲学基础的，符合因任自然的道家精神。《慎子·因循》从道家理论出发，说："天道因则大，化则细。因也者，因人之情也。人莫不自为也。""因"即是因任自然的道家基本原则，运用于社会政治便是"因人之情"，即因任人的自然本性。而人的自然本性被慎到一语道破，那就是"自为"，即自私自利、替自己打算。关于"自为"，《慎子·逸文》还有一些具体的说明，如："能辞万钟之禄于朝陛，不能不拾一金于无人之地；能谨百节之礼于庙宇，不能不弛一容于独居之余。盖人情每狎于所私故也。"并举例说："匠人成棺，不憎人死，利之所在，忘其丑也。"即便是亲属之间也不例外："家富则疏族聚，家贫则兄弟离。非不相爱，利不足相容也。"这就是说，人的本性是自私自利的，人皆趋利避害，人与人之间本质上是一种利害关系。揭示出这一点是十分重要的，它是法治主张的立论根据，是法家学派和主张法治的道家黄老派同主张人治的儒家学派对立的一个理论焦点。儒家鄙视人的物质欲望，把人的本性说成是仁、义、善等后天获得的道德观念。墨家虽承认人有好利的本性，但却极力压制人的物质欲望。只有法家和黄老家敢于戳破这张纸，肯定物质欲望的合理性。慎到认为，既然自私自利、趋利避害是人的自然本性，那它就是不能违背的，就应该承认它存在的合理性，顺应它，满足它，并因势利导地加以利用，这就是"因人之情"，所以他说："故用人之自为，不用人之为我，则莫不可得而用矣，此之谓因。"慎到认为，"因天道"的原则应用于社会政治就是"因人之情"，"因人之情"不但不会危及人们共同的社会生活，而且可以由此建立起良好的统治秩序，充分发挥每一个人的作用。基于这种认识，他巧妙地利用了人的这一自然本性，主张利用人皆趋利的一面而用"赏"，利用人皆避害的一面而用"罚"。于是就以人情为依据而推出了"法"，他说："法非从天下，非从地出，发于人间，合乎人心而已。"（《慎子·逸文》）这就是慎到援法入道或援道入法的关键。

慎到认为，自私自利虽是人的自然本性，但如果任其膨胀，就会危及人们共同的社会生活秩序，因而必须把它限制在一个公众利益所许可的范围内，用"公"来抵制"私"。而这正是"法"的基本职能之一，所以他说："法之功，莫大于使私不行"（同上），"法制礼籍，所以立公义也，凡立公，所以弃私也"（同上）。这就是他主张"公而不党，易而无私"的用意所在。法的另一个基本职能，是作为一个客观的标准来规范、统一人们的思想和行动。《慎子·威德》说："法虽不善，犹愈于无法，所以一人心也。"《慎子·逸文》亦曰："法者，所以齐天下之动。""一人心"即统一思想，"齐天下之动"即统一行动。为了保证从思想到行动都统一在"法"这个客观的标准之下，慎到又求助于道家理论，认为最彻底的方法就是摈弃智虑，"不以智累心，不以私累己"（同上），这就是《天下》篇所谓"不师知虑"。他甚至认为耳目感官都是产生私智的根源，故云"不聪不聋，不能为公"（同上）。不但不用心智，而且不用耳目，使自己成为《天下》所说的"无知之物"，这样当然就可以"无非""无过""未尝有罪"而与"法"自然相合了。

由以上所论可见，慎到具有相当系统的法治思想，他的学术的特点可以用"内道外法，道法结合"来概括，正符合以道家哲学论说法家政治的黄老之学的理论特征，这是慎到学术同田骈学术的又一重要区别。不少学者认为田骈同慎到一样具有法家思想，甚至有人直呼田骈为"稷下法家"，所论皆拐弯抹角而无直接证据。郭沫若亦把田、慎合论并作为稷下道家三派之一，但他又说："慎到、田骈一派是把道家的理论向法理一方面发展了。严格地说，只有这一派或慎到一人才真正是法家。"❶可见郭沫若也隐约地感觉到田、慎二人的学术有别，而且这个区别就在于田骈没有法家思想。但郭沫若没有追究下去。笔者以为，正是由于二人学术的这一区别，所以《汉书·艺文志》列《慎子》为法家，却列《田子》为道家。班固这样做必有他的根据，他一定是把当时尚存的《慎子》与《田子》二书进行了比较，才做出这种结论的。如果《田子》也有法家思想，班固也会把它列入法家了。东汉高诱注《吕氏春秋》，说慎到"作法书四十二篇"，说田骈"作道书二十五篇"，也确认了二人学术的这种区别。这些情况表明，汉代学者是十分清楚田、慎学术的这一重要区别的，只是由于后来二书的亡佚，这一区别才变得模糊起来。《田子》二十五篇久佚，其中有无法家思想难以遽然断定，但是我们研究古人的思想，应该以手中掌握的材料做根据，而不应靠种种假设和猜测。从现存古籍中保存的有关田骈的事迹和言论的材料看，除《荀子·非十二子》中有"尚法而无法……是慎到、田骈也"一条外，并无法家的痕迹。如果说田骈的法家言已随《田子》一

---

❶ 见郭沫若《十批判书》中《稷下黄老学派的批判》一文，载《郭沫若全集》历史编第二卷，人民出版社1982年版。

书而亡佚，那么为什么散见于二十多种古籍中的数十条《慎子》逸文多半都与法家思想有关，而有关田骈的零散材料中却不见法家思想的内容呢？因此笔者认为，田骈注重的是对道家基本理论的阐发，他是一个比较地道的或比较传统的道家学者，却与法家基本无关。《天下》篇将田、慎合论，说明二人同属道家，但由此并不能得出田骈也和慎到一样具有法家思想的推论。至于《荀子·非十二子》中"尚法而无法……是慎到、田骈也"一条，窃以为是由于作于《天下》篇之后，受其影响，也笼统地将二人合论，从而误以为二人的社会政治主张也相同。

综上所论，田骈、慎到的学术思想有同也有异。二人同宗道家，同持因任自然、弃私去己的道家基本立场。但田骈是一个比较纯粹的道家学者，其学术重在对道家基本理论的阐发，并提出"齐万物"的方法发展了道家思想；而慎到却更热衷于具体的治国之术，提出了较为系统的法家思想，并运用道家哲学论证了法家政治，在道法结合方面对黄老之学做出了重要贡献。"齐万物"的思想为慎到所无，法家思想亦为田骈所无。因而将二人的学术思想不加区别地合而论之是不妥当的，不利于学术研究的深入开展。先秦时期是中国古代学术思想标新立异的开创阶段，诸子之学都有独步之处，可以说是一人一个样，即便是学有师承也绝少门户壁垒之见，如韩非的学说同他的老师荀子相比就迥然相异，田、慎的学术思想又怎会完全相同呢？故而与其笼统地将二人合而论之，不若谨慎地存同寻异更能不失其本真。

最后需要指出的是，黄老之学作为稷下的主流学派，拥有众多的学者和作品，为避免重复，稷下黄老之学的其他内容，本书将在后面的有关章节中进行探讨。

第七章　孟子与稷下学

一、孟子非稷下先生辨

《盐铁论·论儒》云"齐宣王褒儒尊学，孟子、淳于髡之徒受上大夫之禄，不任职而论国事，盖齐稷下先生千有余人"，以孟子与淳于髡等同为稷下先生。钱穆先生于 30 年代撰《孟子不列稷下考》，[1]对这一传统说法提出质疑，并举出三点理由论证孟子不列稷下。近年来许多人对钱穆的观点持否定态度，1982 年在山东淄博召开的稷下学讨论会上，以孟子为稷下先生的观点被与会者普遍接受。但他们并未提出新的论据，而只是通过反驳钱穆的三点理由来反证自己的观点。笔者对此不敢苟同，谨针对论者对钱穆的辩难进行剖析，提出相反的看法，并补充以新的论据，复陈孟子不列稷下之说。

钱穆的第一点理由是，《史记·孟子荀卿列传》提到稷下先生时，"不数孟子，而云淳于髡以下"，证明孟子是不列稷下的。主张孟子是稷下先生的学者谓："此处《史记》说'淳于髡以下'，并

---

❶ 载《先秦诸子系年》，中华书局 1985 年版，第 235 页。

不列出包括哪些人，所以不数孟子并不足怪，不能据此就说孟子不列稷下。"❶又有谓："《孟荀列传》只是说'自如淳于髡以下'，即提出稷下先生以淳于髡为代表，至于'以下'还有哪些人，司马迁并未一一说明，怎么能断言就不包括孟子呢？"❷笔者认为，这些辩难均不足以否定钱穆之说。因为司马迁之所以用"自如淳于髡以下"的措词，乃是为了行文简略，避免不必要的重复。细读《孟荀列传》，司马迁在指出"齐之稷下先生，如淳于髡、慎到、环渊、接子、田骈、邹奭之徒，各著书言治乱之事，以干世主，岂可胜道哉"之后，分别叙述了淳于髡、慎到、田骈、接子、环渊、邹奭六人的行事，紧接着便说"于是齐王嘉之，自如淳于髡以下，皆命曰列大夫，为开第康庄之衢，高门大屋尊宠之"云云，全段论述前后呼应、环环相扣、一气呵成，其中所谓淳于髡"以下"显然是承上省略，指的就是慎到等五人，怎么能说"至于'以下'还有哪些人，司马迁并未一一说明""并不列出包括哪些人"呢？若谓"淳于髡以下"包括孟子，那么孟子亦当被齐王"命曰列大夫"，为什么《孟子》书中以及关于孟子的其他史料中均不见孟子曾为齐之"列大夫"的记述呢？

钱穆的第二点理由是，《史记·田完世家》列举稷下闻人，言"自如邹衍、淳于髡、田骈、接子、慎到、环渊之徒七十六人"，独无孟子，证明孟子不是稷下先生。持孟子是稷下先生的观点的学者有谓："此处《史记》所列名单无孟子，并不能证明《史记》所

---

❶ 孙开泰：《孟子与稷下学宫的关系》，载《齐鲁学刊》1980 年第 5 期。
❷ 孙以楷：《稷下学宫考述》，载《文史》第 23 辑。

说七十六人中确无孟子。"❶又有谓:"《田齐世家》中,司马迁明言像淳于髡一样享有大夫待遇的稷下先生有七十六人,他只举出六人,也是典型代表,并不能作为孟子不是稷下先生的证据。"❷笔者认为,司马迁在《孟荀列传》和《田完世家》中提及稷下先生时均不提孟子,绝非事出偶然,它至少可以表明司马迁本人对此的态度,说明在这位大史学家心目中,孟子是不属于稷下先生之列的。孟子是当时赫赫有名的大名士,他的声望远非接子、环渊之徒所能相比,若司马迁以他为稷下先生,又怎能舍重就轻,置这位儒学大师于不顾,却以名气小得多的接子、环渊等六人为"典型代表"呢?如果认定孟子是稷下先生,但又认为他没有资格作稷下先生的典型代表,这种观点是难以令人信服的。退一步说,司马迁这里没有提到孟子,这一事实即便不能作为孟子不是稷下先生的论据,难道却可以反过来作为孟子是稷下先生的证据吗?

或谓:"司马迁虽然没有写明孟子是稷下先生,但他以孟、荀与稷下先生合传,正表明这位大史学家是把孟子归于稷下的。《孟荀列传》可以说就是稷下先生合传。"❸这种观点也值得商榷。司马迁既然把孟子归于稷下,为什么又不写明呢?为什么在列举稷下先生时又不以他为典型代表呢?如果说司马迁以孟子与稷下先生合传就表明他把孟子归于稷下,那么同传还有公孙龙、尸子、李悝等,甚至墨翟,难道司马迁也把他们归于稷下不

---

❶ 孙开泰:《孟子与稷下学宫的关系》,载《齐鲁学刊》1980 年第 5 期。

❷ 孙以揩:《稷下学宫考述》,载《文史》第 23 辑。

❸ 孙以揩:《稷下学宫考述》,载《文史》第 23 辑。

成？那么司马迁为什么要把孟、荀与稷下先生合传呢，笔者认为，这是因为在司马迁看来，这些稷下先生虽然重要，但为他们单独立传又不合适，正好荀子曾为稷下学术领袖，于是就把他们附在荀子一起，与孟子合传。《孟荀列传》意在为孟、荀立传，而不是为稷下先生，否则为什么不称为"稷下先生列传"？司马迁把孟、荀、稷下先生以及公孙龙等合传，说明这些人有共同之处，这个共同之处，该传后所附的赞辞为我们透露了一点信息。赞辞曰："六国之末，战胜相雄。轲游齐、魏，其说不通。退而著述，称吾道穷。兰陵事楚，邹衍谈空。康庄虽列，莫见收功。"可见，该传中所牵涉的人物都是在群雄争胜的局势下以学术干世主的思想家，只是他们的主张、价值观念和际遇有所不同而已。因此，《孟荀列传》与其说是稷下先生合传，倒不如说是六国之末学术思想家合传。

钱穆的第三点理由是，稷下先生是"不治而议论"的，而"孟子在齐为卿，有官爵，明不与稷下为类"。认为孟子是稷下先生的学者均引崔述《孟子事实录》(载崔述《崔东壁遗书》)的说法，认为钱穆把孟子在齐为客卿混同于有官守的卿，并引证孟子曾说过"我无官守，我无言责"(《孟子·公孙丑下》)的话，来证明孟子与居官任职者不同，而与稷下先生的"不治而议论"相同。这里分歧的焦点有两个，一是客卿同居官任职者有何异同，二是孟子在齐究竟是否为客卿。下面分别对这两个问题进行讨论。

"客卿"乃是战国时期各诸侯国为了招徕和选用异国人才而设的一种官爵。七国除楚国外都设有客卿。齐国任用客卿，有明确记载的只有齐宣王以苏秦为客卿一例。(见《史记·苏秦列传》)客卿在齐所司职事已不可考。秦国客卿制最为流行，张仪、范睢、蔡泽、李斯等都做过秦的客卿。但他们在为客卿时都没有专司的职责，其作用只是进说和出谋划策，或临时委以某项具体事务，待有了功劳后再赋予一定的实职。六国的客卿制当是大同小异的，由秦国的客卿制可见，客卿并非正式官员，与居官任职者有所不同。问题的关键在于，客卿虽与居官任职者有所不同，但毕竟在官僚系统中，这从李斯仕秦的经过就可以清楚地看出。据《史记·李斯列传》，李斯初说秦王政，得到赏识，秦王乃"拜斯为客卿"，后又"官至廷尉"，最后"以斯为丞相"。就在李斯身为客卿的期间，秦王"逐一切客"，李斯上《谏逐客书》，"秦王乃除逐客之令，复李斯官"。"复李斯官"四字清楚地表明客卿也是官，不过是没有实权的官罢了。

现在我们再回到孟子。关于孟子在齐为卿，《孟子》书中有"孟子为卿于齐，出吊于滕"（《孟子·公孙丑下》），"公孙丑问曰：'夫子加齐之卿相，得行道焉'"（《孟子·公孙丑上》），"淳于髡曰：'夫子在三卿之中'"（《孟子·告子下》）等记载，均未言乃客卿。而且公孙丑问曰："夫子当路于齐，管仲、晏子之功可复许乎？"（《孟子·公孙丑上》）以为齐国以孟子为卿，可望再现管、晏时期的盛世；又说："夫子加齐之卿相，得行道焉，虽由此霸王，不异矣。"从这些引文的口气来看，当时的孟子不像是有爵无职的客卿，倒像是齐国手握实权、举足轻重的重臣，因此说孟子在齐为卿乃是客卿，尚属可疑。退一步说，即便孟子在齐乃客卿，但毕竟是官僚系统中人。《本传》说孟子"道既通，游事齐宣王"，崔述《孟子事实录》云"言游事，以别于居官任职者也"。其实，"游事"不过是说明孟子是从别国"游"到这里"事"齐宣王而已，战国时期的士鲜有不"游"者。且"游事"与"居官任职"并不矛盾，"游事"与"游仕"是同义语，而与稷下先生的"游学"恰成对照，它倒是清楚地表明了孟子与不在官僚系统中的稷下先生的区别。《孟子·公孙丑下》言"孟子致为臣而归"，公孙丑问曰："仕而不受禄，古之道乎？"亦明言孟子仕齐，其不同于以"不仕""不宦"相标榜的稷下先生已昭然若揭。至于孟子自谓"无官守、无言责"，可以做两种解释：其一，孟子并不是一到齐国就"加齐之卿相"的，"无官守、无言责"的话可能是在他未任齐之卿相时所说的。其二，孟子在齐也可能确为客卿，既然没有专司的职事，自然就可以"言"，也可以不"言"了。然而就算孟子在齐为客卿，也不能说明他与专以"不治而议论"为务的稷下先生有任何共同之处。如果说孟子在齐乃客卿便与稷下先生无别的话，那么"齐宣王以为客卿"的苏秦岂非也成稷下先生了吗？可见，客卿制与稷下之制并不发生关系，不应将二者联系起来考虑。在确认为稷下先生的学者中，没有哪一个是做过齐之客卿的，原因就在于他们本不在官僚系统之中。

由以上分析可见，认为孟子是稷下先生者论据不足，他们的辩难并不能推翻钱穆的三点理由，反而进一步证实了孟子不列稷下之说。笔者于此再做一点补充：孟子之不同于稷下先生，还在于孟子与稷下先生们有着不同的风骨和气象，他们不是同一类型的人。稷下先生们满足于学宫中高门大屋、禄养千钟的优裕生活和既无烦劳又无风险的"不治而议论"，而孟子却胸怀"如欲平治天下，当今之世舍我其谁也"（《孟子·公孙丑下》）的雄心壮志。《荀子·非十二子》把士分为"仕士"和"处士"两类。"仕士"，王先谦《集解》云："谓士之入仕"；又云："处士，不仕者也"。孟子是"仕士"，前已证之。而稷下先生都是些"处士"，他们以不仕相标榜，如淳于髡"终身不仕"（《史记·孟子荀卿列传》），田骈"设为不宦"（《战国策·齐策四》），慎到"战国时处士"（《史记·田完世家》正义），彭蒙"齐之隐士"（《庄子·天下》成玄英疏），尹文"周之处士"（《隋书·经籍志》），鲁仲连"不肯仕官任职"（《史记·鲁仲连邹阳列传》）。钱穆指出"稷下先生不治而议论，此以不仕为名高者也"，❶"稷下先生自避仕宦之名"，❷他们的行为反映了当时一部分知识分子的特殊心态。然而他们虽避仕宦之名，却不避仕宦之实。如田骈虽"设为不宦"（《战国策·齐策四》），却"訾养千钟，徒百人"（同上）。淳于髡虽然"终身不仕"，辞谢了魏国的卿相之位，却接受了惠王赠与的"安车驾驷，束帛加璧，黄金百镒"（《史记·孟子荀卿列传》）。他在稷下，不仅同田骈等一样享受政府的资养，而且还常利用自己同齐王的特殊关系，接受别国使臣的贿赂，为他们走门路。如接受魏国使臣的"宝璧二双，文马二驷"而止齐伐魏；（事见《战国策·魏策三》）接受为燕国做说客的苏代"白璧一双，黄金千镒"而在齐王面前引荐了苏代。（事见《战国策·燕策二》）稷下先生们既享仕宦者居官之厚禄，又有不仕者在野之高名，这样的行径当时许多人是看不惯的。如《战国策·齐策四》载齐人以邻人之女"设为不嫁"而多子讽田骈之"设为不宦"，可谓一针见血。对于稷下先生的如此行径，孟子更是看不惯，他坚持传统儒家"不仕无义"（《论语·微子》）的原则，以出仕为宦、平治天下为己任。他说："士之仕也，犹农夫之耕也。"（《孟子·万章下》）他所批评的"处士横

---

❶ 《孟子不列稷下考》，载《先秦诸子系年》，中华书局 1985 年版，第 235 页。

❷ 《尹文考》，同上书，第 378 页。

议"，主要就是指稷下先生的"不治而议论""不任职而论国事"，所以他不屑与稷下先生为伍。诚然，用历史的眼光看，孟子对稷下先生的看法未免失之偏颇，他以自己做人的原则和价值观念评价稷下先生的行为，没有看到稷下先生的活动的历史作用和意义，笔者对此不拟过多论及。据《孟子·公孙丑下》，当孟子的治国主张不被齐王采纳时，他"于是浩然有归志"，毫不犹豫地辞去卿位，"致为臣而归"。齐宣王为了挽留他，许以"欲中国而授孟子室，养弟子以万钟"，显然是欲"为开第康庄之衢"，待之以稷下之礼，让他不仕而受禄，做一位稷下先生。而孟子却认为接受了这样的条件就是违背了自己的志向和做人原则，所以他"为道不为富"，坚持要离开齐国，去寻找可以施展自己抱负的地方。这样的举动是稷下先生们无论如何也做不出来的。孟子的行为同稷下先生恰成鲜明的对照，足见他不与稷下先生为类，他不属于稷下先生是很明显的。

我们说孟子不是稷下先生，并不等于说孟子的思想同稷下学术没有关系。事实上，孟子久居于齐，同稷下先生们常有交往，难免要受到稷下学术的影响而反映到他的学说中来。比如说，孟子"养心莫善于寡欲"之说，便与稷下先生宋钘的"情欲寡浅"说有关；孟子心性学说中的"养浩然之气""存夜气"之说，是吸收改造了《管子》中道家学派的心气理论；孟子的富民思想有不少是对《管子》中有关政治经济思想的直接吸取；孟子思想中最有价值的民本思想也是对稷下民本思想的吸取和发展，"民为贵，社稷次之，君为轻"的名言，就是在稷下学有关思想的影响和启发下提出的。限于篇幅，下面仅就孟子思想同《管子》心气理论的关系问题进行专题探讨。

二、孟子所受《管子》心气理论的影响

孟子的心气论是儒家心性学说中的重要内容，特别是其中"养浩然之气"的理论在历史上影响很大。两千多年来，"浩然之气"早已被历代志士仁人演绎、升华为"正气""气节"，作为民族精神的一种象征汇入优秀传统文化的长河之中，成为中国人民宝贵的精神财富。在人类发展史上，任何一种有价值的思想理论的提出都离不开前此思想素材的积累、启发和思想家本人的体悟、发挥与创造。孟子的心气论也是这样，除了孟子本人创造性的发挥外，还与之前和同时代人的思想成果有关。特别是《管子》中《内业》《心术》上下、《白心》四篇中丰富的气论和心论思想，同孟子养气、养心的思想有很多相通之处。将两者对读，使人难以否认他们之间存在着理论上的影响、吸取和改造的关系。将两者联系起来进行考察，无论对孟子思想还是对《管子》思想的深入研究，都是很有意义的事情。

（一）对几种观点的剖析

孟子思想同《内业》等篇的关系问题，早已被学术界所注意。张岱年先生在 30 年代写成的《中国哲学大纲》中论及孟子的"心说"时曾附带指出："《管子》的《心术》上下和《内业》篇，年代与孟子约略同时。孟子曾讲'浩然之气'，《内业》有'浩然和平，以为气渊'之语，用词有类似之处，但孰先孰后不易考定。"❶张先生虽未明确指出二者之间存在着影响和吸取关

---

❶ 张岱年：《中国哲学大纲》，中国社会科学出版社 1982 年版，第 234

系，但从行文中可以看出，他是确认这种关系的。只是由于二者谁先谁后难于确定，张先生才采取了谨慎的态度，仅把问题提了出来，以便让别人有文章可做。时隔半个世纪之后，张岱年先生仍持这样的态度。他说："《内业》有'浩然和平，以为气渊'，这'浩然'二字同于孟子所谓'浩然之气'的'浩然'。《内业》又云：'抟气如神，万物备存'，意与孟子所讲'万物皆备于我'相仿佛。这是《内业》影响了孟子还是孟子影响了《内业》，由于两者的先后不可考，就难以论定了。"❶此时张先生已明确肯定二者之间存在着影响与被影响的关系了。

最早对二者关系予以明确肯定并做出判断的是郭沫若。郭沫若在 40 年代所写的《稷下黄老学派的批判》❷和《宋钘尹文遗著考》❸两篇文章中，认为《管子》书中的"灵气"范畴，"毫无疑问便是孟子的'浩然之气'"，他把"灵气"称为"浩然之气"的"张本"，把后者称为前者的"翻版"，并说："孟子显然是揣摩过《心术》《内业》《白心》这几篇重要作品的。只是孟子袭取了来，稍为改造了一下。"郭沫若提出了两个论据来支持他的这一观点：其一，孟子是在谈到告子先于自己不动心以及自己的不动心与告子的不动心之不同时提出"浩然之气"的，而告子的主张"不得于言勿求于心，不得于心勿求于气"，"分明就是《内业》

页"附注"。

❶ 张岱年：《管子书中的哲学范畴》，载《管子学刊》1991 年第 3 期。
❷ 收入《十批判书》，《郭沫若全集》历史编第二卷，人民出版社 1982 年版。
❸ 收入《青铜时代》，《郭沫若全集》历史编第一卷，人民出版社 1982 年版。

篇所说的'不以物乱官，不以官乱心'"，可见《内业》的观念先于孟子。其二，孟子讲浩然之气"配义与道"，这个"道"字"便很不自然而无着落"，"不伦不类"，因而"分明是一种赘品"。管见以为，郭沫若的观点可谓独具慧眼，有胆有识，但他的这两个论据却是有问题的。下面就让我们剖析一下这两个论据。

其一，关于"不得于言勿求于心，不得于心勿求于气"（《孟子·公孙丑上》）。这句话的含义是《孟子》中的一个难点，孟子自己没有明确解释，赵岐与朱熹的注解也相差甚远，以致今日众说纷纭。但是我们不应忘记，孟子是在回答告子的不动心与自己的不动心有何不同的提问时引述告子这句话的。他认为"不求于气"可以防止"气"（情感）反动于心造成心的动摇，故可；而"不求于心"即是不能自反内省、反求诸己，故不可。在孟子看来，告子的长处在于能做到"无暴其气"，他的缺点在于不能"持其志"，不能明是非曲直。结合具体的语言环境来看，告子这句话的意思是说，当别人以不善之言加于己时，既毋须反省内求在自己身上找原因，也不要意气用事，要控制自己的"气"，此即告子之"不动心"。❶ 而《内业》的"不以物乱官，不以官乱心"则是说不要让外物扰乱视听和本心，要保持本心的正静。郭沫若在此二者之间画上等号，未免失之勉强。

---

❶ 赵岐说告子是"兼治儒墨之道者"，《墨子·公孟》亦有墨子对告子的评论，并有弟子"请弃之"的材料，据此，告子似为墨子弟子。墨子主张"君子无斗"，稷下墨家学者宋钘提出"见侮不辱"，为"君子无斗"提供了心理学的依据和保证。笔者以为，告子的"不动心"既不求于心也不求于气，与宋钘的"见侮不辱"颇为相似，后者很可能是由告子的思想发展而来的。

其二，关于"配义与道"的"道"字。"道"并非道家独有的哲学范畴，先秦各主要学派都讲"道"，而且也不在少数，可谓儒有儒道、墨有墨道，只不过含义各有异趣而已。在儒家学说中，"义"与"道"不是同一层次的范畴。义与仁、礼、智等都是具体的道德规范，而道则具有更高的概括性，泛指儒家的最高追求，也就是儒家的真理或主义。士、君子都要"志于道"，不惜"以身殉道"，甚至"朝闻道，夕死可矣"（《论语·里仁》）。道也泛指儒家的所有主张，它内在地包含着所有具体的道德规范，而后者则是道的不同表现形式和实现道的途径与方法。如孔子说："行义以达其道。"（《论语·季氏》）孟子也说："仁也者，人也。合而言之，道也。"（《孟子·尽心下》）仁就是人与人之间相亲相善的关系，以仁这种最基本的道德准则来处理人与人之间的关系，便是儒家之"道"。因此无论是孔子的"杀身成仁"还是孟子的"舍生取义"，都是"以身殉道"。仁、义等是不能与道并列的。

据此，笔者认为，对"配义与道"一语有一个如何理解的问题。而对"配义与道"的理解，关键在"与"字上。"与"字在这里不当视为连词，它同"配"字一样都用作动词。《管子·形势》云"持满者与天，安危者与人"，尹注曰："能持满者，则与天合；能安危者，则与人合。""持满者与天"，又见《史记·越王勾践世家》，司马贞《索隐》云："与天，天与也。言持满不溢，与天同道，故天与之。"《说文》亦云"与，党与也"，故志同道合者相为"党与"，同盟之邦谓之"与国"。可见，"合""同"乃是"与"字的基本含义，"与道"便是和道相合、相同。作为连词的"与"字之义，是从作为动词的基本含义中衍生而来的。如上所论，义与道不是同一层次的范畴，因而"配义与道"也包含着递进的两个步骤："与义相配"和"与道相合"，即通过成仁取义等修养功夫，逐步达到与道相合的最高境界，养成"浩然之气"。孟子曰，浩然之气是"集义所生"，非偶然的行义便能"袭而取之"，需要经过一个"集"或"养"的渐进过程，才能蔚为浩然、与道相合而达于最高的人生境界。可见，"配义"是"与道"的手段和途径，"与道"则是"配义"的目的和结果，而不应把"配义与道"简单地解释为把义与道同浩然之气相配。

那么，孟子为什么在诸多道德范畴中单单提出个"义"来与浩然之气相配呢？笔者以为这是出于同告子辩论的需要。对"义"的理解是孟、告争论的焦点之一，孟子说告子"未尝知义"，可见二人对于道德观念的见解在"义"字上分歧最大。孟子以"义"与"浩然之气"相配，乃是针对告子的"仁内义外"说而发。"义"字在这里，应理解为以"义"为代表的各种道德规范为宜。赵岐注曰"义谓仁义，可以立德之本也"，便注意到了此"义"字的真正用意，可谓深得孟氏之旨。

准此，孟子所谓"配义与道"之"道"，实乃儒家之"道"，而非采自道家。郭沫若说此"道"字是袭自道家的"不伦不类""很不自然而无着落"的"赃品"，这种说法未免失之武断。

50 年代，侯外庐等编著的《中国思想通史》第一卷也持与郭沫若相同的观点，并认为《内业》等四篇的作者（即作者所言之"宋尹学派"）把道和气"伦理化"了，使之成为"道德本体"，而仅仅保留了道家自然天道观这一"不重要的形式"。作者还认为孟子对"浩然之气"的论述完全是"学舌"，是"剽窃"，并且"在'配义与道'上露出了马脚"。这显然是步武郭沫若之说，且言之过激过勇，有人身攻击之嫌。依作者所言，《管子》四篇似应归入儒家而不是道家，似乎是一批儒家学者在稷下改造道家学说的产物。笔者认为，《管子》四篇无论从形式上还是从内容上看都是重要的道家著作，其所谓"伦理化"乃是因为受到了早期儒家的影响，充其量不过是一种倾向或色彩，远未达到改变其道家性质的程度。对此这里暂不细论，下文还将较多论及。

近年来，有李存山先生针对郭沫若的观点提出了相反的看法："与其说孟子袭取了告子和《管子》四篇的思想而有'浩然之气'的议论，毋宁说《管子》四篇受到了孟子人性本善和'浩然之气'说的影响，而与告子的思想发生了很大的分歧。"●李先生也提出了两条论据来支持他的观点：其一，孟子在说"气，体之充也"这句话时，把气与志区别开来，行文上前后联系，很是自然；而《心术下》却把"气者身之充也"和"意气定然后反正""充不美则心不得"连在一起，"就显得有点不伦不类，不太自然"。李先生还认为，孟子"气，体之充也"的"气"是"构成身体的物质材料"，而"浩然之气"则是"一种精神状态"，《管子》四篇的作者显然是把这两种不同性质的气"混在一起了"。其二，《内业》篇中精气"藏于胸中，谓之圣人""卒乎如在于己""卒乎乃在于心""不可止以力，而可安以德""正形摄德，天仁地义则淫然而自至"，这些话"似乎是搀杂了孟子'浩然之气''配义与道'和'万物皆备于我'的味道"。仔细想来，李存山先生的观点和论据也是值得商榷的。他的第二条论据实在难以证明一定是《内业》受到孟子的影响，反过来用来证明是《内业》影响

● 李存山：《〈内业〉等四篇的写作时间和作者》，载《管子学刊》1987年创刊号。

了孟子也未尝不可。关于第一条论据，在孟子那里，"气，体之充也"的气和"浩然之气"的气确实不是一回事，但前一个气是否如李先生所言，是"构成身体的物质材料"呢？《管子》四篇的作者是否受了孟子的影响而把两种不同性质的气混在一起，从而显得"不伦不类，不太自然"了呢？我认为大有商讨的必要。

《孟子》中"气"字凡十九见，可分为两类：一类是描述人达到某种道德境界时的精神状态，即"浩然之气"及与此有关的"夜气""平旦之气"；另一类是指能够充溢四体并为心志所控制的情感之气以及与此有关的勇气、气概之类的气，李存山先生所说的"构成身体的物质材料"即指这种"体之充也"之气。对于"气，体之充也"这句话，既不能抛开其与上下文的联系而孤立地分析它的含义，也不能单从字面上做望文生义式的理解，其含义究竟如何？我们只能把它放在原来的语言环境中，从孟子的有关论述中探求。《孟子·公孙丑上》载孟子在回答公孙丑的提问时谈到自己"四十不动心"，并顺着公孙丑的话题谈及自己的不动心与北宫黝、孟施舍的"养勇""守气"以及告子的不动心有什么不同。他不同意告子"不得于言勿求于心"的观点，但对告子"不得于心勿求于气"的观点表示赞同。为了说明何以"不得于心勿求于气"为可，他论述了气与志的关系，"夫志，气之帅也；气，体之充也"，同时又说气能"反动其心"，因而必须"持其志无暴其气"。"气，体之充也"，赵岐注曰"气，所以充满形体为喜怒也"，焦循《正义》亦曰"喜憎、利害、视听、屈伸，皆气也"，这些解释大体上都是准确的。孟子在这一大段论述中，连续十一次使用了"气"字，均指勇气、意气等情绪、情感，看不出有丝毫"构成身体的物质材料"的意思。此气倘若是指"构成身体的物质材料"，便会与心志无涉，怎能被心志所统帅，又怎能"暴"之而"反动其心"呢？因此可以说，孟子的气志之辨是在一般意义上讨论理性与情感的相互关系，至于万物（包括人的形体）是由什么构成的问题，在孟子的时代已有不少人在探讨，而孟子本人对这类问题却并无兴趣。《孟子·尽心上》载："孟子自范之齐，望见齐王之子，喟然叹曰：'居移气，养移体，大哉居乎！夫非尽人之子与？'"孟子感叹的是，正如奉养可以改变人的体质一样，环境、地位也可以改变人的"气"。此处之"气"指的是气概、气度，也属于前面所说的第二类"气"。此条可以作为孟子之"气"非指"构成身体的物质材料"的佐证。关于"气，体之充也"，我们可以做这样的理解：当人的情绪受到感染和激发时，会强烈地感受到一股气流在心中涌动，并迅速流遍全身，这是每个人都常有的一种体验，现代汉语中常用的"心潮澎湃""热血沸腾""气冲霄汉"等都是对这种体验的描述，其实质乃是一种以生理机制为基础的情绪或情感。孟子所谓"充体之气"大概同这种体验有关，但仍与"构成身体的物质材料"无涉。

李存山先生认为《管子》四篇的作者把孟子"气，体之充也"的气同"浩然之气"的气混在了一起。这话如果从《管子》四篇把物质性的气同道德精神之气混在一起来理解，是符合事实的，因为四篇对气的大量描述的确包含了这样两种性质。但如果说这是由于受了孟子人性本善和"浩然之气"说的影响而显得"不伦不类、不太自然"，则为笔者所不敢苟同。其一，依据李先生之意，四篇中气论的伦理色彩当是来自孟子，笔者则以为，与其说四篇受了孟子道德修养学说的影响而使其气论具有了伦理色彩，毋宁说孟子受到了四篇从气论的角度谈治心、修心的启发和影响，吸收并改造了四篇中具有伦理色彩的气论，把它纳入自己的心性学说中，从而提出了"养浩然之气"的著名理论。在《管子》中，气论的伦理色彩还仅仅是一种苗头或倾向，表明作者在此问题上还没有达到一种自觉的程度，这种苗头或倾向在孟子手里得到了强化，达到了一种高度自觉的程度。在孟子那里，气与道德修养的结合是相当明确而紧密的，《孟子》中关于气的所有议论都是从道德修养的角度来谈的，气论已经成为孟子心性学说的重要组成部分。孟子受《管子》四篇的启发和影响，以"气"言"心"言"性"，无异于为儒家的心性学说开辟了一片新天地。其二，《管子》的气论也并非"不伦不类，不太自然"。首先，李先生所举的"意气定然后反正""充不美则心不得"，是讲的"治心""修心"的工夫，能够"反正"而使心有所"得"，即是《管子》作者十分看重的"内得""中得"，这些都离不开"气者身之充也"这个前提。《心术上》云"心术者，无为而制窍者也"，正是由于有气之充溢四体，才有这套"制窍"的"心术"而达于"内得"之"业"。可见《管子》的这一思想是浑然一体、顺理成章的。其次，《管子》以"精气"来说明世界的统一性和自然万物的生成变化，比起老子用性质不明的"道"来做笼统的解释要前进了一步，此时的"精气"大体是物质性的。但作者的主要兴趣在于用"精气"来解释人的生命特别是精神现象，当古人循着从物质性的东西中寻找世界的本原和统一性这条道路摸索着前进时，对精神现象的解释就是一个无法回避的问题。由于古人尚不能正确地把握意识的本质，因而他们把精神解释为一种细微的、特殊的物质或作用，便是很自然的也是可以理解的了，可以说，这是哲学思维发展的必经之路。因此，《管子》中的"气"兼有两种不同性质，乃是精气论的基本特征，是不足为怪的。再次，在中国古代的思想学说中，智慧与道德、认识与修养这些本属不同领域的内容，常常是有意无意地纠缠在一起的。这一方面是由于认识水平的局限，另一方面也是中国古代学术思想的一大特点。不但以孔孟为代表的儒家学说是这样，而且与《管子》四篇同属道家的老庄也是这样。因而四篇在论述智慧与认识这些精神现象时，伴有道德修养的伦理色彩也就不足为怪了。

以上我们分析了李存山先生的论据，现在让我们再回到他的论点上，看看《管子》四篇是否受到了孟子人性本善和"浩然之气"说的影响。

《管子》四篇以其比较集中地阐述了精气理论而受到世人关注，因而也就具有了相对独立的意义。但作为齐学结晶的《管子》一书并非杂乱无章的拼凑，而是有其思想体系的，这一点学术界早有共识。因而我们在研究《管子》四篇时，既要看到其相对独立、自成一组的一面，又不应忘记其与全书思想体系的联系。而就《管子》全书来讲，在人性问题上恰恰是主张性恶而不是性善的，这一点后文还将详细论及。其次，《管子》四篇确有一定的伦理色彩，如讲仁、义、礼等，但讲仁义礼并不等于主张性善，墨子、告子、荀子等人哪个不讲仁义礼？又何尝主张性善呢？《管子》四篇，扩大一些也可以说《管子》全书中所受的儒家影响并非来自孟子，而是来自孔子，这一点后面也将详论。从这两方面来看，说《管子》四篇受到了孟子性善论的影响恐不合适。

气论萌发于春秋，到了战国方始蔚为大观，孟子的气论有明显的战国特色。气论显然不是儒家的创造，从儒家学说的承续发展来看，如果撇开了与同时代别家学说的联系，孟子的气论就会大有突兀之感，因此说它吸取了其他学派的成果是比较合适的。而齐国恰恰具备气论产生与发展所适宜的文化土壤，对此下文亦有详论。气论正是在齐地获得了长足的发展，这种发展的集中表现就是《管子》四篇的精气论。《管子》四篇的精气论主要讨论精气同人的生命特别是精神现象的关系，探讨如何才能获得精气而有智慧，特别是如何才能在保有精气的基础上使之不断积聚而成为有大智慧的圣人。"浩然和平，以为气渊"所描述的正是精气积聚到理想程度所表现出来的境界和状态，因而显然是精气论中应有之义和不可缺少的重要内容。说它是受了孟子"浩然之气"的影响是不合适的，毋宁说是它影响了孟子更为妥当。

（二）《管子》心气论的伦理色彩与文化渊源

1. 对孟、管二书的宏观考察

《管子》气论的伦理色彩既然不是来自孟子，那它又是从何而来的呢？笔者认为，它是齐、鲁文化长期交融的结果。齐、鲁自西周始就是东方两个大国，在文化上既有明显的差异又有广泛的交流。鲁文化最终孕育了儒家学说，齐文化则以《管子》为集中代表。《管子》一书，学术界一致认为非一人一时所作，其创作完成虽是在稷下时期，但其反映的部分内容却可以上溯到管仲本人。我们有理由相信，自管仲身后，就不断有推崇管仲的齐人在进行着追记管仲佚事、收集管仲遗说、阐发管仲思想的工作。齐鲁两国为近邻，齐文化又以开放性和多元性见长，我们很难想象以伦理道德修养为重要内容的儒家学说能不为不断吸收外来思想而逐步扩充的《管子》一书所吸取，而这种影响和吸取完全可能是在孟子游齐之前就发生了的。

如果从宏观上对《孟子》和《管子》二书进行整体性的考察，便可看到这两种学说的基本倾向或基本精神是明显不同的。我们可以以孟子学说的两个最主要的内容——性善论和仁政论为例进行分析论证。

性善论是孟子全部学说的基石，认为人先天就具有仁义礼智等道德观念，因而人性本善。从这种性善论出发，孟子激烈地反对言"利"，认为是危邦乱国之道。关于人的本性是善还是恶，《管子》虽没有直接回答，但却大讲"凡人之情"。《禁藏》篇云："凡人之情，得所欲则乐，逢所恶则忧，此贵贱之所同也。"又云："凡人之情，见利莫能勿就，见害莫能勿避。"《侈靡》篇亦云："百姓无宝，以利为首，一上一下，唯利所处。"《形势解》亦云："民之从利也，如水之走下。"走下是水之性，从利也就是人之性，所谓"凡人之情""贵贱之所同"，也就是指共同的人性，这种共同的人性就是"趋利避害""唯利所处"。根据这样的认识，《管子》的作者主张顺应人的这种本性。《枢言》篇云"彼欲利我利之，人谓我仁"，顺应这种本性便符合"仁"的标准，这是对"利"做了道德上的肯定。可以说，《管子》的人性理论实质上是一种性恶论或性私论，它否认先天的善性，同孟子的性善论正好是对立的，说它受了孟子性善论的影响是不妥当的。

孟子将性善论推衍于社会政治，提出了仁政说。他说："有不忍人之心，斯有不忍人之政。"（《孟子·公孙丑上》）强调运用道德教化的手段使人自觉遵守社会的各种规章秩序。《管子》则是基于对人皆好利恶害的本性的认识，主张为政要建立在物质利益的基础上，从而提出了法治的主张。《形势解》指出："人主之所以令则行，禁则止者，必令于民之所好，而禁于民之所恶也。"《明法解》说："明主之道，立民所欲以求其功……立民所恶以禁其邪。"《禁藏》也说："居民于其所乐，事之于其所利，赏之于其所善，罚之于其所恶。"《枢言》甚至说："人故相憎也，人心之悍，故为之法。"这就是说，要围绕着物质利益这个轴心，因势利导地运用刑赏二柄来赏善罚恶、劝善禁邪。通观《管子》，我们可以十分清晰地感受到贯穿于全书的浓郁的法家气息，法家思想是《管子》的主流思想。可见《管子》与孟子不同，它强调运用法治这种强制性的外在力量迫使人们不得不遵守社会的各种法规。

由上论可见，孟子学说的主要内容就其基本精神来说是同《管子》格格不入的，从这个意义上来说，《管子》中看不出受孟子学说影响的迹象。

2.《管子》气论的伦理色彩来自以孔子为代表的早期儒家

与孟子的情况不同，孔子的思想同《管子》相比则表现出较多的一致性。孔子提出的一系列伦理道德规范，如礼、义、廉、耻、仁、德、恕、诚、忠、信、恭、敬、孝、悌、慈、惠等，《管子》几乎都接受了。《管子·立政九败解》中罗列了九种不利于治国的学说，称为"九败"，涉及墨家、道家等好几个学派，却没有儒家，这表明在主张礼法并用的《管子》作者们心目中，早期儒家的主张同自己的主张并不矛盾，是可以吸收利用的。孔子的学说以维护"礼"为宗旨，这一点可谓与《管子》不谋而合，《管子》把礼视为"国之四维"之首，并进一步为礼找到了充分的根据，把礼的制定说成是则天之道、因人之情的必然结果。

孔子的学说不仅从宏观上看同《管子》可以相容，从微观上看也明显地表现出对《管子》的渗透。如儒家主张爱有差等、爱由亲始，而亲亲之情莫过于父母兄弟，故有子曰："孝悌也者，其为仁之本与！"（《论语·学而》）《管子·戒》亦曰"孝悌者，仁之祖也"，同孔子一样，也把孝悌作为仁的出发点。孔子特别重视君臣、父子之名分，视之为最基本的等级秩序，因此他主张"君君、臣臣、父父、子子"（《论语·颜渊》），认为君要像个君的样子，臣要像个臣的样子。《管子·形势》也说："君不君则臣不臣，父不父则子不子。上失其位则下逾其节。"进一步强调了君、父在伦常关系中的主导地位，这是对孔子思想的继承和发挥。《论语·尧曰》讲"兴灭国、继绝世、举逸民"，《管子·中匡》也讲"存亡国、继绝世、起诸孤"。《论语》讲"己所不欲，勿施于人"（《颜渊》《卫灵公》），《管子·小问》也讲"非其所欲，勿施于人"。

以上材料表明，《管子》对于孔子的学说，不仅在思想上吸取，而且在文辞上袭用，其受孔子学说的影响是显而易见的。由此我们认为，与其说《管子》受到了孟子的影响，毋宁说是受到了孔子的影响，这样更符合事实。由于这种影响，《管子》的气论也就难免要带有儒家的伦理色彩了。

3.《管子》心气论的文化渊源

以上我们考察了《管子》气论的伦理色彩同儒家孔、孟的关系，现在我们要说，气论本身正是由于《管子》的发展才获得了完整的理论形态。

气论是春秋时期崛起的一种思潮，在《左传》《国语》《论语》等春秋时期的典籍中都有关于气的零星材料，如"血气""勇气"等，并可看到将心同气联系起来考察它们的相互关系的迹象。❶到了战国时期，气论获得了长足的发展，虽然在属于楚文化系统的老、庄、屈原的著作中，有关气的思想都有一定的表述，但真正把气论系统化并使之获得了完整的理论形态的，乃是东方滨海的齐人，具体来说主要就是《管子》中的《内业》等四篇。气论为什么和齐人结下了不解之缘呢？这显然同齐人注重养生的文化传统有关，而齐人之注重养生，又同他们相信神仙世界的存在和渴望长寿永生的文化背景有密切的关系。齐国濒临大海，海上常有蜃景出现，因而盛行"东海仙境"和海中有"不死之药"的传说。这些传说刺激了齐人渴求长生的强烈愿望，据《史记·封禅书》记载，齐威王、宣王都曾派人入海寻求蓬莱、方丈、瀛洲三神山。与这种迷信思想相伴随的是各种方术的盛行，在这些方术中也有一些科学的内容，如包含着吐纳、导引等行气之法的养生术就是如此。齐人从很早的时候起就把心和气联系起来考虑，把行气、治气视为养心、养生的重要手段。在现存的出土文物中，有一个玉制的剑珌，是现存唯一的一件与先秦气论思想有关的物证，❷据陈梦家先生考定，此器为战国初期的齐器。其铭文讲的是"行氕"（陈梦家认为"行氕"即"行氣"）与生命、智慧、精神的关系，通过对气的吸纳、治养和积聚，"就可

---

❶ 参看李存山《中国气论探源与发微》第二章，中国社会科学出版社1990年版。

❷ "行氕玉秘铭"，见罗振玉编《三代吉金文存》卷二十·四九。

以心神明、身定固、扩充自己"，❶以至于与天地相配。它代表着齐人传统的行气养生思想，《内业》等四篇的作者循此路数继续发展，并将这种齐人固有的气论同当时流行于齐国的老子的道论结合起来，终于创造出具有浓郁的齐学特色的精气论，最终将气论发展成一个完备的理论体系。由此也可见，目前学术界有不少人把《管子》四篇看作是养生学专论，这种看法是有一定根据的。

在中国古人眼中，个人、社会和整个宇宙乃是一个统一的有机整体，因而他们提出的每一种理论体系都被认为是在这几大领域中普遍适用的，气论当然也是如此。当齐人用他们通过养生术发展起来的气论来解释世界的本原和万物的生成以及人的生命和精神现象时，便受到业已在齐国流行的老子道论的启发与影响，推出了独创的精气学说。而当齐人试图用气论来说明人应当怎样处理同他人乃至整个社会的关系时，由于受到了渗透于齐人思想文化中的早期儒家思想的影响，便使得这种气论不可避免地带有了儒家的伦理色彩。如："大心而敢，宽气而广，其形安而不移，能守一而弃万苛，见利不诱，见害不惧，宽舒而仁，独乐其身，是谓云气，意行似天。"（《管子·内业》）"正形摄德，天仁地义则淫然而自至。"（同上）"凡民之生也，必以正平。所以失之者，必以喜乐哀怒。节怒莫若乐，节乐莫若礼，守礼莫若敬。外敬而内静者，必反其性。"（《管子·心术下》）这些表述已同儒家的口吻差不多了。这些闪烁于《管子》气论中的儒家影响是十分重要的，它是道家气论同儒家学说相结合的初步尝试，正是它给了孟子以启示，于是才有了儒家学说对气论的引进和利用，才有了儒家的心

---

❶ 说见小野泽精一等著《气的思想》，上海人民出版社1990年版。

气论，才有了儒家心性学说的长足发展。

（三）孟子对《管子》心气论的引进、改造和利用

《论语》中"心""气"均只出现了六次，都是在一般意义上使用的，尚未上升为独立的哲学范畴，更没有将二者联系起来的迹象。而在孔学的正宗传人孟子的书中，心、气两字却大量出现，成为孟子学说中举足轻重的范畴，并围绕着心、气、性及其相互关系构建了一个严密、完整而深邃的心性论体系。很明显，孟子的心气论不是上承孔子，而是受了同时代别家学说的影响。与孟子同时代的《庄子》《管子》中都有丰富的心气理论。孟子久居齐国，受到齐地学术代表《管子》一书的影响是很自然的事。在内容博大宏富的《管子》中，《内业》等四篇的心气论较多地影响了孟子，启发了他以气言心言性。也可以说，是孟子引进了四篇的心气论，成功地对之进行了儒学化的改造。下面我们就来具体地看看孟子是如何对《管子》的心气论进行引进、改造和利用的。

1. "浩然之气"与《管子》的心气论

孟子对《管子》心气论的引进和改造利用，突出地表现在他的"浩然之气"的提出上。孟子曰"我善养吾浩然之气"，《内业》则云："内藏以为泉原，浩然和平，以为气渊"。笔者认为，孟子是把《内业》"浩然和平，以为气渊"的提法引进了他的心性论中，从而提出了"浩然之气"的概念。让我们从两家立论的基础——性善论和精气论说起。

精气论是《管子》四篇的独创，作者的兴趣主要在于讨论人的生命特别是精神现象；孟子的性善论则在于阐发人心中固有

的善性——也称为"本心"——及其社会实践意义。两者的内容虽然不同，但它们在阐发各自关心的问题时所表现出来的思路或套路却极为相似，所要达到的最终效果也颇为一致，我们不妨进行一番对照：

孟子认为，人心中先天就具有各种善性，他说："仁义礼智，非由外铄我也，我固有之也"（《孟子·告子上》），"君子所性，仁义礼智根于心"（《孟子·尽心上》）。他把这些心中本有的善性称为"良知""良能"，把具有"良知""良能"的心称为"良心"或"本心"。《管子》也有类似的看法，如《内业》说：道（精气）"卒乎乃在于心""淫淫乎与我俱生"；《心术上》也说：道（精气）"与人并处""虚之与人也无间"；《内业》还说："凡心之形，自充自盈，自生自成"。都是说的道（精气）乃是人心中所本有。

孟子认为，善性虽为人心所本有，但并不很牢固，在外界不良影响的作用下还会迷失，他称之为"陷溺其心""放失良心"或"失其本心"，简称为"放心"。《内业》也认为，精气（道）虽为人心所本有，心虽"自充自盈"、自我完满，但由于"人不能固"而"其往不复，其来不舍"，并进一步认为："其所以失之，必以忧乐喜怒欲利"，是外界不良影响所引发的各种欲望和情绪使精气迷失。

孟子认为，"放心"固然可悲，但更可悲的是"有放心而不知求"（《孟子·告子上》），因而要像把走失的鸡犬再寻回来一样，把放失的良心再找回来，使人心恢复善性，这叫作"求放心"。无独有偶，《管子》也有相同的认识和方法。《内业》认为，既然知道精气走失的原因，也就知道了使精气失而复得的方法："能去忧乐喜怒欲利，心乃反济"。《心术下》亦云："外敬而内静者，必反其性"。"外敬而内静"也就是去除忧乐喜怒欲利等欲望和情绪，这样就能"反济""反其性"，即恢复心本来的充盈状态，使精气失而复得。

在孟子看来，"求放心"的方法实际上是对人在道德实践中的失误的一种补救措施，而要进行道德修养就不能听任本心放失而再行补救。与其放而再求，不如采取更为积极主动的方法来防止本心的放失，这种方法便是"存心"，即保持和把守心中原有的善性。孟子把能否"存心"看作是君子与常人的重要区别，他说："君子所以异于人者，以其存心也"(《孟子·离娄下》)，"非独贤者有是心也，人皆有之，贤者能勿丧耳"(《孟子·告子上》)。孟子这种"存心"的工夫，同《管子》所言"修心""治心"在方法论上是一致的。修心、治心的目的是积聚精气，而要积聚精气，第一步便是守住它不要让它丧失，故而《内业》提出"敬守勿失""守善勿舍""得之而勿舍"，力图以此来留住精气，让它"藏于胸中"，为积聚成"浩然和平"的状态打下基础。

《管子》把心看作是精气存留的馆舍，并把"欲"看作是心中的不洁之物，心中不洁，精气就不肯入舍，必须把"欲"清除，将心舍打扫干净，精气方能存留。"欲"在《内业》等篇中泛指私欲及其引起的各种情绪。《内业》云："忧悲喜怒，道乃无处"，"敬除其舍，精将自来"。《心术上》亦云："虚其欲，神将入舍，扫除不洁，神不留处"，"洁其宫，开其门，去私毋言，神明若存"，"馆不辟除，则贵人不舍"。不过《内业》又云："节其五欲，去其二凶，不喜不怒，平正擅匈"；《心术上》亦云："恶不失其理，欲不过其情，故曰君子"。可见《管子》并不是要将"欲"彻底否定，而是主张对其进行合理的节制，使之"不过其情"，这实际上是一种"寡欲"的主张。孟子也主张寡欲，并把它看作是养心的最好方法。他说："养心莫善于寡欲。其为人也寡欲，虽有不存焉者寡矣；其为人也多欲，虽有存焉者寡矣。"（《孟子·尽心下》）这里所谓"存"即指"存心"，在孟子看来，欲之多寡与心之存亡是成反比的，运用理智的力量克服外物的引诱，把欲节制在不能危害心中善性的程度，便能"存"住心中的善性，这是最有效的"养心"手段。

孟子十分重视在"存心""养心"的基础上使心中的善性尽量扩充，他说："凡有四端于我者，皆知扩而充之矣，若火之始然、泉之始达。苟能充之，足以保四海。"（《孟子·公孙丑上》）扩充的具体方法有"集义""直养""善养"等，通过这些道德实践的方法，积聚、培养心中的善性，把思想道德修养提升到最完美的境界。此一过程是孟子心性学说的第一要义，即"尽心"，尽心便可"知性"，知性便是"知天"。心中善性扩充至此，则可"上下与天地同流"（《孟子·尽心上》），"塞于天地之间"（《孟子·公孙丑上》），达到"万物皆备于我"（《孟子·尽心上》）的圣人境界。至此，"浩然之气"便养成了。《管子》也很重视精气的积聚和扩充，《内业》云"是故此气也，不可止以力，而可安以德"，德者得也，指心中业已得到的精气，不能用强力使精气止于心中，却可以用心中已有的精气使它安顿下来。《白心》亦云"同则相从，反则相距"，原有精气越多，越有利于吸收外面的精气，这样便可以"日新其德"，使心中的精气与日俱新，积少成多。《内业》又云"敬发其充，是谓内得"，《心术下》亦云"充不美则心不得"，使精气扩充到完美的程度，便可达到"内得"的圣人境界。《内业》描述此境界的圣人"抟气如神，万物备存""万物毕得"，可以"遍知天下，穷于四极"。《内业》对此境界还有一段概括性的描述：
"内藏以为泉原，浩然和平，以为气渊。渊之不涸，四体乃固；泉
之不竭，九窍遂通。乃能穷天地，被四海。""内藏"，《心术下》
作"内聚"，即指通过积聚、扩充的功夫，使精气蔚为"浩然"的
"气渊"，达到与天地万物为一的圣人境界。从以上对照中可见，孟
子和《管子》所要达到的最高境界是一致的，不过孟子是通过
道德修养、扩充善性的途径达到的，《管子》则是通过治气养生、
积聚精气的途径达到的，可谓同工而异曲，同归而殊途。

通过以上对孟子存心养心扩充善性的理论和《管子》四篇
修心治心积聚精气的理论的层层对比，我们看到二者之间从思
路、方法到目标都是如此的相似，以至孟子可以毫不费力地把
《管子》的"浩然和平，以为气渊"引进自己的思想体系，毫不
勉强地使之与自己的性善论结合，从容自如地使其"配义与
道"，水到渠成般地提出了"浩然之气"的概念。"浩然之气"由
于"配义与道"而表现出来的特征是儒家的"刚"与"直"，取
代了《管子》"浩然和平，以为气渊"的"和平"的道家特色，强
烈地凸显了儒家的性格。"浩然之气"所描述的是人的修养达到
最高境界时所具有的精神状态和内在的道德力量，它展现了孟子
强烈的道德自信心和高度的道德自觉，把儒家的境界观推到了最
高点。从孟子"浩然之气"概念的提出，我们可以看到道家学说
对于别家学说具有一种极强的渗透力，由此也可洞见道家思想在
中国传统哲学中的地位。"浩然之气"概念的提出，标志着孟子
对稷下道家心气理论的吸取和改造的完成，也标志着儒家心气论
的建立。

2. "存夜气"与《管子》的心气论

孟子对《管子》心气论的引进、改造和利用还表现在他的"存夜气"思想的提出上。

《内业》指出："敬除其舍，精将自来。精想思之，宁念治之，严容畏敬，精将自定。"这里作者把精气之"来"与"定"做了区分，意思很明白：吸引精气是一种工夫，保住精气又是一种工夫。将心中打扫得干净，精气便可入舍，但这并不意味着能把精气留住，如果不能很好地"修心""治心"，调整好心态、心境，仔细地保有这些精气，精气还会搬出这个馆舍。必须使心保持正、静、平、宁、安、敬的状态，即不受任何外界干扰的本然状态，才能使精气定于心中而不致得而复失。《内业》对心的这种本然状态极为重视，进行了大量的论述，如："能正能静，然后能定。安心在中，耳目聪明，四枝坚固，可以为精舍"，"彼道自来，可藉与谋，静则得之，躁则失之"，"修心静意，道乃可得"，"内静外敬，能反其性，性将大定"，"彼心之情，利安以宁，勿烦勿乱，和乃自成"，"中守不忒，不以物乱官，不以官乱心，是谓中得"。要之，宁息心中各种杂念，使心不受任何外来的干扰，保持平正宁静、严谨敬慎的心态，这样才能保定精气，是之谓"中得"。

《内业》关于如何保持心的本然状态以保守精气的思想显然影响了孟子。孟子将此思想作为心气论的一项重要内容引进了自己的心性学说中，提出了朱熹所谓"于学者极有力，宜熟玩而深省之"（朱熹《孟子集注》卷十一）的存"夜气"之说。"夜气"又称"平旦之气"（《孟子·告子上》），指黎明前夕人的心境。日间的纷扰经夜间的睡眠至此时业已消除，又"平旦未与物接"（朱熹语），故心境最为平正宁静，最接近于心的本然状态，最易于体认心中的良知。有见于此，孟子提出"存夜气"之说，即是要使心经常保持在黎明前夕那样的平静的本然状态，通过这种方法来存守心中的善性。孟子设喻说，人心中的善性日夜有所息长，无奈被其旦昼之所为"牿亡"，好比牛山之木，虽有息长，怎堪日以斧斤伐之、牛羊牧之，岂能为美乎？只有"存夜气"，经常保持心的本然状态，不使外物干扰纷乱本心，方能存守心中的善性不致放失。在此基础上，再以日夜所息长之善性养之，"苟得其养，无物不长"，何愁不能扩而充之？

通过以上比照分析，可见孟子的"存夜气"之说是吸取了《管子》的有关理论成果，借用了气论的形式，表达了道德修养的内容，将《管子》的有关理论在儒家思想体系之炉中进行了熔冶改铸，使之儒学化。

3. "气志之辨"与《管子》的心气论

孟子对《管子》心气论的引进、改造和利用还表现在他的"气志之辨"的提出上。

《管子》四篇所言之气，大多数是精气、道的代名词，但也有少数例外，如《心术下》所谓"意气定然后反正。气者身之充也"。《内业》所谓"心静气理，道乃可止""四体既正，血气既静，一意搏（'抟'之误，专也）心，耳目不淫，虽远若近"等。此处之"气""意气""血气"乃是指与"心"相对的情绪或情感。在此种气与心的关系上，《管子》主张气服从于心，强调心对气的控制作用。"心静气理"是说，心静下来，气才能理，心静在先，气理随后。"四体既正，血气既静，一意专心"，这里实际上也有一个先后主次的问题：唯有"一意专心"，血气才能静，四体才能正；发挥心的理性作用，才能使情绪平静下来。这些论述当是对实际生活中亲身体验的经验性总结。《内业》主张"去其二凶，不喜不怒，平正擅匈"，"二凶"就是喜与怒，能够去除二凶的主体当然只能是"心"，发挥心的理性作用，既不过于喜，也不过于怒，这体现了心对情绪（即"气"）的主导和支配作用。特别值得一提的是，《管子》还认识到心与气的关系是双向的、相互的，气虽受心的支配，但也不是完全被动的，也能够反作用于心，四篇中不断出现的"反济""反正""反中""反于道德""反其性"等提法，就表达了作者对心与气的对立统一关系的认识。

《管子》对心气关系的辩证认识显然影响了孟子，孟子在引进《管子》的心气论时，也把这种认识纳入了自己的心性学说中，提出了"持志"作为心之存养的一种方法。《孟子·公孙丑上》曰："夫志，气之帅也；气，体之充也。"此处之"志"即心志、意志或理性，"气"乃上承孟施舍之"养勇""守气"和告子的"不得于心，勿求于气"，指勇气、意气等情绪或情感。"志，气之帅也"，形象地表述了心志对气的主导和控制作用。赵岐注曰"志帅气而行，度其可否也"，准确地揭示了孟子此说的含义和用意。在孟子看来，告子主张"不得于言勿求于心"之所以错误，正是由于他"未尝知义"，主张"仁内义外"，不知道判断是非可否的标准——"义"乃是人心中固有，因而他不知反省内求，不能于内心中求得是非可否的判断来指导自己的行动，这正表明了他不懂得持志之道，不懂得"志至焉，气次焉"，志主气从、气随志行的道理。同时，孟子由于受《管子》的影响，又看到了志、气关系还有另一个方面——"气一则动志"，气也可"反动其心"，从而提出了"持其志，无暴其气"的主张。"暴其气"就是专逞意气、滥用情感、妄为喜怒，这将反过来动摇心志。"持其志，无暴其气"就是发挥心志、理性对意志、情感的主导和控制作用，防止意气用事、喜怒失度，使自己的行动永远符合理性和道德的标准。由此可见，孟子的气志之辨完全吸收了《管子》关于心气辩证关系的认识成果，使之儒学化后纳入了自己的心性学说体系中。这是孟子对《管子》心气论进行儒学化的改造的又一成功事例。

综上所论，孟子对《管子》的心气论进行了全面的吸取和改造。孟子的心气论包含三方面的内容，一是"养浩然之气"，二是"存夜气"，三是"气志之辨"，这三方面中都明显地渗透着《管子》的影响。可以说，如果没有孟子对《管子》心气论的吸取和儒学化改造，儒家的心性学说便不会如此丰满而富有哲理性。孟子由于对《管子》心气论的消化吸收而以气言心言性，从而大大丰富了儒家的心性学说，心气论遂成为儒家心性学说的重要内容。

通过详细的对比，我们清楚地看到了孟、管两家在阐述各自关心的问题时所表现出来的许多相通相似之处，特别是他们的思路更为相似。正是由于这些相通相似之处的存在，才使得孟子对《管子》心气论的吸收和儒学化的改造得以顺利进行，也正是由于对这些相通相似之处的不同理解，才有了目前学术界的不同意见。由此也使我们联想到另一个问题，那就是孟、管两家何以存在着如此之多的相通相似之处呢？笔者的初步看法是，我们既不能视之为偶合，也不能简单地说成是一家对另一家的"学舌"或"剽窃"，而应当承认它们都是独立提出的。相通相似之处表明两家关心的问题存在着某种一致性，遵循着相同的逻辑规律。两家一个是探讨道德修养，一个是探讨身心修养，在"心"这个交汇点上取得了共识，在一定意义上说，两家探讨的是同一运动过程，其相通和相似正表明了他们各自从自己的角度独立地揭示了该运动过程的内在规律。这就使得此两种分属不同学派的理论具备了吸收结合的可能，而孟子游齐并接触齐学，便使得这种可能变成了现实。

第八章 "宋尹学派"与稷下学

一、"宋尹学派"献疑

（一）《管子·心术》等篇非宋、尹遗著

郭沫若于 40 年代提出了一个著名的观点，以为《管子》中的《心术》上下、《内业》《白心》和《枢言》是宋钘、尹文的遗著。❶这一观点影响很大，建国以来有关中国哲学史和思想史的不少专著和教材都把这几篇当作"宋尹学派"的代表作品，便是受此观点影响。近年来不少学者对此观点提出了质疑。笔者亦认为郭沫若的观点难以成立，他的许多论据经不起推敲。郭沫若这一观点，是将《庄子·天下》篇对宋、尹学术的评论同《心术》等篇（主要是《心术上》）进行对比研究得出的。且让我们对郭沫若的对比研究进行一番分析与检讨。

《天下》篇言宋、尹"不累于俗，不饰于物，不苟于人，不

---

❶ 见郭沫若《青铜时代》中《宋钘尹文遗著考》一文，载《郭沫若全集》历史编第一卷，人民出版社 1982 年版。刘节曾略先于郭沫若，于《管子中所见之宋钘一派学说》中提出相同观点，但似乎影响不大。刘节之说见《古史考存》，人民出版社 1958 年版，第 238—258 页。

忮于众，愿天下之安宁以活民命，人我之养毕足而止，以此白心"。郭沫若抓住了"白心"二字，他说："可知'白心'是这一派的术语，而《白心》篇的内容也大抵都是不累不饰不苟不忮的这一些主张。"其实，从语法上来看，"以此白心"之"白"是做动词用的，意为表白，"以此白心"即以上面的这些主张表白自己的心迹，因而说它是这一派的术语是不妥当的。而《白心》篇之"白"乃形容词，"白心"即心之"去辩与巧""以静为宗"的本然状态。《天下》所谓不累、不饰、不苟、不忮是指自我如何处理同世俗的人与物的关系，讲的是处世的态度和方法，从《白心》篇中是看不出此意的，郭说过于牵强。

《天下》言宋、尹"语心之容，命之曰心之行"，郭沫若认为"心之行"其实就是"心术"。按《天下》所谓"容"，结合上下文义来看，乃"宽容"之义，即"不为苟察""不苟于人"，《韩非子·显学》所谓"宋荣之宽""宋荣之恕"可证其义。心之"行"即心之"形"，亦即心之"情"，是说宽容、宽恕乃是心的本来之性《心术》等篇也讲"心之形""心之情"，但却是指的心之"自充自盈、自生自成""利安与宁、勿烦勿乱"，不受外物和情欲干扰的本然状态。《天下》所论"心之容"是为了"天下之安宁""救民之斗"，《心术》等所论则是使心成为"精舍"的得道之术，两者可谓相去甚远。

郭沫若还认为《心术上》中"虚其欲"的理论便是宋、尹"情欲寡之以为主"的理论，这又是一个误解。《天下》所言"情欲寡"乃是"情欲固寡"，是说人的本性是欲寡而不欲多，本来要求就不高，所以，"五升之饭足矣"。《荀子·正论》引宋钘的话说"人之情，欲寡，而皆以己之情为欲多，是过也"，正表明宋子的情欲寡是一种独特的理论。诸子中讲寡欲的不少，都是讲的节制情欲，只有宋钘认为人的本性原本就要求不高，只要满足正常的生理需要就行了，因而无须节制情欲。《心术》等篇同诸子一样，也反对宋钘的主张，认为人皆有好利之心。《心术上》曰"人之可杀，以其恶死也；其可不利，以其好利也"，《枢言》也说"日损之而患多者，惟欲"，由于患其欲多，故主张"少欲""节欲"，使"欲不过其情"。《吕氏春秋·情欲》说"天生人而使有贪有欲。欲有情，情有节，圣人修节以止欲，故不过行其情也"，正是对这种观点的最好注解。这里还应指出的是，宋钘所谓"欲"的含义与《心术》等是不同的。前者之欲是指物欲，即维持生命的物质需要，如"人我之养""五升之饭"之属，《庄子》评论"其自为太少"，所指正是这种物质欲求。而《心术》等所谓欲主要是指精神性的意念、情绪、情感等，具体来说就是喜怒、好恶、智巧等。其所谓"去欲"是指排除这些心理干扰，使心达到"无藏""虚素"的状态，目的是"洁其宫"，使心成为精气驻留之舍而得道。故《心术上》云"洁之者，去好过（恶）也"，《内业》云"忧悲喜怒，道乃不处"。这同宋钘以"救民之斗""救世之战""愿天下之安宁以活民命"为目的的"情欲固寡"说相去甚远，并无相通之处。

郭沫若引《心术上》"是以君子不怵乎好，不迫乎恶，恬愉无为，去智与故。其应也非所设也，其动也非所取也"，认为这是宋、尹"见侮不辱"的理论。其实这里所说的，是君子不为"好利"所利诱，不为"恶死"所胁迫，要无为无知，因应事物的自然变化。所以下文紧接着便说："是故有道之君子，其处也若无知，其应也若偶之，静因之道也。"后面的传文对此还有进一步的阐发，如"恶不失其理，欲不过其情""舍己而以物为法"等。这里作者明明讲的是道家的一个基本原则——静因之道，稷下持此态度者甚多，同"见侮不辱"可以说是不搭界，怎能在二者之间画等号呢？

《内业》云："食莫若无饱，思莫若勿致，节适之齐，彼将自至。"郭沫若说这正是"人我之养毕足而止"的基本理论，食无求饱，故"五升之饭足矣"。这显然是只看到二者字面上的相似，而没能区分它们旨意上的不同。这里需要注意的是"彼将自至"四字。根据上下文义和《内业》全文的宗旨来看，"彼"字是指"精"或"精气"，"彼将自至"即文中所谓"精将自至""精将至定"，故下文又云："凡食之道，大充，伤而形不臧，大摄，骨枯而血沍。充摄之间，此谓和成，精之所舍，而知之所生。饥饱之失度，乃为之图。"这里讲的显然是养生得道之术，"大充"和"大摄"都是"饥饱之失度"，会对身体造成损害，使精气不能入舍。故《内业》认为"凡食之道"，要"居于充摄之间"，使身体处于"和成"的状态，方能使精气入舍而产生智慧。而《天下》所论绝不是为了养生，乃是指人性本不欲多，只要满足"人我之养"即可，无须再多求，即便是饿着肚子也仍然"不忘天下"，倘使人人皆能如此，天下何患不足？可见两家所论仅是字面上相似，而旨意却是风马牛不相及。

由以上分析可见，郭沫若将《天下》与《心术》等联系起来的几点均只是字面上的相似，实质上却可以说是没有什么联系。因而说《心术》等篇是宋、尹遗著未免过于牵强。

将《天下》篇与《心术》等篇进行对比，我们还可以看到，除郭沫若提到的几点外，双方各有一些主张为对方所无甚至为对方所反对。如前者"作为华山之冠以自表",主张平等,后者却大讲"登降揖让,贵贱有等,亲疏之体"(《管子·心术上》)。前者主张"禁攻寝兵,救世之战",后者却不反对战争。如《枢言》云"霸主积于将战士",并把"人众兵强"作为努力的目标;《白心》亦云"兵之胜从于适(敌)",主张因敌制胜,又云"兵不义不可"。"义兵"的主张在先秦古籍中是常见的,如《黄帝四经·十大经》云"世兵道三:有为利者,有为义者,有行忿者",义兵是作者所肯定的,故《称》又云"不埶偃兵";《吕氏春秋·荡兵》亦云"古圣王有义兵而无有偃兵"。这些都是与"禁攻寝兵"的主张相对立的。特别应该指出的是,精气论是《心术》等篇讨论的核心问题,若此几篇为"宋尹遗著",为何精气论在《天下》篇中毫无涉及?有关宋钘、尹文的其他材料中为何也不见精气论的踪影?《心术》等篇以其深奥的精气理论著称于世,为古代文献中所罕见,郭沫若自己也说,这几篇"文极奥衍,与《道德经》无殊"。如此高深玄妙的《心术》等篇若果为"宋尹遗著",班固又怎能将《宋子》一书归入"街谈巷语,道听涂说者之所造""闾里小知者之所及"(《汉书·艺文志》)的小说家?

(二)"宋尹学派"献疑

"宋尹学派"之称始于郭沫若,他根据《庄子·天下》的材料把宋钘与尹文、田骈与慎到、环渊与老聃称为"稷下道家三派",❶并在《宋钘尹文遗著考》一文中提出了《管子》中《心术》等篇为"宋尹遗著"的观点。《宋子》久佚,今本《尹文子》

---

❶ 见郭沫若《十批判书》中《稷下黄老学派的批判》一文,载《郭沫若全集》历史编第二卷,人民出版社1982年版。

又被郭沫若认定为伪书，于是他所"发现"的"宋尹遗著"便成了"宋尹学派"存在的主要证据。郭沫若认为《心术》等篇"毫无疑问是宋钘、尹文一派的遗著"，并以兴奋的心情写道："就这样，我感觉着我是把先秦诸子中一个重要的学派发现了。有了这一发现，就好像重新找到了一节脱了节的连环扣一样。"这一观点公布于世之后，在学术界产生了很大的影响，不久便为多数人所接受，"宋尹学派"也随之成为学术研究中的一个既成事实，并被写入建国以来许多相关的专著和教材中，而用来论证这一学派思想的史料却只有《管子》中的《心术》等篇。近些年来，郭沫若的这一"发现"被越来越多的人所怀疑和否定。但是，人们只是怀疑和否定郭沫若关于《心术》等篇为宋尹学派遗著的观点，而没有人进一步对"宋尹学派"这一提法进行思考，"宋尹学派"的存在作为一个既成的事实仍被人们所普遍接受，并成为学术研究的一个已知前提。笔者认为，既然用以证明"宋尹学派"思想的材料只是《心术》等篇，那么，在推翻了《心术》等为"宋尹遗著"的观点后，就应该对"宋尹学派"这一提法进行反思，看看是否真的存在这样一个学派。于是，笔者在这里提出一个大胆的观点：先秦学术史上并不存在一个"宋尹学派"，所谓"宋尹学派"只是肇始于郭沫若的一个误解。下面试对此观点进行一些初步的论证。

宋、尹之联称，见《庄子·天下》："古之道术有在于是者，宋钘、尹文闻其风而悦之。"然而先秦古籍中以宋、尹联称仅此一例，《荀子·非十二子》《韩非子·显学》论诸家学术，宋、尹均不相涉；《史记》不载宋、尹事迹；刘向虽云尹文"与宋钘俱游稷下"（《汉书·艺文志》颜师古注引），但也仅表明二人交往较密而已，并不涉及二人的学术思想；《汉志》著录诸子之书，《宋子》列小说家，《尹文子》却归入名家；汉以后的学术史研究亦未有将宋、尹联系起来者。这些事实不能不引起我们的思考。可以说，倘若没有郭沫若的"发现"，"宋尹学派"这一概念便不会存在。

我们再来考察一下郭沫若的所谓"发现"。《天下》的作者旨在对当时流传的学术思想进行评价，论其长短得失，并没有对其流派归属发表任何意见，对学术流派进行划分是汉代才开始的。《天下》在慨叹"道术将为天下裂"后，首先评论了墨翟、禽滑厘的学说，紧接着便评论了宋钘、尹文的学说，然后又评论了田骈、慎到的学说。从《天下》提供的材料来看，宋、尹的学说和墨翟、禽滑厘的学说很接近，而与田骈、慎到的学说则相去甚远，甚至了不相涉。根据《天下》的材料，如果给宋、尹划分学派，归在墨家倒是比归在道家合适得多。郭沫若并没有说明这些材料为什么就是道家思想，他用以证明宋、尹是道家的材料却是《管子》中的《心术》上下、《内业》《白心》和《枢言》几篇，这样的证明令人莫名其妙。原来，他是认定了《心术》等篇是"宋尹遗著"，再反过来拿所谓的"宋尹遗著"中的道家思想来认定《天下》中的宋、尹思想是道家学说。那么郭沫若又是如何认定《心术》等篇是"宋尹遗著"的呢？原来，他的根据主要有两条：一是《天下》中说宋、尹"以此白心"，"白心"二字与《管子》中《白心》篇的篇名相同；二是认为《天下》中"命之曰心之形"的"心之形"就是"心术"，而《管子》中又有《心术》上下篇，由此便认定了《白心》《心术》及《内业》《枢言》等思想接近的几篇作品是"宋尹遗著"。郭沫若就是这样，根据《天下》"发现"了"宋尹遗著"，又根据"宋尹遗著"这一"发现"反过来给《天下》中的宋、尹思想定性，从而"发现"了"宋尹学派"。这实际上是把《心术》等篇的帽子拿来安在了《天下》中的宋、尹头上，犯了逻辑学上"循环定义"的错误。研究"宋尹学派"的学者们也都接受了郭沫若所谓"发现"这一前提，同郭沫若一样用《心术》等篇的思想来"研究"宋、尹，而忽视了《心术》等篇的思想同《天下》中的宋、尹思想并不一致这一事实。实际上，他们研究的实实在在的是《管子》中的道家思想，却把它误认为是宋、尹的思想，而把真正的宋、尹思想冷落在了一旁。《心术》等篇以其独特而深奥的精气理论在先秦学术之林独树一帜，格外引人注目。过去人们对"宋尹学派"的研究，主要集中在精气论上，久而久之，人们不知不觉地在二者之间建立了固定的联系，把精气论当作"宋尹学派"的主要思想。其实精气论本是推崇管仲的齐地佚名学者们的创造，是具有齐地特色的文化结晶，同宋、尹并不相干。

《天下》以宋、尹合论，似乎二人学术完全相同。这样就在给我们带来方便的同时也带来了麻烦，它可以使人们了解到二人学术上的联系，却不利于我们对他们分别进行详细的研究。事实上，先秦诸子特别是稷下先生们的学术思想都各有特点，可以说是一人一个样，即便是学有师承也是如此，宋钘和尹文的学术思想又怎会完全相同呢？宋、尹二人的关系，比较可靠的材料只有刘向说尹文"与宋钘俱游稷下"一条，它最多只能表明二人同为稷下先生且过从较密，并不能说明二人的主张相同。人皆知庄周与惠施过往较密，但他们一为道家一为名家，可见过往较密并不意味着学术主张相同，而且学术主张不同并无碍于思想家们的交往，反而更有利于他们通过争辩交流而互相促进。不少学者认为尹文是宋钘的学生，但又无确凿证据，大概是因为《天下》以二人合论，刘向亦云尹文"与宋钘俱游稷下"，可见二人关系密切，再从二人行事来看，宋年长于尹，于是做出二人乃师生关系的推测。我们且不论这种推测的真实性如何，即便二人确有师承关系，也不足以表明二人属于同一学派。自司马迁始，人们对古代思想家进行学派归属划分都是根据他们学术的基本主张或宗旨，而不是根据其师承关系。如墨子和邹衍初皆学儒者之术，后来都创立了新的学派，韩非师从于荀子，却自为法家大师，宋、尹的学术思想又怎能完全相同呢？先秦学术与汉代以后不同，汉代以后的学术以传经为主，一部经书往往代代相传，弟子们也严遵师法，鲜有变化和创新。而先秦的学术属开创阶段，学者们着意于标新立异，绝少门户之见，学生们不必恪守家法，老师们对此也不介意责怪，正是在这样的学术气氛下才形成了学派林立、百家争鸣的繁荣局面。尹文在稷下至少历经宣、闵二世，即便曾学于宋钘，又怎能不受其他学派的影响而别于其师呢？

《天下》以宋、尹合论，或许确有二人曾有师承关系的根据，由于有这层关系，二人的学术思想自然会有某些共同之处，今本《尹文子》中"见侮不辱，见推不矜，禁暴息兵，救世之斗，此仁君之德，可以为主矣"之语，便表明了这种联系。先秦诸子中有不少后来独成一家者，但都难以割断同其由之所出的那一学派的学术联系，如墨子虽激烈地"非儒"，但其学说中仍有不少与儒家相同的主张，邹衍虽创阴阳学派，"然其要归，必止乎仁义节俭，君臣上下六亲之施"（《史记·孟子荀卿列传》）的儒家路数，韩非之学同荀子也是如此。这些同宋、尹之间的情况是一样的，因此《天下》以宋、尹联称，只能表明二人之学术存在着某些联系，有某些共同之处，并不能表明二人学术完全相同。《天下》中与宋、尹并列的田骈与慎到、关尹（或曰即环渊）与老聃亦同此例。若因《天下》以宋、尹合论便说存在一个"宋尹学派"，那么为什么不说还存在"田慎学派"和"关老学派"？从现存材料看，宋、尹二人的学术思想虽然存在着某些联系，但却很微弱，而二者的区别却是十分突出的，可以说是大相径庭。尹文的思想与《天下》所论基本不符，而宋钘的思想却与《天下》的叙述完全吻合。因此我们认为，《天下》叙述评论的只是宋钘的思想，属于墨学的支裔流亚，其中见侮不辱、禁攻救斗的思想影响了尹文，但尹文关心的主要不是这些，他的学术思想已远远超出了这个范围，是一个突出名法的黄老学者。下面我们分别论述宋、尹二人的学术思想，以进一步论证"宋尹学派"之不存在。

二、宋钘对墨家学说的继承和发展

近来研究稷下学的学者们多言稷下无墨家，恐未必。墨家是先秦显学，"徒属弥众，弟子弥丰，充满天下"（《吕氏春秋·当染》），"天下之言，不归杨则归墨"（《孟子·滕文公下》），稷下学宫是战国各派学者之渊薮，其中如何单单没有墨派人物？孟子以"距杨墨"为己任，必然十分熟悉墨家学说，当时墨者的主流虽早已远适秦楚，但仍有不少留居东方故地。孟子没有去过秦楚，却久居于齐，他如此熟悉墨家学说，想必在齐国稷下学宫中确有一些墨派学者，宋钘便是其中的主要人物。

《宋子》十八篇久佚，宋钘的学说散见于诸子书中，以《庄子》和《荀子》最为集中，特别是《庄子·天下》，几乎可以说是宋钘学说的大纲。

宋钘的学术思想显然是对墨子学说的继承和发挥。《荀子·非十二子》把宋钘与墨子合论,说明荀子在总结先秦学说时把宋钘看成墨家一派。墨子主张"兼爱""爱无差等",《史记·太史公自序》指出,若天下效法墨子,"则尊卑无别也";宋钘也主张"僈差等"(《荀子·非十二子》),继承了墨子的平等思想,并"作为华山之冠以自表"(《庄子·天下》)。陆德明曰:"华山上下均平,作冠象之,表己心均平也。"(陆德明《庄子释文》)故荀子批评宋钘"不知壹天下、建国家之权称⋯⋯曾不足以容辨异、悬君臣"(《荀子·非十二子》),认为这种学说有悖于等级之礼。墨子"兴天下之利""摩顶放踵,利天下为之"(《孟子·告子下》),《天下》也说宋钘"其为人太多,其自为太少","不忘天下,日夜不休","以为无益于天下者,明之不如已也","图傲乎救世之士哉",可见宋钘完全继承了墨子舍己为人的利他主义和奋不顾身、热心救世的精神。墨子主张"节用""不侈于后世,不靡于万物"(《庄子·天下》),宋钘也主张"大俭约"(《荀子·非十二子》)、"人我之养毕足而止""五升之饭足矣"。墨子主张"非攻""君子无斗",宋钘也主张"禁攻寝兵""救世之战""救民之斗""以聏合驩(欢),以调海内""愿天下之安宁以活民命"。墨子曾步行十日十夜到郢都,劝楚王不要攻宋,宋钘也不辞千里到楚国说秦楚罢兵。他们反对战争的理由都是指出战争的"不利"。可见宋钘在亲身实践着墨家的主张,先秦重要的思想家中唯独宋钘采取同墨子一样的行动,这一点最能说明宋钘是墨家。

宋钘不仅继承和实践了墨子"非攻""无斗"的主张,而且为了保证"非攻""无斗",他还进一步提出了"情欲寡浅"和"见侮不辱"的理论。《天下》称宋钘为"救世之士"，在宋钘看来，社会正处于严重的病态之中，危险主要来自两个方面，一是人与人之间的争斗，二是国与国之间的攻战，它们都是由于贪欲引起的，因而贪欲是导致社会危机的总根源。宋钘看准了症结所在，把消除贪欲看得比什么都重要。先秦诸子百家多主张节制情欲，把情欲控制在一个适当的范围内。宋钘与众不同，他从人性论的角度提出了"情欲寡浅"的理论，认为人的本性乃是欲寡而不欲多。从这种理论出发，一切为贪欲所驱使的行为都必然被视为违反人的本性，因而只要恢复人的自然本性，就没有贪欲可言，自然也无须节欲了。没有了贪欲，人与人之间自然就不会争斗，国与国之间自然也不会攻战了。这种理论把人的生理欲求降低到仅够维持生存的程度，为了宣传这种主张，宋钘"率其群徒，辨其谈说，明其譬称，将使人知情欲之寡也"（《荀子·正论》），"以此周行天下，上说下教，虽天下不取，强聒而不舍者也。故曰：上下见厌而强见也"（《庄子·天下》）。他的动机是善良的，愿望是美好的，但在人欲横流的社会中却是行不通的。

《韩非子·显学》述"宋荣（即宋钘）之宽""宋荣之恕"，并说："宋荣子之议，设不斗争，取不随仇，不羞囹圄，见侮不辱，世主以为宽而礼之。"《天下》也说宋钘"不苟于人、不忮于众"，"语心之容，命之曰心之行"，以宽容为人心之本性。待人以宽和、律己以严是一而二、二而一的，宋钘是怎样严于律己的呢？《荀子·正论》载："子宋子曰：明见侮之不辱，使人不斗。人皆以见侮为辱，故斗也；知见侮之为不辱，则不斗矣。"可见宋钘认为，荣辱完全是主观范围内的事，辱不辱在我不在人，且与面子无关，所谓面子是给别人看的，所以要定内外人我之分。只要内心牢牢地把握住这条标准，随你把我怎样，哪怕是扔进大牢，我也不会感到羞辱，不会与人争气结下怨仇，这样自然也就不会同人争斗了。可见，宋钘的"见侮不辱"是从思想深处消除了与人争斗的根源，为"非攻""无斗"提供了心理学的依据和保证。这不愧为严于律己的一种最彻底的做法，可见庄子说他"举世誉之而不加劝，举世非之而不加沮，定乎内外之分，辨乎荣辱之境"（《庄子·逍遥游》），是很有道理的。《孟子·公孙丑上》载告子之言曰"不得于言勿求于心，不得于心勿求于气"，认为当他人以不善之言加于自己时，不要意气用事，要控制自己的气，此即告子的"不动心"。赵岐说告子是"兼治儒墨之道者"，《墨子·公孟》亦有墨子评论告子之言，并有弟子"请弃之"的话，据此，告子似为墨子弟子，后来也到了齐国并与孟子有过辩论。愚见以为，告子的"不动心"与宋钘的"见侮不辱"颇为相似，二人同为墨派学者，有相似的主张是很自然的事，宋钘很有可能是受了告子思想的影响。《天下》说宋钘"不累于俗，不饰于物""不以身假物"，这里的"俗""物"指的是以见侮为辱和以情为欲多两种世俗的观念，在宋钘眼里，它们都是外界的东西，人的主观精神不应受这些东西的拖累和影响。从前面的分析中可以看到，"不累于俗，不饰于物"是宋钘"见侮不辱"、强调"内外之分"的逻辑结果，目的是救民之斗与救世之战。有的学者却由于它看起来有些像庄子的学说并为庄子所称引，便据此断定宋钘是道家，实为皮相之见。

《天下》言宋钘"接万物以别宥为始"，"宥"通"囿"，别宥即去除认识上的隔蔽或偏见，《尸子·广泽》也说"料（'钘'字之误）子贵别宥"，可见别宥是宋钘学说的出发点，以去除成见，克服主观偏见为客观、正确地认识事物的第一步。《吕氏春秋》的

《去宥》《去尤》两篇是公认的宋钘遗说，其中以深入浅出的故事形式讲述了别宥的道理，如齐人有欲得金者，为贪欲所蔽宥而公开抢掠财物，被抓获后答曰："殊不见人，徒见金耳"；再如有疑邻人之子窃其怡（斧）者，为先入之见所蔽宥，视邻人之子举动、表情、言语皆似窃斧者，待其斧失而复得后，再视邻人之子又全然不似窃斧者。《去宥》总结出这样的道理："夫人有所宥者，固以昼为昏，以白为黑，以尧为桀。……故凡人必别宥然后知，别宥则能全其天矣。""全其天"即全面、客观地认识事物的本来面貌。宋钘"接万物以别宥为始"，即是把别宥作为其立论的哲学根据和认识事物的出发点。现在的问题是，"别宥"的理论属于哪一学派的观点？现今学术界多把别宥视为道家的主张，因之宋钘也理所当然地被归于道家。这种看法大有商榷的必要。诚然，别宥的主旨是主张去除主观偏见，这是大家公认的，但是我们却难以由于《庄子》《管子》等道家著作也讲述了同样的道理而把别宥的主张归为道家。别宥的主旨既然是去除主观成见，那它就具有哲学认识论的普遍意义，既然如此，那就并非只有道家才能有见于此，百家皆可言及。事实上，儒家荀子所谓的"解蔽"，法家韩非所谓的去除"前识"，若从哲学方法论上来看，同宋钘的"别宥"讲的都是完全一样的道理，只不过他们具体的所指不同罢了。在先秦时期，诸子百家都在说别人有所宥蔽，都在说自己的认识是最全面最正确的。如宋钘大别他人之宥，然而他自己就大有所宥；荀子虽大解他人之蔽，事实上他自己也是大有所蔽。只不过他们自己看不到而已。因此，"别宥"虽是宋钘提出，但却具有一般的方法论的意义，撇开具体文字的表达形式，从思想内容来看，乃是百家争鸣时期的一种思潮，各家均从自己的角度有所涉及运用，很难遽然划归某一家。宋钘的别宥，自然有他的具体所指，其所谓"宥"，主要就是指"以己之情为欲多"和"以见侮为辱"两大世俗偏见。倘能"不累于俗"，破此两大世俗偏见，恢复情欲固寡和见侮不辱的正确认识，自然就会人无争斗、国无攻战，"人我之养毕足"，"天下之安宁以活民命"了。

"见侮不辱"和"情欲寡浅"是宋钘对墨子学说的补充和发展。同墨子相比，宋钘更注重向内追求主观精神的修养，强调人的行为要对自己的内心负责，对人要宽容，并同墨子一样，把人对外部物质世界的要求降到最低限度。他认为这样就可以避免人们之间由物质利益而引起的冲突，也可以避免由于维护名誉、尊严等引起的争斗，这样，就会人无争斗、国无攻伐，从而便可达到"禁攻寝兵""愿天下之安宁以活民命"的目的。《天下》说宋钘"以禁攻寝兵为外，以情欲寡浅为内"，是对宋钘学术思想的准确概括。

"见侮不辱"和"情欲寡浅"是宋钘学说中极有特色的两项重要内容，荀子对宋钘的批评也全是针对的这两条，这说明《天下》所论确是宋钘的学说。从《庄子》和《荀子》两个主要的史料来源来看，宋钘当属墨家无疑。认为宋钘是道家或黄老道家的学者，其根据除了把《管子》中《心术》等篇作为宋钘遗著外，还有班固所说"孙卿道宋子，其言黄老意"（《汉书·艺文志》"宋子十八篇"班固自注）一条。班固此语作为一句完整的、表达一个明确意思的话，可以有两种不同的解释：第一，孙卿认为宋子之言是"黄老意"，即这个"黄老意"应归之于宋子；第二，孙卿是以"黄老意"来"道宋子"的，即这个"黄老意"应归之于孙卿。笔者曾写过一篇文章专门探讨这个问题，认为第一种解释应该排除，第二种解释才是班固的原意，详细论证可参看拙文。❶从《荀子》书中的材料，看不出他所批评的宋钘学说有任何"黄老意"，而荀子本人的思想却有不少"黄老意"，他对稷下黄老学派的思想多有吸取利用。❷另外《天下》所概述的宋钘思想也不见"黄老意"的踪影，现存史料中也并无哪一条能证明宋钘有黄老思想。且班固若果谓宋钘之言乃"黄老意"，为何不将《宋子》列入道家却列入小说家？这些都是主张宋钘是黄老道家者所无法解释的疑点。相反，说宋钘是墨家却有很多确凿的证据，故还是将宋钘归入墨家的主张较为妥当。

宋钘的学说在一定程度上代表了下层人民的利益，反映了劳动人民渴望和平与温饱、厌恶战争的情绪和愿望。《天下》说他"以此周行天下，上说下教"，《汉志》列《宋子》为小说家，并说小说家是"街谈巷语、道听涂说者之所造也"，足见宋钘不仅游说诸侯之朝，而且接近下层人民，他的学说是以全民为对象的，这一点有别于其他诸子。从这一点看，荀子将宋钘与墨子并列，班固列《宋子》为小说家，可谓见仁见智，因为墨家学派本来就接近社会下层。墨家尚节俭，"以自苦为极"，这与齐人尚侈靡的风气以及稷下先生豪华的生活方式极不相称，"非攻""无斗"的主张也不对齐君的胃口，《公孙龙子·迹府》所载尹文子与齐王的对话中，齐王就表示"见侮而不斗，辱也，辱则寡人不以为臣矣"。可见，稷下先生中虽有墨者，但齐王并不大欢迎，所

---

❶ 参看拙文《"孙卿道宋子，其言黄老意"正解》，载《中国哲学史》1996 年第 4 期。

❷ 参看本书第十一章。

以墨学在稷下不兴，人数很少，影响也不大。宋钘在稷下，也仅是利用稷下的讲坛立教而已，还要用大量的时间去"周行天下，上说下教"，因此想必并不以稷下的高门大屋为意。

三、尹文突出名法的黄老思想

关于尹文的学派归属，学术界主要有三种意见：道家说、墨家说、名家说。笔者认为，尹文言黄帝，❶称老子，倡法治，同时吸收儒、墨等家之长，此正是稷下道家黄老派之学风。但构成尹文思想特色的，是他在以道家为本位的基础上，特别重视从探讨名实关系的角度阐发名为法用的思想，此为其他黄老学者所不及。正因为看到了这一点，所以汉代学者都以尹文为名家，《汉志》名家有《尹文子》一篇，班固自注："说齐宣王，先公孙龙。"《吕氏春秋·正名》高诱注云："尹文，齐人，作名书一篇。在公孙龙前，公孙龙称之。"汉代学者不仅以尹文为名家，而且多强调尹文为公孙龙所称引，足见尹文之学与名家的密切关系。

名家思想滥觞于春秋末期，适应着当时等级名分的变化而产生。司马谈《论六家要旨》说名家"正名实，不可不察也"，"若夫控名责实，参伍不失，此不可不察也"，肯定了名家的作用和意义。然而名家思想从一开始就存在着脱离实际和诡辩的倾向，如《汉志》列为名家之首的邓析就是如此，所以司马谈又说"名家苛察缴绕（意为烦琐饶舌），使人不得反其意，专决于名而失人情"，《汉志》亦云"及警者为之，则苟钩钲析乱而已"，最

---

❶《公孙龙子·迹府》载尹文与齐王论士，其言有曰："赏罚是非，相与四谬，虽十黄帝不能理也。"这是尹文言黄帝的明证。

后终于流为惠施、公孙龙等沉溺于概念游戏的诡辩学说。从稷下名家的学说中，我们可以看到这种演变的踪迹。故而进入战国以来，名家思想遂向两个方向发展：一部分人将名家理论同当时的变法实践结合起来，以名论法，形成"名法派"，或称"形名法术派"，此一派学说见于《黄帝四经》《管子》《尹文子》等书中。另一部分人专从形式逻辑的角度发挥名家理论，形成"名辩派"，此一派以惠施、公孙龙和后期墨家为代表。此派名家对古代的逻辑思想贡献较大，但其中不乏诡辩之谈。在稷下学宫中，名辩派的代表有儿说与田巴，尹文则是形名法术派的主要代表，他提出了较系统的名法理论作为其黄老学说的重要内容，对形名逻辑理论亦有一定贡献。尹文的黄老思想以其突出名法的特色而在稷下黄老之学中独树一帜。

同其他黄老学者一样，尹文的学说也以道家为本位。今本《尹文子》❶分为两篇，以《大道上》《大道下》名之，书中第一句话便是"大道无形，称器有名"，这表明尹文确是以道家思想为本位来立论的。其书多次称引老子之言，并以黄老之意加以解释。如引《老子》曰："以政（正）治国，以奇用兵，以无事取天下。"并解释道："政（正）者，名法是也，以名法治国，万物所不能乱；奇者，权术是也，以权术用兵，万物所不能敌。凡能用名法权术，而矫抑残暴之情，则己无事焉。己无事，则得天

---

❶ 学术界历来以《尹文子》为伪书，但晚近学者常有人认为其书非全伪，可以作为研究尹文思想的材料。近年来又有些学者提出《尹文子》并非伪书，笔者亦取这种观点。参看周山《尹文子非伪辩》，载《学术月刊》1983 年第 1 期；胡家聪《尹文子与稷下黄老学派》，载《文史哲》1984 年第 2 期。

下矣。""无事"即无为而治，故其书又有言曰："道不足以治则用法……法用则反道，道用则无为而自治。"《说苑·君道》亦载齐宣王向尹文请教"人君之事"，尹文对曰："人君之事，无为而能容下。……大道容众，大德容下，圣人寡为而天下理矣。"可见尹文主张为政之要在于无为而治，它体现了"大道容众，大德容下"的道家基本精神。在诸侯异政，百家异说的时代，尹文虽对百家之长均有自己的见解，但于百家之中，他最推崇的还是"道治"。《尹文子》曰："以大道治者，则名、法、儒、墨自废；以名、法、儒、墨治者，则不得离道。"在尹文看来，大道之所以能成为"万物之奥"，就在于它"容下""容众"的品格，因而道治中自然包容了众家之长，故以大道治国则百家之说自废；倘不能以大道治国而以名、法、儒、墨等为治，则亦应以道治的原则为指导，贯彻道治的精神，使之"不得离道"。尹文虽强调法治，但认为法与道相比，道总是优于法的，这就是尹文"法不及道"的观点。其书曰："道行于世，则贫贱者不怨，富贵者不骄，愚弱者不慑，智勇者不陵，定于分也。法行于世，则贫贱者不敢怨富贵，富贵者不敢陵贫贱，愚弱者不敢冀智勇，智勇者不敢鄙愚弱。此法之不及道也。"道之优于法，就在于它能够从根本上消除不法的根源，从而使法成为不必要，而"法行于世"却只能使人畏于法而不敢不法，因而"道行于世"才是最理想的政治。这些材料足以表明道家思想在尹文学说中的主导地位，他是以道家为本位而立说的。

在道家黄老派那里，道治的原则最终还是要落实到法治中来，故黄老派皆崇尚法治。尹文的学说也体现了这一特征，其书曰"万事皆归于一，百度皆准于法"，强调"以法定治乱""治国无法则乱，有法而不能用则乱"。尹文所谓法，从内容上来讲主要是赏罚两手："庆赏刑罚，君事也。……君料功黜陟，故有庆赏刑罚。"《韩非子·内储说上》载齐王问尹文❶"治国何如"，对曰："夫赏罚之为道，利器也，君固握之，不可以示人。若如臣者，犹兽鹿也，唯荐草而就。"这就是说，赏罚两手是君主用以驾驭臣民的秘密武器，而赏罚之可用，又是因为人皆有好利恶害的自然本性，好比兽鹿之就荐草也。关于人皆好利的自然本性，《尹文子》中有深刻的认识，如"心欲人人有之"，并引田骈之语曰："天下之士，莫肯处其门庭，臣其妻子，必游宦诸侯之朝者，利引之也。"把人人皆有的好利恶害之自然本性作为推行法治的依据，是稷下黄老派的共同认识，慎到、《管子》尹文等莫不如此。尹文吸收了法家各流派的成果，他书中讲的法，具体来讲包括了法、术、权、势诸内容。如"道不足以治则用法，法不足以治则用术，术不足以治则用权，权不足以治则用势。势用则反（返）权，权用则反术，术用则反法，法用则反道"。在先秦法家那里，法具有公正的意蕴，是公开面向公众的，在既定的法律面前人人平等，包括立法的君主也不能例外，这是法治最基本的原则。而术、权、势则不同，它们不是公开的东西，只能为君主一人所掌握，没有平等可言，故而《尹文子》又曰："术者，人君之所密用，群下不可妄窥；势者，制法之利器，群下不可妄为。"倘若术不能密，势不能专，君主便无以控制臣下，就不能有效地推行法治。可见在尹文那里，术、权、势都是配合法的，是法的辅助手段。但法术权势之用都是由道而出，最后还要返回

---

❶ 原书作"文子"，郭沫若、钱穆等均认为即尹文。

道,因而它们都是道治的补充,都体现了道的原则。这正是道法结合、以道论法的黄老之学的主张。

尹文虽主张"以法定治乱",强调"归一""准法",但反对严刑峻法,主张省刑罚。前引《说苑·君道》载尹文答齐王问,指出人君须效法"大道容众、大德容下"的品质,实行无为、寡为之治,这种无为寡为具体便落实在了省刑罚上,其言曰:"夫事寡易从,法省易因,故民不以政获罪也。"《尹文子》中还称引老子之言曰:"民不畏死,如何以死惧之?"并解释说:"凡民之不畏死,由刑罚过。刑罚过,则民不赖其生。生无所赖,视君之威末如也。刑罚中,则民畏死;畏死,由生之可乐也;知生之可乐,故可以死惧之。此人君之所宜执,臣下之所宜慎。"这与《说苑》中所论是一致的。这里值得注意的有两点:其一,尹文阐发无为而治的方式与众不同,他没有落入君无为臣有为、君逸臣劳以及无为而无不为的老生常谈,而是从中引出了轻用刑罚的主张。其二,轻用刑罚的主张在先秦诸子中是常见的,而只有尹文轻用刑罚的主张是由道家哲学中引发出来的,这正是用道家哲学论证法家政治的黄老路数。尹文书中还说,圣人之治不贵独善独巧,而贵与众共善共巧,不贵独治,而贵与众共治,推崇"能鄙齐功""贤愚等虑"的效果。这种贵齐用众的思想为黄老派所共有,也是黄老之学的一大特色,在《慎子》《管子》《吕氏春秋》中都可见到。

名为法用、以名论法、突出名法,是尹文黄老学说的鲜明特色。尹文长于逻辑上的概念分析,对古代形名逻辑之学颇有贡献,并把形名逻辑理论用于论说法家政治,这正是他与众不同的地方。

《尹文子》开宗明义，从道家理论中引出了形名关系问题和正名的主张。其言曰："大道无形，称器有名。名也者，正形者也，形正由名，则名不可差。故仲尼曰'必也正名乎，名不正则言不顺'也。"名的作用就是"正形"，"形"在尹文学说中又称为"实"或"事"，故又曰："名以定事"，"名称者，别彼此而检虚实者也"。形名理论的基本原则是名与实相符，不可相乱，故又曰"名者，名形者也；形者，应名者也"，此乃名与形（实）的基本关系。在这里，名显然是重要的，故又曰："今万物具存，不以名正之则乱；万名具列，不以形应之则乖。故形名者不可不正也。"这就是说，名是用以正形的，形必须与名相应、相符，因而正名就是最重要的，名若不正，一切就都谈不上，此乃言形名者的共同主张。《吕氏春秋·正名》是公认的尹文派作品，文中把形名是否相符看成是社会治乱的关键。其言曰："名正则治，名丧则乱"，"凡乱者，刑（形）名不当也"。"名丧"即"刑名不当"（即不符），刑名不当则是非淆乱，此乱之所由起也，所以文中特别强调要防止"刑名异充而声实异谓"。《文心雕龙·诸子》亦曰："尹文课名实之符。"这些与《尹文子》中的论述是完全吻合的。

值得注意的是，《尹文子》中还提出了名实互定、形名互检的观点："名以检形，形以定名，名以定事，事以检名。察其所以然，则形名之与事物无所隐其理矣。"这句话概括了尹文形名理论的主要内容，其中包括各有所指的四个命题。第一，先看"形以定名"。"形以定名"看似同"名以定事"相矛盾，其实不然，它另有所指，说的是名最初的由来。名即事物的名称、概念，它的一个基本功能就是前引的"别彼此"，区别事物，给事物以名称。书中言道："大道不称，众必有名。形生于不称，则群形自得其方圆。名生于方圆,则众名得其所称也。"大道无形,不可言称,故无名,但万物皆生于大道而自得方圆之形,方圆之名却是生于方圆之形。可见万物之初是先有形后有名的,故下文又曰"形而不名,未必失其方圆黑白之实",形而无名,无害其为形,而名却不能离开形而孤立存在。此皆就形与名之最初产生而言,形是第一位的,名是第二位的,这就是"形以定名"的含义。第二,再看"名以定事"。"形以定名"虽揭示了形名关系的最初来源,但尹文关心的并不是这些,而是"名以定事",因为只有它才有现实的意义,才能引出正名的理论。在现实生活中,名是最重要的,以名正形定形,形须与名相应相符,因而名是第一位的,形是第二位的,所以人们才强调正名。正名的实际政治含义是维护现实的等级秩序,前引《尹文子》中"名者,名形者也"和"形者,应名者也",讲的即是名与形的这种基本关系。因而,"名以定事"是正名学说的理论前提和主要内容。第三,"名以检形"。"名以检形"是指以正好了的名来检验形(实)是否与名相符,相符则为是,不相符则为非,以此来纠正现实生活中名实相谬的现象,此乃形名理论的核心内容,尹文又称之为"以名稽虚实"。第四,"事以检名"。"事以检名"是指以实际情况来检验核查名是否与事实相符,尹文认为,名既然是用以"正形""定事"的,这就要求名必须首先是"正"的,名若不正就不能用来正形定事,否则必然失其实。对形名理论的这一核心内容,《尹文子》进行了大量论述,并举了一些生动的事例来说明正名的重要。如宣王好射,所用之弓不过三石,左右阿谀之徒皆曰不下九石,宣王悦之,终身自以为九石,此乃"悦其名而丧其实",究其根源在于名不符实即名不正。又如黄公好谦,自称其女貌丑,致使无人敢聘，有一鳏夫冒娶之，方知乃国色也，此等"违其名而得其实"的现象，亦由于名不正。尹文认为，对于名实关系的这些复杂情况，为人君者不可不慎，故曰："察其所以然，则形名之与事物无所隐其理矣。"这种名实互定、形名互检的观点无疑是全面和深刻的。

尹文的形名理论既不同于诡辩派的饶舌，也不同于热衷于纯概念分析的墨辩，而是具有鲜明的务实性，这种务实性就表现在形名理论同法治实践相结合，以名论法、名为法用。以名论法、名为法用是稷下黄老派形名理论的共同特征，《黄帝四经》《管子》便是如此，而以《尹文子》最为丰富和突出。《尹文子》中经常将名与法并提，如"名有三科，法有四呈""以名稽虚实，以法定治乱""以名、法治国，万物所不能乱""名正而法顺"等。名与法在尹文那里又是怎样联系起来的呢？这里有一个中介，那就是"分"。分即名分、名位，指的是每一个人在尊卑贵贱的等级序列中所居的特定位置以及由此确定的权利和义务范围。正名就是为了定分，让人知道什么事情该做，什么不该做。名实相符就是要使人们的思想和行为与自己的身份地位相符合，不要超越名分，不做非分之事和非分之想。可见，尹文形名理论的实质性内容是为了维护等级制的社会秩序。名分中之最大者是君臣之分，尹文对此特别强调，主张"王尊于上，臣卑于下"（《艺文类聚》卷二十引）。《尹文子》曰："君不可与臣业，臣不可侵君事，上下不相侵与，谓之名正。"把正君臣之名分作为正名之首。尹文认为，治理国家首先应诛杀的既不是盗，也不是奸，因为它们不过是"一时之大害"，而非"乱政之本"，只有"下侵上之权，臣用君之术"才是乱政之本。可见，维护君主权威的至高无上和不可侵犯，是尹文正名理论的根本目的。不仅君权如此，社会上方方面面的和谐与秩序都要靠正名分来维护和保障，所以书中又说："定此名分，则万事不乱也"，"失者由名分混，得者由名分察"，"全治而无阙者，大小多少各当其分"。尹文认为，人的本性是好利的，人不能没有私欲，不能没有争心，但社会并没有因此陷入一片混乱，这是因为名分对人们的私欲和争心起到了限制作用。在名分的规范和限制下，人们习惯于安分守己，相安无事，各得其所，形同无心无欲，从而保证了社会的安宁有序。他说："名定则物不竞，分明则私不行。物不竞，非无心，由名定，故无所措其心；私不行，非无欲，由分明，故无所措其欲。"他引田骈的话说，天下之士游宦于诸侯之朝，皆志在卿大夫，却没有想当君王的，这是因为"名限之也"。还引彭蒙的话说，雉、兔在山野，众人都去追逐，这是因为"分未定也"，而市场上满是鸡和猪，却没有人想去捉，这并不是人们没有贪心，而是因为"分定故也"，人们知道这不属于自己，所以说"分定则贪鄙不争"。可见定名分对社会是何等的重要。但是定名分和守名分毕竟是两回事，确定了名分并不能保证人人都自觉遵守而不逾越。在现实社会中，不守名分、超越名分的现象是常有发生的，那么又该如何呢？尹文认为，那就只有凭借"法"的强制性力量来恢复正常的名分秩序了，所以他说"以名稽虚实，以法定治乱"，名行于前，法随于后，"以名、法治国"。事实上，人们在多数情况下之所以能够安分守己不越名分，正是因为畏于法的震慑作用。可见，正名定分如果离开了法治的支持、维护和保障，就只能是苍白软弱的空谈，收不到实际效果，而法在一定意义上说正是维护名分的工具，这就是尹文强调以名法治国的关键。

　　以道家为本位，道论与法治相结合，这是黄老之学的基本特征之一。黄老之学的另一个基本特征是广泛吸取众家之长，作为黄老之学的分支的尹文之学也不例外。尹文吸取百家是以道家为本位的，前引其书曰"以大道治者，则名、法、儒、墨自废"，所言并不是要废弃名、法、儒、墨，而是如前所说，道治中包含了众家之长，是"全治无阙"的理想政治。但正因为是理想的政治才难以推行，倘不能以大道治，以名、法、儒、墨治也未尝不可，但必须贯彻以道治的精神，以道治的原则为指导，所以他又说："以名、法、儒、墨治者，则不得离道。"在尹文看来，名、法、儒、墨之所以不能废弃，是因为它们各有所长，而它们之所以"不得离道"，又是因为各有所短。尹文认为，百家所倡不外仁、义、礼、乐、名、法、刑、赏"八术"，舍此则无以为治，故"凡此八者，五帝三王治世之术"。此"八术"各有不可取代的作用，故五帝三王兼收而并用之："仁以导之，义以宜之，礼以行之，乐以和之，名以正之，法以齐之，刑以威之，赏以劝之。"尹文对此"八术"的利弊得失有精辟的分析，他说："仁者所以博施于物，亦所以生偏私；义者所以立节行，亦所以生华伪；礼者所以行恭谨，亦所以生惰慢；乐者所以和情志，亦所以生淫放；名者所以正尊卑，亦所以生矜篡；法者所以齐众异，亦所以乖名分；刑者所以威不服，亦所以生陵暴；赏者所以劝忠能，亦所以生鄙争。"为政者在具体运用此八术时，要同时并用，不可偏废，并扬其所长，避其所短，使它们互相补充，相得益彰，也就是说要"用得其道"。可见在尹文看来，道治固然是为政的总的指导原则，但在具体施政时，却离不开百家之学所提出的这些治世之术。尹文对百家之学的吸收，于儒家所用的笔墨较多。他称引仲尼，多次称道五帝、三王、尧、舜、汤、文、武的事迹，提倡仁义礼乐的教化作用，并云："圣王知民情之易动，故作乐以和之，制礼以节之。"在他所谓的治世之八术中，有一半是儒家所倡导的，足见他受儒家的影响较深。至于墨家的影响，《尹文子》中亦有反映，其言曰："见侮不辱，见推不矜，禁暴息兵，救世之斗，此仁君之德，可以为主矣。"这种影响主要来自宋钘。值得注意的是，这些来自墨家的主张又被冠以"仁君之德"，此亦儒家影响之烙印。此外，《公孙龙子·迹府》和《吕氏春秋·正名》记载尹文与齐王论士，其中也提到了"见侮不斗"，但只是用来揭露齐王的自相矛盾，并未做任何评价判断，因而只能表明尹文熟悉这种理论，仅此而已。

以上我们从几个方面分析了尹文的学术思想。赅而言之，其学本宗道家，主张法治并吸收了百家之长，这是典型的黄老思想；而又突出名法，以名论法，从而构成其独有的特色。对于尹文的学术思想，前人早有精到的概括，如高似孙《子略》曰："其书言大道，又言名分，又曰仁义礼乐，又言法术权势，大略则学老氏而杂申韩也。"（马端临《文献通考》引）《周氏涉笔》亦曰："其书先自道以至名，自名以至法，以名为根，以法为柄。……盖申、商、韩非所共行也。"（同上）《四库全书总目》说得更明确："其言出入于黄老申韩之间。"（《四库全书总目》卷一一七《子部·杂家类一》）从这些论断看，尹文当属黄老学派无疑。

现在让我们再回到"宋尹学派"的话题。

通过以上对宋钘、尹文思想的分别讨论，我们愈发感到二人学术的联系甚微，而差异却十分显著。据现有材料，尹文的思想与《天下》所论的宋、尹思想不合之处至少有如下几点：第一，《天下》所论是为生民立说，纯是从百姓生计出发；尹文学说的宗旨则是探讨治国之道和强化君权。二者的立场或服务对象不同。第二，《天下》主张"情欲固寡"，无须节制；尹文却认为人皆好利多欲，"私不行非无欲，由分明，故无所措其欲""心欲人人有之，而得同于无心无欲者，制之有道也"，这是主张节欲、制欲。二者旨趣显然不同。第三，《天下》主张禁攻寝兵，反对一切战争；尹文却不反对征战，如其书有言："绝众之勇，不可以征阵"，"君子非乐有言，有益于治，不得不言；君子非乐有为，有益于事，不得不为。故所言者，不出于名法权术，所为者，不出于农稼军阵"，"农桑以时，仓廪充实，兵甲劲利，封疆修理，强国也"，"以权术用兵，万物所不能敌"。《意林》引《尹文子》佚文曰："禄薄者不可与经乱，赏轻者不可与入难。"《文选·东京赋》李善注引《尹文子》佚文曰："将战，有司读诰誓，三令五申之，既毕，然后即敌。"可见尹文鼓励人们勇于军阵，教人如何征战，显然与《天下》所论相抵牾。第四，尹文的形名理论对概念务求准确明察，对逻辑务求严谨周密，此乃"控名责实""循名究实"的名家理论所不得不然，故《汉志》有"名家苛察缴绕"之评语，此与《天下》"君子不为苛察"的主张截然相反。第五，《天下》言"不累于俗，不饰于物"，尹文亦云"累于俗，饰于物者，不可与为治矣"，二者用词相同，但含义违异。前者之俗与物指宥蔽认识的世俗观念（主要是指"以见侮为辱"和"以己之情为欲多"）；尹文所谓俗与物，则是指在君主的表率下而形成的社会风气，故举齐桓好衣紫、楚庄爱细腰、晋文公以俭矫奢和越王勾践轼怒蛙为例，并云："故俗苟渗，必为法以矫之，物苟溢，必立制以检之。"一个为百姓生计立论，一个为君主治国谋划；一个向内引出自我修持的方法，一个向外引出法制的结论。其中异趣，细审之不难区分。第六，《天下》的宋、尹思想主张平等，"作为华山之冠以自表"，尹文却大讲等级名分。第七，尹文之学"自道以至名，自名以至法"，《天下》的材料中，道、法、名三个重要概念均未出现，也无相关思想。如此等等，不一而足。可见《天下》所论只能是宋钘的思想，尹文是典型的黄老学者，宋钘则明显是墨家，二人的主张相抵牾者甚多，实在难以容纳到一个学派体系中，因此"宋尹学派"这一概念难以成立。

那么《尹文子》中何以有"见侮不辱，见推不矜，禁暴息兵，救世之斗，此仁君之德，可以为主矣"一句呢？《天下》又何以将宋、尹联称呢？让我们尝试做出如下解释：宋、尹二人确曾关系较密，这从刘向说二人"俱游稷下"可以肯定，宋钘年长于尹文，很有可能尹文曾师事于宋钘，并接受了宋钘的某些主张。但尹文不久便转向了黄老，研究名法，于是"见侮不辱"和"禁暴息兵"便作为曾受过宋钘影响的痕迹而保留在尹文书中。由于二人最终走向了截然不同的学术道路，因而这种痕迹或联系便显得十分微弱，但若论稷下诸子有谁曾与宋钘有过如此关系，那就只有尹文一人了。这样一来，《天下》何以将二人联称便可以得到合理的解释了。大概宋、尹二人曾有过的这种关系为当时人们所熟知，且尹文的学说中又确实保留了受宋钘影响的痕迹，所以《天下》作者在总结先秦学术时便据此将二人联称了。但《天下》所论确实纯是墨家一派学说，只能是宋钘一人的思想，基本上与尹文无涉。关于这一点前人早有论及，马国翰《玉函山房辑佚书》云："案《庄子》，虽与尹文并称，今《尹文子》书尚存，无《庄子》所述之言，且以孟、荀书证知，皆述钘语。"《天下》以宋、尹并称乃是"宋尹学派"存在的唯一根据，既然《天下》所述纯是宋钘的思想，那么所谓"宋尹学派"的存在便不得不进行重新思考了。

第九章　稷下齐地之学的代表作品《管子》

一、《管子》的成书年代与作者

《管子》一书，托名管仲，其实"非一人之笔，亦非一时之书"（〔宋〕叶适《习学记言》卷四十五），此乃学界早已达成的共识。但当我们具体研究《管子》的学术思想，特别是从学术发展史的角度研究《管子》与同时代各学派与人物的学术联系，考察它们之间的互相影响、吸取和改造以及在此基础上的发展和创新时，仅有这一共识就显得很不够了。也就是说，《管子》的思想史定位是一个不可回避的问题，否则我们就无法对《管子》在学术思想史上的地位和价值做出恰当的估价。

《管子》非管仲自著，此说古已有之。朱熹曰："仲当时任齐国之政，事甚多，稍闲时又有三归之溺，决不是闲工夫著书底人。著书者是不见用之人也。"（《朱子语类》卷一三七）这话极有道理。莫说是管仲当时尚无私家著书之事，即便是诸子百家蜂出并作的时代，有书流传于后世者如孔、孟、老、庄、墨、荀、韩等，哪一个不是"不见用之人"？而那些"见用"的布衣卿相，其中不乏悬梁刺股刻苦勤学者，哪一个不是饱学之士？又何尝有谁著书传世呢？如李斯与韩非同为荀况弟子，李斯的才学本不在韩非之下，李斯"见用"，故不曾著书，若韩非也"见用"，恐怕我们今天也无缘读《韩非子》了。诚然，先秦诸子之书多非本人手著，而为门人弟子撰定，然而正是因为他们"不见用"，才不得不聚门人弟子以讲学授业为职。更何况管仲当时私人讲学授徒之风未开，又兼政务繁忙，何来门人弟子为其撰书？可见，非但《管子》为管仲自著之说不能成立，而且书中包含有管仲遗著的说法同样也不能成立。《管子》只能是后人依托编集而成。

今本《管子》是刘向整理编定的。据刘向《管子叙录》，刘向在整理此书时，共收集到"凡中外书五百六十四篇"。所谓"中外书"，指的是官方所藏和民间所献之书。官方所藏即刘向所谓"所校雠中《管子》书三百八十九篇"，民间所献包括"太中大夫卜圭书""臣富参书""射声校尉立书""太史书"等不同传本，由刘向删定为八十六篇（今亡十篇）。郭沫若先生对《管子》进行了系统研究，认为其中包括两部分内容："一部分是齐国的旧档案，一部分是汉时开献书之令时由齐地献汇而来的。"❶关锋、林聿时《管仲遗著考》❷亦认为其中包括"被当作齐国的国家档案保存下来的"部分篇章。这些说法是有道理的，从《管子》一书的内容看，其中有些篇章确有可能是齐国的国家档案，被刘向收集来编进了《管子》。然而，在刘向编定《管子》之前，《管子》一书就早已在民间广为流传了。《韩非子·五蠹》云"今境

❶ 见郭沫若《青铜时代》中《宋钘尹文遗著考》一文，载《郭沫若全集》历史编第一卷，人民出版社1982年版。
❷ 载《春秋哲学史论集》，人民出版社1963年版。

内之民皆言治，藏商、管法者家有之"，说的就是战国末期以前的情况。此时的《管子》一书，不可能包括郭沫若等所谓"旧档案"之类的内容，不似今本《管子》这样的庞杂，学术界称之为"原本《管子》"，它的内容就包括在今本《管子》中。

《管子》的成书年代，目前学术界大体认为是在战国之世，多数学者认为是稷下学宫时期之作，这样的看法是可信的。对年代做了这样的确定，也就等于确定了作者，他们就是稷下学宫中的先生和学士。如顾颉刚认为《管子》"是一部稷下丛书"，[1]冯友兰认为是"稷下学术中心的一部论文总集"，[2]此外还有一些与此大同小异的说法，如"稷下先生著作集""稷下学报"等。笔者认为，这些概括均过于笼统，不能令人满意。若《管子》果为稷下先生的"论文集""著作总集"等，则这些稷下先生中自然应包括司马迁列举的邹衍、慎到、田骈、尹文、接子等人。但事实上，这些著名的稷下先生均有自己的著作，《汉书·艺文志》皆有著录。刘向早于班固，他编定《管子》时，这些书均未亡佚，民间所献之《管子》书不会包含这些人的作品，刘向博览群书，也不大可能将这些人的作品编入《管子》。故而依托编辑《管子》者，必为佚名稷下学者。然而稷下学宫历时一个半世纪，最盛时先生与学士多达"数百千人"，究竟是其中哪一部分人于哪一段时间编集了《管子》，这是值得进一步讨论的。

---

[1] 顾颉刚：《"周公制礼"的传说和〈周官〉一书的出现》，载《文史》第六辑。

[2] 冯友兰：《中国哲学史新编》（修订本）第二册，人民出版社 1983年版，第197页。

史载，齐威王时，齐已"最强于诸侯"（《史记·田完世家》）。齐宣王"喜文学游说之士"，他凭借雄厚的国力，"厚招游学"，此举意在"览天下诸侯宾客，言齐能致天下贤士"（《史记·孟子荀卿列传》），招徕异国学士来齐讲学。这一措施极大地促进了稷下学宫的发展，一时天下游学之士云集稷下。当时稷下学宫所聚集的学者可以分为两类：一是齐国本土之学者，如淳于髡、田骈、尹文等；一是异国游学之士，如宋钘、慎到、环渊等。这些异国学者来自四面八方，带来了列国的学术与文化，他们在学宫中极为活跃，形成了一股很大的势力。他们在促进了齐国与外界的思想文化交流，丰富和繁荣齐国文化的同时，必然对齐国固有的思想文化造成了极大的冲击。面对如潮水般涌入的异国思想文化，当时齐地学者们心头形成的巨大心理压力是不难想见的。我们完全有理由认为，在这种强大冲击的压力下，许多齐国本土的学者不甘于这种喧宾夺主的局面，于是，如何接受外来思想文化的挑战，弘扬齐国固有的思想文化，使其始终保持齐国特色，与外来思想文化争夺稷下学宫中的主导地位，便成为摆在他们面前的紧迫课题。在齐国本土的学者中，除个别自成一派的著名人物如田骈、尹文等之外，大部分都是佚名学者。他们没有田骈、尹文等人那样大的名气、地位和影响，他们需要一面精神上的旗帜，来号召和团结那些以继承和弘扬本土思想文化为职志的齐人。于是他们自然而然地把目光投向了辅佐齐桓公"九合诸侯，一匡天下"的大英雄管仲，共同创作了齐学的结晶——《管子》一书。他们一面收集、追记和整理管仲的遗说佚闻，一面又依托管仲之名并结合当时的现实来阐发自己的学术思想。他们的学术思想各有所主，各有所长，由此形成了《管子》书中诸多学派思想杂陈的特点。他们难免要受到来自异国的各种学术思想的影响，故而《管子》一书才得以集中地、全方位地反映了战国中期学术思想界的概况。

《管子》书虽杂，但综观全书，又可以明显地感觉到书中具有法家的基本倾向。这一方面是对战国政治舞台上变法图强这一主旋律的反映，另一方面又是由管仲本人思想的特点和齐国长期以来的政治实践决定的。管仲在齐国推行了一系列的社会改革措施，使齐国迅速达到了富国强兵称霸天下的目标，因而管仲在齐人心目中是法家思想的先驱者，法家传统在齐国可谓久已有之。《管子》书中的法家思想人们习惯上称之为"齐法家"，它同作为法家主流的三晋法家有两点显著的不同：第一，它吸收了流行于齐国已久的道家思想，用道家哲理论说法家政治，为法治找到了形而上学的依据，从而以其较强的理论性而有别于刀笔式的三晋法家。第二，它受到了来自近邻邹鲁之地的儒、墨等思想的影响，吸收了它们的长处，论证了礼法并用的必要性，从而以其较为温和的面目而有别于冷冰冰、阴森森的三晋法家。在《管子》一书的许多篇章中，我们都可以感受到这种"齐法家"的浓郁气息。《管子》中的"齐法家"思想，集中地反映了齐国变法时期的政治实践，具有鲜明的战国中期的时代特点。

《管子》中的《心术》上下、《内业》《白心》《枢言》《宙合》《九守》等篇，由于侧重于以道家哲学论说法家政治的理论建设工作，并同时注重吸收别家（特别是儒家）的长处，因而在《管子》书中格外引人注目，通常被视为《管子》中的黄老学派的作品。黄老之学是稷下学术的重大贡献，它产生并成熟于稷下，由《黄帝四经》奠定基础，由《管子》发扬光大。❶《管子》这几篇重要的论文是今存战国中叶黄老之学成熟时期的主要代表作。

在中国哲学史上有着极重要地位的《内业》等四篇中的精气论，更是稷下学宫中佚名的齐地土著学者的突出贡献。前面我们已经指出，精气论是齐国传统的行气养生思想同老子的道论相结合的产物。❷精气论的主要贡献有两点：其一是以精气论道，丰富和发展了古代的道论；其二是精气论心，深化了古代的心性学说。这两点均具有鲜明的战国中期的时代特色，对当时的学术思想产生了重大的影响，这种影响在战国中期的重要著作《庄子》和《孟子》中有集中的表现。❸

在《管子》中，《幼官》《幼官图》《四时》《五行》《轻重己》等一组阴阳五行家言的文章，也以其独具的特色而格外引人注目。这组文章的作者正是宣、闵时期对齐国的帝制运动最为热衷的一批佚名的齐人稷下学者。他们为了配合齐国的帝制运动，对阴阳五行的思想大加发挥运用，完成了阴阳与五行的合流，在中国文化史上贡献颇巨。关于这一论点，本章第三节将详细论述。

由上论可见，在《管子》中无论是作为主流思想的齐法家作品，还是以《心术》《内业》等为代表的一组黄老之学作品，抑或是《幼官》《四时》等一组阴阳五行家作品，都是稷下学宫中

---

❶ 在黄老之学的发展中，著名稷下先生慎到、尹文等也有重要贡献。

❷ 参看本书第七章第二节中有关《管子》心气论的文化渊源部分。

❸ 参看本书第七章第二节第三部分。

佚名的齐人学者的重要理论贡献。它们在战国百家之林中均独树一帜，保持了鲜明的齐学特色。它们的作者虽然连名字也没有留下，却留下了一批宝贵的文化遗产。《管子》一书的创作集结，实现了这批佚名齐人学者的夙愿。由于他们的努力，这部重要的著作得以问世，并以其鲜明的齐学特色和突出的理论贡献，成为先秦学术的百花之园中的一株奇葩。

综而言之，《管子》是齐宣王、闵王时期稷下学宫中一批佚名的齐地土著学者依托管仲编集创作而成的，目的是保持齐学的本土特色，高扬齐学精神，发展齐地固有之思想文化，从而同外来学者们争夺在稷下学宫中的主导地位。《管子》是在受到异国学术大批涌入稷下的外来刺激后产生的，这样的作品只能是稷下学宫鼎盛时期的产物，而不可能是学宫初创时期和衰落时期的产物。（当然也离不开学宫早期的理论积累，同时也并不能排除学宫后期有所增益的情况。）《管子》的作者是稷下学宫中推崇管仲的部分佚名齐人学者，因而说它是"稷下先生的论文集"或"著作总集""稷下丛书"等恐怕是过于笼统了。

二、《管子》中的黄老思想

由于稷下黄老学派诸子的著作皆已缺佚，《管子》中的黄老思想便成为稷下黄老之学成熟时期的主要代表。《管子》的黄老思想甚为丰富，多有贡献，在道家学说的发展史上具有重要的地位。

（一）《管子》对道家哲学的特殊贡献——精气理论

《管子》继承了《老子》，以"道"为其全部学说的最高哲学范畴，并于道论的各项内容中尤为注重探讨道与万物之间的生成关系。老子在论述道生万物时，包含"精"和"气"的思想，但"精"是什么，其与"气"和"道"是什么关系，在老子学说中均不明确。《管子》则明确地把"精"规定为"气之精"，即"精气"——一种精粹细微之气，并把"精气"作为"道"的同义语来使用，由此展开了它的精气理论。《管子》的精气论集中表述于《内业》《心术》等四篇。

《管子》的精气说主要用来说明生命特别是人的精神现象，探讨精神、智慧的来源和活动。《内业》云："凡物之精，此则为生，下生五谷，上为列星。流于天地之间，谓之鬼神。藏于胸中，谓之圣人。"又云："凡人之生也，天出其精，地出其形，合此以为人。"这实际上是认为人和万物都是精气所生。有些学者据精气"藏于胸中，谓之圣人"一句，认为作者是将精神现象归结为一种特殊的物质，其实未必然。这同对《管子》精气说的一个重要观念——"心为精舍"的理解有关。《内业》云："定心在中，耳目聪明，四枝坚固，可以为精舍。精也者，气之精者也。气道（通'导'，通也）乃生，生乃思，思乃知。"这段话有三层意思：其一，心可以为"精舍"，即精气驻留之所，但并非心在任何情况下都可以为"精舍"。精气驻留于心是有条件的，即必须"定"，这个"定"又表述为"正""静""虚"等，指心的一种特殊状态，即不受外物干扰的本然状态。其二，驻留心中的"精"乃是一种精微之气，它本流动于天地之间，待心处于不受外物干扰的本然状态时便会进驻其中。它虽然有"下生五谷，上为列星"，并使人获得生命与智慧的神妙作用，但它本身并不是一种精神本体或实体，本质上仍然是物质性的气。这就否定了脱

离物质实体的精神性本体的独立存在。其三，精气进入心中，在
人体内流通运行，人便获得了生命，从而才有思虑的能力，才能
获得智慧。可见，在作者看来，人有了形体还不等于有了生命，生
命等于形体和精神的统一，而精神乃是"精气"在体内流通运行
而获得的，故云："天出其精，地出其形，合此以为人。"然而精
气无论对人的生命和精神作用的获得多么重要，它本身却并不是
"精神"，而是精微之气，是一种物质实体。总之，我们并不能从
以上三层意思中得出精气即精神的结论，作者在这里所要说明的
是精气同精神现象的关系，所要揭示的是精神的来源，而不是精
神的本质。精神现象不过是精气进入人心这个"精舍"后所产生
的一种作用，这正是说明了精神现象离不开精气这种特殊物
质，但它本身并不就是这种特殊物质，而是这种特殊物质的作用
或运动的结果。

　　在以上引文的三层意思中，第一层是最重要的，它要说明的
是如何才能使流动于天地之间的精气进驻人心这个"精舍"，这
是一切认识和修养活动的前提。《管子》的作者对此问题进行了
细致的探讨，提出了"敬除其舍"的思想。作者把心比作馆舍，把
精气比作"贵人"，"馆不辟除，则贵人不舍"（《管子·心术上》），心
舍不洁，精气就不肯留驻。心中不洁乃是因为有"欲"——私欲
及其引起的各种心态和情绪。将这些不洁之物扫除干净，使心中
无私无欲，精气自然就会前来安家，故云"敬除其舍，精将自
来"（《管子·内业》）。

　　《管子》的精气论强调"中得""内得"。所谓"中"和"内"均
指心，"得"即"得道"，使内心得道的方法也就是"内业"或"心
术"，实际上就是指内心修养的学问。在古人的学说中，认识问

题和修养问题常常是不必区分的一回事,《管子》中也是这样。精气进入心中使人获得认识能力的过程，实际上也就是通过"内业"和"心术"的修养方法而成为"得道"之人的过程。在作者那里,"得道"绝不是轻而易举的,使精气入舍才仅仅是第一步。使精气进入心舍并不等于能使精气留住,如果不继续下功夫,努力地保有这些精气,精气还会从哪里来的又回到哪里去。因而如何保住精气乃是"得道"的第二步,它同吸引精气是两种互不相同又互相联系的工夫。保住精气使之不致得而复失的关键,仍然是使心经常保持平、静、安、敬、宁、虚的状态,即不受任何外界干扰的本然状态。然而外界事物无时无刻不在干扰和破坏着心的本然状态，因而要想保住精气不使丧失，就必须经常调整心态和心境,以抵御外来的干扰,这就是作者十分重视的"修心"和"治心"的工夫。❶

吸引精气和保有精气不使丧失固然重要,但还不是目的,还必须在此基础上使精气不断积聚和扩充,方能"得道",达到圣人的修养境界。《内业》云:"是故此气也,不可止以力,而可安以德。""德"即德行,是一种内心修养的工夫,这是说,精气是不能用强力迫使它止于心中的,只能通过内心修养的方法来保有和不断积聚。通过这样的方法便可"日新其德",使心中的精气日积月累,积少成多,不断获得新的内容。《内业》将这一过程概括为"敬发其充,是谓内得"。"敬"是持续不懈的修养功夫,即始终保持心的本然状态;"充"即充实、扩充,使进入到心中的精气不断积聚扩充,便可以达到"内得"的境界了。那么,精气

---

❶ 参看本书第七章第二节第三部分。

积聚扩充到什么程度才能达到"内得"呢？《心术下》做了补充说明："充不美则心不得。"要使精气扩充发展到完美的程度，才能使心有所得，即达到"内得"的圣人境界。《内业》说，达此境界的圣人，"乃能穷天地，被四海""万物毕得""遍知天下，穷于四极"，达到最高的修养和最高的智慧。

《管子》的精气论将通过内心修养而"得道"的学说运用于政治理论。《心术上》云"心术者，无为而制窍者也，故曰君"，作者以心与九窍的关系喻指君主与臣下的关系，因而"心术"实际上也就是"君术"，即人君南面驾驭群臣之术。《君臣下》云："心道进退，而形道滔迂。进退者主制，滔迂者主劳。""心道"即君道，处于支配地位；"形道"即臣道，处于被指挥的地位。君静臣动，君逸臣劳，君主要"毋代马走，使尽其力；毋代鸟飞，使弊其羽翼；毋先物动，以观其则；动则失位，静乃自得"（《管子·心术上》）。这就是说，为君之道就要无为，就要以静制动，才能使百官各尽其职。所有这一切的关键就在于"治心"，只要将心治好，掌握了"心术"，就不愁天下不治，故《内业》云："治心在于中，治言出于口，治事加于人，然则天下治矣。"这就是精气论的政治实践意义。

（二）道法结合，以道论法

道法结合、以道论法，是黄老之学的主要理论特征。在黄老之学产生之前，道、法两家大体上是对立的。早期道家老子认为"法令滋彰，盗贼多有"，对法治持排斥态度。早期法家只要求人们守法而不问为什么，对道家的一套形而上理论不感兴趣。自从稷下黄老之学开辟了道法结合、以道论法的道路，黄老之学很快就取得了显赫的地位，战国学术思想遂进入了大融合的新阶段。

稷下黄老之学的开山之作是《黄帝四经》，它奠定了黄老之学的理论基础。《管子》沿着《黄帝四经》开拓的道路，大大丰富了黄老理论，将黄老之学发展到较为成熟的阶段。

在《管子》中，常可见到"道"与"法"并提的情况，如《法法》曰："明王在上，道、法行于国。"《任法》曰："百姓辑睦，听令道、法以从其事。"《君臣上》曰："明君之重道、法而轻其国。"道、法并提，表明作者把道与法置于同等重要的地位，使这两种学说融为一体，以阐发治国应以道为体、以法为用的道理。道法结合并用的思想贯穿于《管子》书中，在论述法治主张的篇章中常渗透着道家的影响，在阐发道家理论的篇章中也常把道家哲理运用于论说法家政治。道与法之间是何关系呢？《管子》的观点是法从道出。《心术上》曰："事督乎法，法出乎权，权出乎道。""权"的本义是秤锤，引申为"衡量""标准"，唯其具有社会共同认可的公正性和权威性，故可以作为衡量事物的标准和尺度。"法出乎权"即是说，"法"之所以可以"督事"——判是非明曲直，就是因为它具有"权"那样无可争议的公正性和权威性，故《七法》曰："尺寸也，绳墨也，规矩也，衡石也，斗斛也，角量也，谓之法。"尺寸、绳墨等同"权"一样，都具有作为标准来衡量和规范事物的功能，因而也都可以称之为"法"。而"权"的公正性和权威性，又来自"道"，即取法于天道的自然无有偏私，故曰"权出乎道"。于是"权"作为中介，便把"法"与"道"联系了起来。"法""权""道"三者的基本精神是一致的，那就是"公正无私"，因而也可以说，"法"作为普遍适用的社会规范，乃是直接取法于"道"的基本精神，故《法法》曰："宪律制度必法道"。"宪律制度"即指具体的法令，它从制定到执行都必须取法于大道的公正无私，故《管子》中又称"法"为"天下大仪""天下之至道"。这样，《管子》便将道与法结合了起来，为法治的政治主张找到了哲学方面的依据，论证了实行法治的客观必然性："道"是宇宙万物的总规律总原则，"法"则是人类社会生活的普遍原则，是"道"在社会领域中的体现和落实。可见《管子》中道法结合的黄老思想，是为法治主张确立了形而上的根据，用道家哲学来论证法家政治。这种思想也可以说是"以道为体，以法为用"，是对《黄帝四经》中"道生法"命题的展开和具体化。

（三）顺应人的自然本性

《管子》中的黄老学派不仅从天道观的高度为法治找到了理论根据，而且还从因任自然的道家原则出发，主张为政应顺应人的自然本性，为法治找到了人性论的依据。人性问题在战国中期以前尚未引起人们的普遍关注，甚至在稷下黄老之学的奠基之作《黄帝四经》中也是如此。百家争鸣进入高潮以后，人性问题遂成为人们讨论的中心问题之一，特别是在稷下学宫中争论尤为激烈，出现了各种各样的人性论观点。孟子在齐就曾与告子有过著名的论辩，此外，稷下先生田骈、慎到、尹文均得出了人性本私、好利恶害的结论。《管子》黄老学派的人性论观点与慎到、尹文等人略同，并同他们一样，也把这种人性理论运用于政治，作为推行法治的一个重要依据，论证法家政治的必要性、合理性和可行性。

《管子》黄老派认为，正如制陶必须了解黏土的特性和冶金必须熟悉金属的特性一样，用法治管理人民，就必须首先了解人的本性，针对人的本性来制定各种法令政策。人的本性究竟如何呢？《管子》认为，人的本性就是趋利避害。《禁藏》曰："夫凡人之情，见利莫能勿就，见害莫能勿避。"《形势解》亦曰："民之情莫不欲生而恶死，莫不欲利而恶害。"情就是性，由好利而趋之，由恶害而避之，乃是人的本性使然。这种本性是普遍的，无论贫富贵贱均不能例外："凡人之情，得所欲则乐，逢所恶则忧，此贵贱之所同有也。"（《管子·禁藏》）《管子》认为，人们的各种社会行为都是在这种自然本性的驱动下进行的。《禁藏》曰："商人通贾，倍道兼行，夜以续日，千里而不远"，之所以如此，是因为"利在前也"，渔人入海，不顾海深万仞，日夜出没于波涛之中，是因为"利在水也"，"故利之所在，虽千仞之山无所不上，深渊之下无所不入焉"。《管子》用水往低处流的自然之性比喻人的这种本性："民，利之则来，害之则去。民之从利也，如水走下，于四方无择也。"（《管子·形势解》）表明作者认识到这种自然本性是不可违背的，只能去顺应它。《管子》由是总结出一个道理："民情可得而御也。"（《管子·权修》）这就是说，认识和掌握了人的本性，便可以利用它为治国实践服务。《禁藏》指出，善为政者"执利之在，而民自美安"。只要把握住"利"这一杠杆，行"利民"之政，便可使民"不推而往，不引而来"，人民自然会安居乐业，为我所用，这叫作"牵之以利"。然而"牵之以利"还只是顺应和利用人的自然本性的一个方面，另一个方面叫作"圉之以害"，即制定强制性的法令来"禁于民之所恶"（《管子·形势解》）。这样，利用人皆好利的本性而"牵之以利"，实行重赏，鼓励人们增加生产，这叫作"开必得之门"（《管子·牧民》）；利用人皆恶害的本性而"圄之以害",实行严罚,防止和惩罚违反法令的行为,这叫作"明必死之路"(同上)。这软硬两手也就是韩非所谓的刑赏"二柄"。此乃《管子》黄老学派运用人性理论论证法家政治的主要内容。

对于人皆好利恶害这一自然本性,儒家也早有认识。孔子就曾指出:"富与贵,是人之所欲也……贫与贱,是人之所恶也。"(《论语·里仁》)并认为"性相近也"。实际上是承认了人的这一自然本性。孟子也有类似的看法,他说:"富,人之所欲""贵,人之所欲"(《孟子·万章上》)。并认为"口之于味也,目之于色也,耳之于声也,鼻之于臭也,四肢之于安佚也,性也"(《孟子·尽心下》)。也肯定了人有与生俱来的好利本性。但是,孔孟儒家与《管子》黄老派的不同,并不在于是否认识到了人的这一自然本性,而是在于对待这种自然本性的态度,也就是对待"利"和"欲"的态度,并由此决定了他们相反的政治主张。孔、孟对人的这种自然本性持鄙视态度,将其同道德行为对立起来。孔子曰:"君子喻于义,小人喻于利。"(《论语·里仁》)孟子更是将人的好利恶害的自然本性同他所谓的先天的善性对立起来,主张寡欲,反对言利。因而孔孟对法治虽然并不完全排斥,但却皆不以为然,他们要的是人治。《管子》中的黄老派对人皆好利恶害的自然本性却是从道德上予以了肯定,认为对这种本性只能是采取顺应的态度,而不能压制或试图改变。在他们看来,人人皆有好利恶害的本性,这不是坏事而是好事,因为正好可以利用它来推行法治,实行刑赏两手。这样的态度和主张,乃是道家因任自然这一基本原则在实际政治中的体现和应用,也是黄老学派必然要得出的结论。

（四）礼法并用，注重民心和道德教化

《管子》黄老派的人性论观点与三晋法家相同，而且都被用来论说法家政治，但他们的政治主张却大有不同。《汉书·艺文志》说法家"无教化，去仁爱，专任刑法而欲以致治，至于残害至亲，伤恩薄厚"。《史记·太史公自序》也说法家"严而少恩""不别亲疏，不殊贵贱，一断于法，则亲亲尊尊之恩绝矣"。从这些评论中可以看到，法家的特点是片面强调严刑峻法，不讲仁爱，否认道德的教化作用，在法律面前不讲宗法血缘亲属之情。这些特点显然都是与儒家思想对立的。《管子》黄老派的政治思想既不同于儒家也不同于法家，提出了很多独到而深刻的见解。

《管子》黄老派的政治理论主张礼法并用。虽然法治和礼治均以维护等级制的统治秩序为最终目的，但方式却不相同。法治强调用法律手段和强权政治维护等级制度。礼治则注重用大家庭式的血缘感情来自觉地维护等级制度，这正是法家所要极力反对的。是以礼治国还是以法治国，儒法两家曾势如水火。《管子》黄老学派在此问题上与儒法两家都不同，其主张礼法并用，在肯定以法治国的同时，吸取了儒家关于礼治的思想，设计了礼法结合的政治模式，使这一在《黄帝四经》中便已显露的思路变得明确和清晰起来。《管子》的主流思想是法家，"法"被称为"天下大仪""天下之至道"，要求"君臣上下贵贱皆从法"（《管子·任法》），但同时又承认"礼"对于治理国家也是至关重要的、必不可少的。《五辅》曰"上下有义，贵贱有分，长幼有等，贫富有度，凡此八者，礼之经也"，肯定了礼对于维护等级秩序的重要意义。《牧民》称礼、义、廉、耻为"国之四维"，即维护国家统治的四大绳

索，在其他篇章中也常可见到礼与仁、义、乐等并列的情况。可
见《管子》所谓礼，从广义上讲实包括礼、义、仁、乐、廉、耻等
儒家提倡的道德规范，礼法并用，实质上也可以说是儒法并
用。《管子》对礼治的优点看得很明白，有了礼这种统治手段，则
君臣之间以及各不同等级者之间都可以"坟然若一父之子，若一
家之实"（《管子·君臣下》），臣民对君主就会顺从得像一个父亲的儿
子，大家就会和睦得如同一家人一样，这样便能大大弥补法治的
不足，使礼与法相得益彰。关于礼和法的关系问题，《管子》有
"礼出于法"（《管子·任法》）和"法出于礼"（《管子·枢言》）两种矛盾
的说法，然而无论是哪一种说法，都不再把礼与法对立起来，而
是把它们看成是相辅相成的，缺一不可的。在实际运用上，也有
两种互相矛盾的说法，《权修》主张先礼后法，《正世》则主张
先法后礼。这些矛盾的说法反映了《管子》中家派的不同，有
的是以儒家为本位结合法家的，有的是以法家为本位容纳儒家
的。这些复杂的情况都是战国中期以后学术思想大融合的具体
表现。

　　《管子》黄老派的政治理论具有比较浓厚的民本主义色
彩。《禁藏》曰"夫为国之本，得天之时而为经，得人之心而为
纪"，把民心提到了与天时并列的高度，把得民心看作是理想政
治的标志。《管子》认识到法家政治的最大缺陷就是不能得民
心。法治的要诀是实行刑赏两手，在《管子》看来，这两手均
不足以争取到民众的真心拥护。先看"刑"。刑的内容包括刑罚
杀戮，是运用强硬的手段迫使人们服从，这显然是不能得人心
的。《管子》虽也注重"令行禁止"的效果，没有放弃强硬的手
段，但与主张"严刑重罚"的三晋法家不同，主张轻用刑罚。《管

子》列举了刑罚的局限性和严刑重罚的副作用："刑罚不足以畏其意，杀戮不足以服其心。故刑罚繁而意不恐，则令不行矣；杀戮众而心不服，则上位绝矣。"（《管子·牧民》）"诛罚重而乱愈起"（《管子·正世》），"刑法繁则奸不禁，主严诛则失民心"（《管子·七臣七主》）。《小问》记载了齐桓公问管仲"胜民"即制服人民的办法，管仲答曰："此非人君言也"。他说，要想制服人民很容易，只要实行严刑峻法就可以办到，但结果只能是失去民心，"使民畏公而不见亲"，最终还会祸及自身。再看"赏"。用赏的依据是人皆有好利的本性，只要"牵之以利"，民众即可"不推而往，不引而来"。《管子》认为，这是远远不够的，因为这样仍是虽得其人却未得其心。《参患》曰："得众而不得其心，则与独行者同实。"不能得人心，即使臣民众多，其实也与独夫无异。《管子》认为，对于人民不仅要"利之"，还要"爱之"，这才是得民心的关键。《版法解》云："凡众者，爱之则亲，利之则至。是故明君设利以致之，明爱以亲之。徒利而不爱，则众至而不亲；徒爱而不利，则众亲而不至。"这种见解无疑是深刻的。《小匡》载齐桓公问管仲为政从何而始，管仲对曰："始于爱民"。很显然，不但要让人民得到实际的利益，而且还要以爱结其心，才能使民"亲上"，得到人民的真心爱戴和拥护，这才是最好的政治。《君臣上》认为，这样的政治乃是"发于众心之所聚""与民为一体"，苟能如此，便可"令出而不稽，刑设而不用"，刑法也就派不上用场了。当然，《管子》讲的爱民、亲民、得民心，其最终目的还是要"用民"。《法法》说得明白，"上之所以爱民者，为用之爱之也"，爱民不过是一种手段，"予之于民"不过是为了"取之于民"，这就叫作"予之为取"。统治者的政策越是能合于民心，越是能满足人民的心愿和要求，就越能从人民那里得到他需要的东西。因而《管子》的爱民，并不等于近代意义上的民主与民权，而是为巩固君权服务的。但它毕竟对君民关系做了比较正确的理解，因而不失为古代政治思想中的优秀内容。

法家所倚重的是国家机器的强制性力量，只注重要人们服从的实际效果，而不在乎人们的服从是否自觉自愿。而《管子》黄老派的政治主张，无论是礼法并用，还是爱民争取民心，都是在追求一种自觉自愿的效果，都可以看作是对法家这一态度的反思和纠正。《管子》看到了法治只有禁恶的作用，而不具备劝善的功能，结果只能是导致刑罚越来越繁苛。因而《管子》在强调以法治国的同时，也十分重视道德教化的作用，主张通过道德教化使人自觉向善，蔚成风俗，从而减少违法犯罪，达到"教训成俗而刑罚省"（《管子·权修》）的目的。法家也讲教化，但却是"以法为教，以吏为师"的，《管子》讲教化，其内容则是仁义礼乐廉耻等道德规范，"谨小礼，行小义，修小廉，饰小耻"（同上），从细小的事情做起，日熏月染，逐步移风易俗，达到美化社会风尚的目的。《管子》对"教"与"化"的特点和作用有精辟分析。《侈靡》曰："夫政教相似而殊方。若夫教者，摽然若秋云之远，动人心之悲；蔼然若夏之静云，乃及人之体；鸯然若皓月之静，动人意以怨；荡荡若流水，使人思之，人所生往。教之始也，身必备之，辟之若秋云之始见，贤者不肖者化焉。……今夫政则少别，若夫威形（刑）之征也。"政令与教育虽都以维护社会的秩序为最终目的，但方式却不相同。政令是以"威刑"为特征的，即运用强力和刑罚的手段，迫使人们被动地服从；而教育则是通过"动人心""动人意"的功能，晓之以理、动之以情，使人心悦诚服、自觉自愿地服从，化被动为主动。什么是"化"呢？《七法》曰："渐也、顺也、靡也、久也、服也、习也，谓之化。"即是说，在道德教育的长久熏陶下，使人逐渐地适应和习惯，在潜移默化中终能蔚成风习，形成道德自觉。可见道德教化的功能和作用乃是法律政令所无法代替的，倘使人心皆能向善，都能自觉自愿地遵守法律，刑罚又将何以施之？自然就会"设而不用"了。这样，《管子》就为统治者设计了一个兼重法教的治国方案："厚爱利足以亲之，明智礼足以教之。上身服以先之，审度量以闲之，乡置师以说道之。然后申之以宪令，劝之以庆赏，振之以刑罚。故百姓皆说为善，则暴乱之行无由至矣。"（同上）这样的政治主张在先秦诸子中是颇具特色的，梁启超《管子评传》云："以秋肃之貌，而行春温之心，斯则管子之志也。"这样的评论可谓深得旨要。《管子》兼重法教的政治思想在今天看来似乎很简单，但却是古代的政治家和思想家们在长期的治国实践和学术争鸣中逐渐摸索出来的宝贵经验，得来实为不易。它无疑是先秦时期极富价值的政治思想，对于其后两千年的封建政治具有重要的指导意义，即使在今天看来，对我们仍不失其参考价值。

三、《管子》中的阴阳五行思想

《管子》一书，以其内容丰富和颇具独创性在先秦子书中独树一帜，而其中最具独创性的文章有两组：一组是以精气理论著称的《心术》上下、《内业》《白心》四篇；另一组以《幼官》[1]

---

[1] 另有文字同于《幼官》的《幼官图》一篇，本书与《幼官》视为一篇处理。

《四时》《五行》《轻重己》四篇为代表，其中有丰富的阴阳五行思想。学术界对《心术》等四篇的研究历来比较重视，成果颇丰，而对《幼官》等四篇的研究相比之下却显得较为冷落，不仅专门的论文寥寥无几，而且涉及此的亦不多见。笔者认为，《幼官》等篇在中国思想史上的地位相当重要，作为中国传统思维框架的阴阳五行模式就是在这几篇中定型的。《管子》中的阴阳五行思想十分丰富，本书无意于讨论其中诸如敬授民时、阴阳刑德等有关四时教令的具体内容，只是集中地从思维模式或思维方法的角度，论证《管子》实现了阴阳与五行的合流。

（一）《管子》中阴阳五行思想的发展轨迹

阴阳与五行本是两种不同的文化体系，它们在彼此独立的状态下，各自经过了长期的发展过程，最终才走到了一起。❶阴阳与五行的合流是由《管子》实现的。

阴阳观念在春秋时期还只是在自然观的范围内被使用，到了战国时代才被引入社会领域。在马王堆帛书《黄帝四经》中，阴阳学说有了重要的进展，提出了以"敬授民时"和"阴阳刑德"为基本内容的四时教令思想。但值得我们重视的是，《黄帝四经》中却没有出现五行思想，这种阴阳与五行分离的情况在当时及更早的典籍中是普遍的。《黄帝四经》大约成书于战国早中期之际，❷可见此时阴阳与五行仍各有分畛，尚无合流的迹象。而在《管

---

❶ 参看庞朴《稂莠集》（上海人民出版社 1988 年版）和《一分为三》（海天出版社 1998 年版）。

❷ 关于《黄帝四经》的成书年代，参看拙文《〈黄帝四经〉早出之新证》，载《道家文化研究》第 14 辑。

子》一书的《幼官》等一组文章中，呈现在我们面前的已经是一些融阴阳与五行为一体的，以阴阳说为精神实质、以五行说为表现形式的完整的世界图式——尽管这些图式还有待于进一步完善。

《幼官》等篇的阴阳五行图式标志着阴阳说与五行说的合流。然而这一合流并不是一举完成的，而是经历了一个探索、尝试、由分离到并存再到合流的过程，这个过程在《管子》书中可以清楚地考见。在考察《幼官》等四篇的阴阳五行图式之前，有必要在《管子》的其他篇章中探寻这一过程的发展轨迹。

在《管子》中，《幼官》等四篇是较为成熟的阴阳五行家作品，此外还有许多篇章也不同程度地渗透着阴阳五行的思想。这些篇章可以分为两组，《乘马》《势》《侈靡》《形势解》《水地》《地员》等篇为一组，《宙合》《七臣七主》《揆度》《禁藏》等篇为另一组。它们同《幼官》等四篇分别代表着阴阳与五行合流过程的不同阶段。这些不同的阶段又可以从一个特定的角度证实古人关于《管子》非一人一时之作的著名论断。

让我们从最初的阶段开始我们的考察。

在《乘马》等篇的一组文章中，又有两种不同的类型。

一种类型是基本上保持了《黄帝四经》的特点，只见阴阳不见五行。如《乘马》将春夏秋冬以及日夜的转换交替都看成是"阴阳之推移"和"阴阳之化"，要求人们无条件地服从，不得有所损益。《势》提出"修阴阳之从，而道天地之常，嬴嬴缩缩，因而为当"，主张静作得时，因循阴阳的嬴缩变化。《侈靡》要求君主通晓阴阳二气的嬴缩变化之理，"谨于日至，故知虚、满之所在，以为政令"。"虚、满"是指阴阳二气嬴缩变化的两个临界点，虚是赢益的肇始，满是减损的开端。"日至"即冬至和夏至两日，此二日正是阴阳二气"虚、满之所在"：冬至日阴气降到极致，阳气始上，政令应渐趋温和；夏至日阳气发展到顶端，阴气始下，政令宜渐趋严急。这正是《管子》中著名的"务时而寄政"的思想。《形势解》阐述了阴阳二气在一年四季中的变化规律："春者，阳气始上，故万物生。夏者，阳气毕上，故万物长。秋者，阴气始下，故万物收。冬者，阴气毕下，故万物藏。"并把它作为人主确定赏赐与刑罚的根据："故春夏生长，秋冬收藏，四时之节也。赏赐刑罚，主之节也。四时未尝不生杀也，主未尝不赏罚也。"此即《管子》上承《黄帝四经》又大加发挥的阴阳刑德思想。这些篇章虽将四时教令的阴阳思想发展得更为细致与完善，但尚未与五行说接轨。

《水地》和《地员》则是另一种类型，只见五行而不见阴阳。《水地》极言水德，以水为"万物之本原""诸生之宗室"。在论证水的这种作用时，运用了"五色""五味""五量""五藏（五脏）""五内"等五行条目。《地员》是一篇浸透了五行精神的文字，以五行说为指导方法，对各种土壤及其所生长的物类进行了分类。以赤垆土为例，我们即可感受到其中浓烈的五行说的气息，其文曰："赤垆，历强肥，五种无不宜。其麻白，其布黄，其草宜白茅与蕹，其木宜赤棠。见是土也，命之曰四施，四七二十八尺而至于泉。呼音中商。其水白而甘，其民寿。"这里需要说明的是，《地员》篇在运用了"五色""五味""五音""五臭"等五行条目时，也两次出现了"阴""阳"的字眼。但这里的"阴""阳"，仅指山之背阴与向阳，"其阴其阳，尽宜桐柞，莫不秀长""其阴则生之楂藜，其阳则安树之五麻"，而与阴阳学说无涉。

在《宙合》等篇的一组文章中，出现了关键的变化。它们在阐发阴阳思想的同时，开始容纳五行思想，令五行思想与阴阳思想并行，甚至试探着将二者结合起来。

《宙合》曰"春采生，秋采蓏，夏处阴，冬处阳"，强调圣人的行宜"必因于时"。文中同时又出现了"左操五音，右执五味"的字样，而"五音"和"五味"都是五行学说体系中最基本的条目。《七臣七主》则根据阴阳的变化规定了四时禁令："春无杀伐""夏无遏水""秋无赦过、释罪、缓刑""冬无赋爵赏禄"，认为四时之政不禁，便会导致"阴阳不和""逆气下生"而造成自然灾害。同《宙合》一样，《七臣七主》中也出现了"目伸五色，耳常五声"的五行条目，但亦未同阴阳发生实质性的关系。

在《揆度》中，阴阳与五行的关系比《宙合》《七臣七主》更进了一步。其文曰："事名二、正名五而天下治。"什么是"事名二"呢？"天策阳也，壤策阴也，此谓事名二。"什么是"正名五"呢？"权也、衡也、规也、矩也、准也，此谓正名五。其在色者，青黄白黑赤也。其在声者，宫商羽徵角也。其在味者，酸辛咸苦甘也。""天策阳，壤策阴"是阐明阴阳乃天地之道。"正名五"以权、衡、规、矩、准为"五正"，并使之与五色、五声、五味相配，这是典型的五行家的做法。更为值得注意的是，《揆度》云"事名二、正名五而天下治"，这是把阴阳与五行并列在一起，作为治理天下的两件法宝，并云："人君失二、五者亡其国，大夫失二、五者亡其势，民失二、五者亡其家。此国之至机也，谓之国机。"此"二、五"虽未明说即是阴阳和五行，但显然是取阴阳与五行之数。可见在《揆度》中，五行已与阴阳并行，难分轻重高下，共同规范着作者的思维。至此，距阴阳说与五行说的合流已经不远了。

在《禁藏》中，我们可以看到事情又有了重要的推进。作者已不满足于阴阳与五行的并行，开始尝试着将此两种学说融为一体。其文曰："当春三月，萩室燫造，钻燧易火，抒井易水……发五正，赦薄罪，出拘民，解仇雠，所以建时功，施生谷也。夏赏五德，满爵禄，迁官位，礼孝弟，复贤力，所以劝功也。秋行五刑，诛大罪，所以禁淫邪，止盗贼。冬收五藏，最（聚）万物，所以内作民也。四时事备，而民功百倍矣。"这段话的精神实质仍不出阴阳家的四时教令，然而"春发五正""夏赏五德""秋行五刑""冬收五藏"，用整齐的五行之数来规划四时的行为，却是原来从未有过的做法。它表明五行体系开始渗透于阴阳学说，或者说阴阳学说试探着采取了五行说的形式，披上了五行说的外衣。在这段引文中，"钻燧易火，抒井易水"二句也值得特别注意。《论语·阳货》宰予问"三年之丧"提到"钻燧改火"，《集解》马融曰："一年之中，钻火各异木，故曰改火也。"皇侃《疏》云："改火之木，随五行之色而变也。"《艺文类聚·火部》引《尸子》佚文云"燧人上观辰星，下察五木，以为火"，此"五木"即五时之木。《周礼·夏官·司爟》有"四时变国火"之文，郑注引《鄹（邹）子》曰："春取榆柳之火，夏取枣杏之火，季夏取桑柘之火，秋取柞楢之火，冬取槐檀之火。"可见"改火"是一种相当古老的风俗，早在春秋时期便已流行，后被五行家所改造利用，成为五行说的重要造说。在《幼官》篇配成的五行图式中，有炊爨之火随季节而变的条目：春季"以羽兽之火爨"，夏季"以毛兽之火爨"，秋季"以介兽之火爨"，冬季"以鳞兽之火爨"等，实际上就是"钻燧易火"的翻版。"抒井易水"同"钻燧易火"一样，据说是为了"去兹毒"，其内容大约与《幼官》所谓春季"饮于青后之井"，夏季"饮于赤后之井"等含义相类，也是五行家的造说。《禁藏》引进了五行说的这些条目，表明作者已接受了五行说的杜撰，并试图将这些条目糅合进阴阳说的体系之中。这样，《禁藏》展现在我们面前的，就好比以阴阳为内容、以五行为形式的一堆砖瓦，如果再依五行相生之序，配之以东南中西北五方，便可以将阴阳五行的世界图式架构起来了。这个关键性的架构配当，是由《幼官》《四时》等篇完成的。

（二）《幼官》等四篇实现了阴阳五行的合流

与以上两组仅是部分地渗透有阴阳五行思想的文章不同，《幼官》《四时》《五行》《轻重己》一组文章通篇都是阴阳五行思想，它们是比较成熟的阴阳五行家作品，并各自配成了以五行相生为序的大同小异的宇宙图式。这些图式的配成标志着阴阳与五行合流的实现。

《幼官》等四篇虽然以五行相生的循环序列为构架建筑起它们的理论体系，但这不过是形式而已，这种理论体系的内容或精神实质则是阴阳学说。也就是说，在作者眼中，自然界的四时流布以及人类社会的农政教令等一方面是按照五行图式的安排来运作的，另一方面又是由阴阳消长的规律决定的，服从着阴阳的支配。如《四时》篇开宗明义，提出了阴阳之理是刑德之施的根据的观点："阴阳者天地之大理也，四时者阴阳之大经也，刑德者四时之合也。刑德合于时则生福，诡则生祸。"阴阳与刑德的关系具体又如何呢？《四时》曰"阳为德，阴为刑"，又曰"德始于春，长于夏，刑始于秋，流于冬"，这就是春夏行德政、秋冬施刑政的根据。德政与刑政的具体内容，《四时》中有详尽的规定，每一季都有特定的"德"与"事"，如有违逆，必自取祸灾。以夏季和冬季为例："南方曰日，其时曰夏，其气曰阳，阳生火与气。其德施舍修乐。其事：号令赏赐赋爵，受禄顺乡，谨修神祀，量功赏贤，以助阳气。……夏行春政则风，行秋政则水，行冬政则落。""北方曰月，其时曰冬，其气曰寒，寒生水与血。其德淳越、温怒、周密。其事：号令修禁徙民，令静止，地乃不泄，断刑致罚，无赦有罪，以符阴气。……冬行春政则泄，行夏政则雷，行秋政则旱。"此外，每季还有更为具体详尽的"五政"。《四时》将这些概括为"务时而寄政"，其指导思想就是使四时之政令与阴阳之气的运行相符合。通观《四时》的谋篇布局，我们可以清楚地看到，阴阳时令是全篇的纲领，而这个纲领又是通过五行方位的形式或途径贯彻到每一个季节中去的。《四时》是这样，其他几篇也莫不如此。如《幼官》的纲领也是四时教令的阴阳思想，全文按五行相生的顺序分为东南中西北五部分，每一部分均冠以"春行冬政肃，行秋政霜，行夏政阀"等警句，然后分别配以相应的色、味、声、数等五行条目，五个部分各居一定方位，构成一幅完整的"玄宫图"（"幼官"即"玄宫"，形近传抄致误）。郭沫若等所著《管子集校》中就曾按文中的图位标识，将此五个部分恢复成图形状，称为"玄宫图"。又如《五行》篇，先论"通乎阳气，所以事天也""通乎阴气，所以事地也""人与天调，然后天地之美生"的阴阳家数，再按五行相生之序，分一年为"甲子木行御""丙子火行御""戊子土行御""庚子金行御"和"壬子水行御"五段，分别叙述该时节宜行之事和禁忌之事。在这几篇中，与五行相配当的条目，就出现了五方、五时、五气、五政、五德、五神、五祀、五数、五色、五味、五声、五后、五虫等之多，足见阴阳与五行合流后发展之迅速。

很明显，四时教令的阴阳说是偶数系列，而五行说是奇数系列，阴阳说要想与五行说合流，就必须解决奇数系列和偶数系列如何搭配结合的问题。这个问题是难以解决的，甚至是不可解决，但又是无法回避的，它始终困扰着阴阳五行家，使他们陷入捉襟见肘的尴尬境地。他们不得不硬着头皮走下去，于是勉强凑数者有之，躲躲闪闪者有之，生搬硬套者有之，拆东墙补西墙者有之，留下一大堆遗憾。《幼官》等四篇就如实地记录了阴阳五行家们为解决这一问题而绞尽脑汁设计出来的种种方案。

四时教令的思想最初与先民在长期的农业生产实践中达成的对自然规律的朴素认识有关，但其上升到天人关系的理论形态并与社会政治发生联系，则有赖于阴阳思想的发展。把四季的推移看成是阴阳的流行是非常自然且容易的，因而阴阳与时令的结合是水到渠成的，四时教令的思想几乎可以说就是阴阳说的全部内容。五行说要与阴阳说合流，选择时令作为结合点是最简捷也是最有效的，因而五行与时令如何结合，便成了合流的关键环节。如果不能解决这一问题，五行与阴阳的合流就是一句空话。反过来说，这一问题的解决，也就意味着合流的实现。《幼官》在五行与时令的结合上做了最初的尝试。

《幼官》选择了五方作为五行与时令结合的突破口。在五行所配当的五花八门的项目中，东南中西北五方是一个最初的也是最重要的项目，它在五行体系中具有基础的地位。没有五方，五行体系就无法架构分布，就形不成图式。因而五行与时令结合的关键，是解决五方与时令的搭配问题，《幼官》从方位下手，可以说是抓住了问题的要害。《幼官》全篇分为十段，各段之间用"此居图方中""此居图东方方外"等夹注隔开，可见全篇文字原本是按方位分布为图形状的。作者将春季分配于东方，称为"八举时节"；将夏季分配于南方，称为"七举时节"；将秋季分配于西方，称为"九和时节"；将冬季分配于北方，称为"六行时节"。每一"时节"均配以相应的五行条目：

　　八举时节，君服青色，味酸味，听角声，治燥气，用八数，饮于青后之井，以羽兽之火爨……

　　七举时节，君服赤色，味苦味，听羽声，治阳气，用七数，饮于赤后之井，以毛兽之火爨……

　　九和时节，君服白色，味辛味，听商声，治湿气，用九数，饮于白后之井，以介兽之火爨……

　　六行时节，君服黑色，味咸味，听徵声，治阴气，用六数，饮于黑后之井，以鳞兽之火爨……

这样的安排看似很严整，但是最为要害也是最困难的问题并没有解决，那就是在一年的季节中没有给相当于土德的"中"留下位置——尽管居于"幼官图"中央的关于"五和时节"的各项记事被安排在篇首。这个"五和时节"既然被称为"时节"，其日数却又为零，没有在一年中占据一定的位置，[1]那它就只能是有名

---

　　[1] 《幼官》中有记录一年中阴阳消长和物候变化的"三十时节"，每一时节十二日，各有名称，其中许多与现行二十四节气的名称相同或相近，如"清明""大暑至""白露下""大寒终"等。这三十个时节不均等地分布于四季，春秋各八个时节，冬夏各七个时节，相当于土德的"五和时节"不占天数。关于《管子》三十时节的讨论，可参看李零《〈管子〉三

无实的虚设了。虽为虚设，却又不能不设，这也是没有办法的办法。

《四时》沿袭《幼官》的路数，并试图对《幼官》的图式做些修补以圆其说。其图式为：

东方曰星，其时曰春，其气曰风，风生木与骨。其德……其事……

南方曰日，其时曰夏，其气曰阳，阳生火与气。其德……其事……

中央曰土，土德实辅四时入出……

西方曰辰，其时曰秋，其气曰阴，阴生金与甲。其德……其事……

北方曰月，其时曰冬，其气曰寒，寒生水与血。其德……其事……

《四时》将"中央土"安排在南方与西方之间即夏季与秋季之间的位置，这样，《四时》的五行相生序列就一目了然了，其五行图式也比《幼官》更直观和顺理成章。在《幼官》中，"五和时节"同其他时节的关系因无法交待而回避了，《四时》采取了不同的处理方法，放弃了"五和时节"的提法，而用"土德"称之："中央曰土，土德实辅四时入出……其德和平用均，中正无私，实辅四时。"这样，土德的作用就是辅助、协调四时的运作。五德中土德居中，故对其余四德似乎又有统领的作用。然而，中央土虽被说成是具有这样的重要作用，但毕竟也没有改变在一年的时间

十时节与二十四节气》一文，载《管子学刊》1988年第2期。

序列中不占天数这一事实，❶故而仍然是为了凑数的虚设。事实上，如果不打乱一年分为四季的时间单位体系，要想使五行方位与四时节令配合，就不得不非常勉强地在四季中间插入这个虚设的中央土，否则就无法给出一个完整的世界图式。后来的邹衍杜撰出与四时并列的"季夏"这一概念。到了《吕氏春秋》，"季夏"成了夏季第三个月的名称，在原来的"季夏"的位置上又恢复了"中央土"的提法，这种做法当是直接取自《管子·四时》。然而无论是邹衍的"季夏"还是《吕氏春秋》的"中央土"，都与《管子》的"五和时节"和"中央曰土"一样，从字面上看虽与其他四季并列，实际上也都没有在一年中占据确定位置，也就是说，都未曾打破正常的四季各领三月的时间单位系统，因而仍然是虚设。

《五行》篇的思路与《幼官》《四时》大不相同。也许是看到了《幼官》《四时》的症结所在，它放弃了这种"播五行于四时"（《礼记·礼运》）的方法，采取了另一种处理方式，在四时上做文章，试图避免前者遇到的麻烦。作者用五行等分一岁之日，从四时的每一时里扣下若干天留给中央土，这样就将一年分成五个七十二日，配以木火土金水五行：

　　　睹甲子，木行御，天子出令……七十二日而毕。

　　　睹丙子，火行御，天子出令……七十二日而毕。

　　　睹戊子，土行御，天子出令……七十二日而毕。

---

❶　《四时》将天干十日引入五行系列，其文曰："春三月以甲乙之日发五政""夏三月以丙丁之日发五政""秋三月以庚辛之日发五政""冬三月以壬癸之日发五政"。四季各领三个月，中央土仍然不占天数。

睹庚子，金行御，天子出令……七十二日而毕。

睹壬子，水行御，天子出令……七十二日而毕。

从形式上看，这种分法确实较完满，似乎弥补了《幼官》《四时》五行图式的缺陷，但是，这种形式上的完满是以打乱正常的时间系统为代价的，因而注定是行不通的。五行说虽然包含了一定的日常生活经验于其中，但它作为一种世界观，用虚设的联系来解释世界，把观察到的一切都塞进五行图式这个先验的框架中，本质上是一种非科学的臆造，因而可以任意拼凑涂改。而关于四时的学说则大不一样，它有坚实的生产生活基础和足够的科学根据，是自然界运行的客观规律在人们头脑中的如实反映。一年分为春夏秋冬四季的观念由来已久，在人们头脑中根深蒂固，不容随意改变，一旦原有的时间概念系统被打乱，人们将无所适从，给生产和生活带来极大的混乱。《幼官》与《四时》的五行图式虽然于形式上难圆其说，但毕竟是以五行来适应四时，即"播五行于四时"，没有打乱正常的时间概念系统，人们尚可接受。而《五行》的图式为了追求形式上的严整，不惜打乱四时系统来迎合五行，实为削足适履之举，断难被人们接受。《五行》此举本来是为了避免四时与五行相配的麻烦，但又保留了四时的名称，篇中有"春者土师也，夏者司徒也，秋者司马也，冬者李也"之文，这既表明了作者的混乱，又表明了四时的概念难以从人们头脑中抹去。《五行》的尝试是失败的，故而为《吕氏春秋》《礼记》和《淮南子》的十二纪、月令、时则所不取。❶然而失之东隅，却收

---

❶ 《淮南子·时则训》放弃了五行各主七十二日的做法，但为了调和四时与五行相配产生的矛盾，使中央土行不至于空起来，它采取了另一种

之桑榆，五行各主七十二日之举却成了后世一种神秘数术的滥觞。❶

　　《轻重己》的作者将四季各分为两个等分，遂将一年分成了八个四十六日，其首日分别称为春始、春至、夏始、夏至、秋始、秋至、冬始、冬至，按时发布政令。这实际上不过是在四季基础上的进一步划分而已，并没有什么新内容。而且这种更为细致的八分法反而带来了麻烦，使得五行说更难以与之搭配。虽然其中也有"天子东出其国""西出其国""服青而绖青""服黑而绖黑"等五行名目，但最关键的中央土却连一点踪影也看不到。从这一角度看来，《轻重己》有可能是《管子》中最早配成的阴阳五行图式。

（三）《管子》阴阳五行合流的历史背景

　　以上我们考察了《管子》中阴阳五行合流的具体历程。应该承认，阴阳与五行的合流是古代哲学理论自身发展的内在需要，是一种合乎逻辑的必然结果。然而仅对事情做出这样的解释并不能令人满意，究竟是何人于何时出于何种动机或政治需要进行了这一重要的理论创造，又是本书必须回答的问题。要回答这些问题，须从《管子》一书说起。

　　前面我们在讨论《管子》的成书年代和作者时已经指出，《管

独特的方法。《时则》中十二个月的名称与《吕氏春秋》相同，不同的是它将"季夏"配给了中央土，这样就使得南方火德少了一个月，其余东方木德、西方金德、北方水德仍各领三个月。这样的搭配反而更不齐整。

❶ 《史记·高祖本纪》言刘邦"左股有七十二黑子"，张守节《正义》曰："七十二黑子者，赤帝七十二日之数也。木火土金水各居一方，一岁三百六十日，四方分之，各得九十日，土居中央，并索四季各十八日，俱成七十二日。故高祖七十二黑子者，应火德七十二日之微也。"

子》一书是稷下学宫鼎盛时期一批佚名的齐地土著学者依托管仲编辑创作的，是在受到异国学术大量涌入稷下的外来刺激后产生的。就齐国本土固有之学术思想同涌入稷下的异国学术的关系而言，它们一方面难免要互相排斥和冲突，另一方面又不可避免地要互相影响、启发和吸取，古代学术遂进入了大汇合、大交融的新的发展时期。《管子》书中的阴阳五行家言便从一个特定的方面记录了这一列国学术文化大汇合的历史进程。

时下学术界有一种观点，认为《管子》中这一组阴阳五行家言的篇章是邹衍的遗文。❶笔者的看法与此正相反，认为这几篇作品先于邹衍，是邹衍学说的直接理论来源。邹衍居稷下迟在齐襄王、王建时期，近人早已辨明。使邹衍显名于诸侯的五德终始说及其理论基础五行相胜之序以及大九州说，都不见于《管子》而见于《吕氏春秋》，这表明《管子》当成书于战国中期。再者，邹衍活动的战国晚期，稷下学宫已成苟延之势，很难想象具有宏大气势和蓬勃气象的《幼官》等篇是稷下学宫这一时期的作品。我们有理由相信，《幼官》等篇的创作，当在齐国国势正强和稷下学宫昌盛之时。史载，齐威王时齐已"最强于诸侯"（《史记·田完世家》），宣王时"齐之强，天下不能当"（《战国策·齐策一》），遂萌发"辟土地、朝秦楚、莅中国而抚四夷"的"大欲"（《孟子·梁惠王上》）。至闵王，乃"奋二世之余烈，南举楚淮，北并巨宋，苞十二国，西摧三晋，却强秦，五国宾从。邹鲁之君，泗上诸侯，皆入臣"（《盐铁论·论儒》）。齐为天下数一数二的强国，遂开始酝酿帝

---

❶ 说见刘蔚华、苗润田著《稷下学史》，中国广播电视出版社 1992 年版，第 114 页。

制运动，曾一度与秦并称"东帝"和"西帝"。为适应这一政治需要，"受上大夫之禄"，被田齐统治者"高门大屋尊崇之"的稷下先生们自然要纷纷行动起来，为齐国称帝制造舆论，进行筹划准备。而最热衷于此的，理应是推崇管仲、念念不忘桓管霸业的齐地土著一派稷下先生。他们在前此的理论准备的基础上，将阴阳学说同五行学说融为一体，挖空心思地为齐王称帝设计了种种方案。根据帝制的需要，对"圣王""天子"在不同季节的政令甚至日常生活中的服饰、饮食、起居等都做了详尽的规定，以求与阴阳的运行和五行体系相配合。这些设计，就记录在《幼官》等一组文章中。这样的作品，绝非坐以待毙的齐王建时期的稷下学宫中的残存者们所能创作出来的。而在稷下学宫创立的初期，齐国还远不够强大，亦无创作这一套理论的客观动因。据此，我们推断这组文章乃是宣、闵时期对齐国的帝制运动最为热衷的一批佚名的稷下齐人学者所作，是有较充分的根据的。

（四）《管子》阴阳五行思想的历史地位

过去的研究表明，阴阳与五行是中国古史系统中发生在不同地域的两种文化类型，长期以来处于阴阳自阴阳、五行自五行的彼此独立的发展状态。两者虽然模式各异，但都试图解释世界的本质、万物的生成和探索宇宙变化发展的规律，本有交融合流的可能。战国百家争鸣的兴起，特别是稷下学宫的创立和发展，为阴阳文化和五行文化的合流提供了难得的机会和良好的条件。《管子》中《幼官》《四时》《五行》《轻重己》四篇的阴阳五行图式，标志着阴阳五行合流的初步实现。阴阳与五行的合流是先民力求更全面、更精确地认识和把握世界的努力结果，反映了古代不同地域、不同类型的文化大发展、大交流、大冲突直至大融合的漫长、艰难而又壮观的过程。

阴阳五行的合流实现于何时？目前学术界有不同看法。有人认为实现于春秋，此种观点论据极为薄弱，故不足取。有人认为实现于邹衍。诚然，邹衍作为战国末期阴阳五行家的主要代表人物，在他的学说中阴阳思想和五行理论结合在一起，应该是不成问题的。但邹衍的著作久佚，现存零星材料无法证实这一点，因而此种观点只是一种合乎情理的推论，缺乏史料的支持。有人据《吕氏春秋》全书以阴阳五行为构架而认为阴阳与五行合流于《吕氏春秋》。然而《吕氏春秋》的阴阳五行思想在《管子》中便已齐备，《吕氏春秋》不过是从《管子》创造的阴阳五行图式中选取了《四时》一种，加以充实后运用于本书的创作而已。还有人据董仲舒的阴阳五行思想最为完备立说，认为阴阳五行合流于董仲舒之手，这就更不足以服人了，因为某种学说的创立同它在之后的发展是两回事。笔者以上的研究表明，有足够的证据可以断定阴阳与五行合流于《管子》。在邹衍和《吕氏春秋》之前的《管子》中，不仅可以看到成熟的阴阳五行图式，而且可以清晰地看到阴阳与五行由并存到融为一体的发展脉络。

中国古代文化是以阴阳五行说为框架的。在《管子》之前，阴阳和五行好比一堆零散的部件，《管子》实现了阴阳五行的合流，始将这些部件装配成整体。从此，阴阳五行说获得了新的理论形态，进入新的发展阶段，严格意义上的阴阳五行说才正式确立。五行说的一大特征是高度程式化，具有一种外在的形式美，其缺点是抽象程度不够高，缺乏自我运动的内在动力，而这恰恰是阴阳说的长处。阴阳说与五行说的结合正好可以取长补短：以四时教令为基本内容的阴阳学说采取了五行的图式，二者一表一里，相得益彰。就五行方面来说，由于吸收了阴阳学说，阴阳之理作为一种内在的基本精神，浸透于整个五行图式中，使得五行图式获得了内在的动力而得以运转起来，有利于用抽象的原理解释世界。就阴阳方面来说，由于吸收了五行说程式化的优点，采取了五行的外壳，从而使得阴阳说在形式上更加严整和规范，在表现手段上也更加丰富和生动，有利于阴阳之理的展开和具体化。阴阳与五行的合流，如果分开来看，可以说它们各自都飞跃到新的发展阶段，如果合起来看，则标志着阴阳五行说作为中国古代文化的框架已经正式形成，从而开创了中华文化发展的新阶段。而这一创造性的理论工作，正是由《管子》开始并初步完成的。此后的邹衍、《吕氏春秋》《淮南子》、董仲舒等，都只不过是循着《管子》开创的道路，对之不断修补、充实和完善而已。这就是《管子》的阴阳五行思想在阴阳五行学说发展史乃至中国思想文化发展史上的重要地位。

第十章 邹衍与稷下学

　　邹衍是稷下学宫后期的著名学者,也是先秦阴阳家的集大成者和主要代表人物。阴阳家是阴阳五行家的简称。学术史上所谓某家, 必以某人为代表人物或以某书为代表著作, 方可称之为"家"。而阴阳五行思想虽由来甚久, 但在战国中期以前只见一些零散的表述, 既无代表人物又无代表著作, 故难以作为独立的学派而存在。阴阳之为"家", 始自稷下先生齐人邹衍。战国中期保存阴阳家思想较为系统的两部书——《黄帝四经》和《管子》均出于稷下,阴阳家的主要代表人物齐人邹衍和邹奭均为著名的稷下先生,战国末期的《吕氏春秋》中的阴阳家言也是邹衍后学所为。先秦阴阳家言皆出于稷下,因而可以说,阴阳家是稷下学的一大特产。

一、邹衍思想的转变及其学术渊源

　　《史记·孟荀列传》云:"邹衍睹有国者益淫侈,不能尚德,若《大雅》整之于身,施及黎庶矣。乃深观阴阳消息而作怪迂之变,《终始》《大圣》之篇十余万言。"可见邹衍以阴阳五行家言立说，其动机是促使有国者"尚德"，而"尚德"乃是儒家的政治主张。同传又说："然其要归，必止乎仁义节俭，君臣上下六亲之施。"这表明邹衍的学术思想与儒家有很深的关系，其学术之"要归"不出儒家路数，渗透着儒家精神。《盐铁论·论儒》说得更明白："邹子以儒术干世主，不用，即以变化终始之论，卒以显名。……邹子之作变化之术，亦归于仁义。"据以上几条材料可知，邹衍最初是治儒家之术的，由于不为世主所用，才转而"深观阴阳消息"，提出系统的阴阳五行学说，从而受到列国诸侯的礼敬。他的思想经历了一个由儒家向阴阳家转变的过程。但是由于他最终还是要宣扬"尚德""仁义"等儒家主张，所以"王公大人初见其术，惧然顾化"，虽为他的学说所惊骇、打动，但最终还是"其后不能行之"（《史记·孟子荀卿列传》），不肯接受他的一套儒家主张。从邹衍的思想转变中我们可以看到阴阳五行学说同儒家学说的密切关系，所以到了汉代，两家的合流也就不难理解了。

邹衍之所以显名于诸侯，在于他以阴阳五行家大师的面目出现，建立了一个庞大的阴阳五行思想体系，使之成为一"家"之言而与儒、墨、道、名、法鼎立，并于此基础上有所创造，提出了五德终始的历史观、以小推大的认识方法、大小九州的地理观等在中国文化思想史上影响颇大的理论。

近人的深入研究证实，阴阳与五行的思想是分别发生的，它们的产生，从文化人类学的意义上看，有着各自不同的民族心理和地域等方面的文化渊源与背景，两者的关系，也经历了一个由阴阳自阴阳、五行自五行的分离状态到合流的过程。稷下学宫的创立，使阴阳五行说获得了发展的良机，从《黄帝四经》到《管子》，阴阳与五行的思想不断丰富，二者也由分离到逐步合流，从而为邹衍学说的创立提供了必不可少的理论准备。下面我们简略地考察一下阴阳思想与五行思想发展的历程，特别是它们在稷下学宫中的丰富与发展。

阴阳的原始含义是指日光的向背。甲骨文中已有阳字，金文中出现了阴阳连用，但都是在原始的意义上使用的。在《左传》《国语》中，阴阳概念频繁出现，并开始被想象为气，用来解释自然界的风雨晦明和水旱地震等正常与异常现象。如《国语·周语下》载周景王二十三年乐官州鸠语曰："气无滞阴，亦无散阳。阴阳序次，风雨时至。"《左传》鲁襄公二十八年"春无冰"，梓慎解释为"阴不堪阳"。昭公四年"大雨雹"，申丰释之为冬有"愆阳"，夏有"伏阴"。僖公十六年"六鹢退飞过宋都"，周内史叔兴释之曰"是阴阳之事"。最著名的是伯阳父论地震，其言曰："周将亡矣。夫天地之气，不失其序。若过其序，民乱之也。阳伏而不能出，阴迫而不能蒸，于是有地震。今三川实震，是阳失其所而镇阴也。阳失而在阴，川源必塞。"（《国语·周语上》）这些材料表明，春秋时已有了较为丰富的阴阳观念。到了老子手中，阴阳被赋予了更为抽象的哲学含义："万物负阴而抱阳，冲气以为和。"（《老子·第四十二章》）阴阳被认为是万物普遍具有的两种对立相反的属性与作用。

然而，春秋时的阴阳观念毕竟是零碎的，仅限于对自然现象的描绘和解释。老子虽然进了一步，用阴阳观念来解释天地万物的生成与演化，但仍局限于自然领域。将阴阳观念引入社会领域，使之获得长足的发展，乃是稷下学术的创造。稷下学术对阴阳思想的集中而详尽的阐述，始于《黄帝四经》，终于《管子》，它们是邹衍阴阳学说的直接和主要的思想来源。

《黄帝四经》是稷下学的早期作品,其内容自始至终贯穿着阴阳思想。值得重视的是,《四经》并未停留在对自然界的阴阳变化和万物的生灭构成进行描述和解释的阶段,而是对前人的阴阳思想做了两点重要的推进:一是将前人对季节变化与农业生产的关系的规律性认识进行了概括总结,上升到哲学的高度,系统地提出了"顺天授时"或"敬授民时"的思想,并提出"因天时",强调人的一切活动都必须顺应自然界的阴阳变化。二是将阴阳思想应用于社会政治,提出了"刑阴而德阳"和"春秋为德,秋冬为刑"的阴阳刑德理论。《四经》的这两点推进是关键性的,它标志着"四时教令"学说的确立,在以后相当长的一段时间内,这一学说在思想界和政治领域都产生了极大的影响。《四经》的阴阳思想在《管子》中得到了进一步的展开和发挥。

前面我们已经指出,《四经》中虽贯穿着阴阳思想,却没有出现五行思想。这清楚地表明,战国中期的早些时候,五行思想尚未与阴阳思想接轨,而当时的阴阳思想已经在稷下学宫中发展得较为完善了。

在晚出于《四经》的《管子》中,情况便大不相同了。如前所论,在《管子》中,我们看到的不仅有阴阳与五行的并存,而且阴阳作为天地之气,已经渗透到五行图式之中,成为推动五行图式运转的内在动力。

与阴阳观念不同,五行观念——五行作为特定的名词出现,从一开始便具有较高的抽象性、概括性和较普遍的方法论意义。《尚书·洪范》中的箕子答武王问,一般被认为是五行说的最早材料。其言曰:"五行:一曰水,二曰火,三曰木,四曰金,五曰土。水曰润下，火曰炎上，木曰曲直，金曰从革，土爰稼穑。润下作咸，炎上作苦，曲直作酸，从革作辛，稼穑作甘。"西周末年的史伯也说："先王以土与金木水火杂，以成百物。"（《国语·郑语》）春秋时子产也说："则天之明，因地之性，生其六气，用其五行。气为五味，发为五色，章为五声。"（《左传·昭公二十五年》）这些材料表明，先民不仅用金木水火土五种最简单、最基本的自然物来说明世界的构成，而且"五"作为具有特殊意义的数字，已经获得了普遍的方法论的意义，用来整理和说明周围的一切事物和现象。从西周到春秋的史料中，我们已能看到五方、五色、五材、五官、五味、五声等五行说的配当条目，这些都是用五行观念观察整理世界的产物，战国时更有五气、五虫、五臭、五数、五帝、五神等增益。五行观念作为一种思维习惯或框架，已经在很大程度上影响甚至决定了人们的各种活动。

先民自创造了五行说以来，便不断地对五行的相互关系进行思考和探讨。五行之序，最初是以《洪范·五行》为代表的没有内在联系的并列关系，但人们很快便发现了五行之间在物理、化学性质上存在着某种相生和相胜的逻辑联系。据王引之《经义述闻·春秋名字解诂》所例举，春秋时人喜用天干取名和字，其中常常包含了五行相生之义。《墨子·贵义》载子墨子曰："帝以甲乙杀青龙于东方，以丙丁杀赤龙于南方，以庚辛杀白龙于西方，以壬癸杀墨龙于北方。"这是以天干与方位相配，十天干中独缺居中的戊己，故毕沅本据《御览》增"以戊己杀黄龙于中央"是有道理的。此处虽未有五行出现，但显然是受五行观念支配的。将十天干依顺序分为五组，分别与五行、五方相配：东方甲乙木，南方丙丁火，中央戊己土，西方庚辛金，北方壬癸水，所

显示出来的正是五行相生之序。而干支与五行相配,如丙属火,戊属土,早在春秋时期便有文献可征。❶

战国中期,由于五行说同四时教令的阴阳学说的结合,这种五行相生的理论得到了广泛的应用,我们在《管子》的《幼官》《四时》《五行》《轻重己》诸篇中可以看到这方面的大量材料。《幼官》等篇均采用以五行为框架的宇宙图式,将木火土金水五行分配于东南中西北五方。在这种图式中,五行之间是相生序列,五行相生为继,循环不止,构成一个周而复始的圆圈,正好符合春夏秋冬相生相继、循环不已的天道运行规律,于是便有了君主于某季节居某方、服某色、食某味、饮某水、听某声、治某气、用某数、举某火、行某政等种种配套的规定。这些服色方物的思想是古人的思维在五行相生观念支配下的产物,他们将所能观察到的事物和现象生吞活剥、削足适履般地统统塞进五行相生的框架,自以为发现了大自然和人类社会的真谛,找到了人事与天道相通之门的钥匙,其实是不知不觉地僵化了自己的思维,捆住了自己的手脚。《管子》中的五行图式是阴阳五行家最早配成的宇宙图式,它们标志着五行相生理论的发展和应用已经到了日臻成熟的阶段。

至于五行相胜的观念,春秋时有较五行相生更为明确的记载。《周书·周祝》云"陈彼五行,必有胜",即指出了五行间存在相胜的关系。《左传·文公七年》郤缺曰"水火金木土谷,谓之六府",便是将五行按相胜的次序排列了出来。史墨对五行相胜的表述更为明确,如《左传·哀公九年》载晋赵鞅卜救郑,遇

---

❶ 参看庞朴《阴阳五行探源》,载《中国社会科学》1984 年第 3 期。

水适火，史墨占曰："水胜火，伐姜则可。"又昭公三十一年十二月日食，赵简子占梦于史墨，史墨曰："……火胜金，故弗克。"可见，五行相胜的关系春秋时便已确立，主要运用于吉凶休咎的占卜术。另有一些具有科学思想的人提出了五行无常胜说，反对将五行相胜公式化和神秘化。如《孙子兵法·虚实》云："五行无常胜，四时无常位，日有短长，月有死生。"《墨子·经下》云："五行毋常胜，说在宜。"《越绝书·计倪内经》云："金木水火土更胜，月朔更建，莫主其常。"这两种对立的见解，表明人们对五行关系思考的深化。然而，五行相胜说所揭示的是五行之间一种逆向的关系，它无法如五行相生说那样合于四时之序，难以与时令相结合，因而在五行相生说被广泛应用于社会生产与政治，从而获得长足发展的战国时代，五行相胜说受到了冷遇，几乎销声匿迹了。❶直至邹衍，才一反当时人们惯用的五行相生序列，将五行相胜的关系引入社会历史，提出了五德终始说，用于解释朝代的更替，五行相胜说才获得了发展的机遇，从而活跃起来。

邹衍以五行相胜说为基石的五德终始之论，是服务于当时的社会变革的，它的提出，是以结束诸侯割据，实现统一这一日益明朗化的社会发展大趋势为现实背景的。同时，邹衍用五行相胜说解释朝代的更替，力图探寻历史发展的规律性和内在原因，尽管其中多有比附穿凿，但比起该学说在春秋时期仅用于占卜来，无疑是向前迈进了一步。再者，在邹衍的思想体系中，同时

---

❶ 但并未绝迹，如 1972 年山东临沂银雀山出土的《孙膑兵法》，其《地葆》篇云："五壤之胜，青胜黄，黄胜黑，黑胜赤，赤胜白，白胜青。"青黄黑赤白分别为木土水火金之色，故这里呈现出来的是五行相胜之序。

容纳了五行相生和相胜二说（本章后面有详论），使之互为补充，亦是五行学说自身完善化的逻辑需要，表现了古人力求按照自己特有的逻辑和方式尽可能完满地解释世界的不懈努力。

五行说在邹衍之前，以《管子》中《幼官》《四时》等篇最为丰富和完备。如前所论，在《管子》中，五行说已经同阴阳说合流，结束了长期分离的状态，这标志着阴阳五行学说已经发展到新的阶段，采取了新的理论形态。在《幼官》等篇中，以四时教令为主要内容的阴阳学说采取了五行图式的表达方式，或者说，五行框架的形式表现着阴阳说的内容，渗透、贯穿着阴阳之理，二者已有机地融为一体。《管子》的阴阳五行思想尽管还不够完备，配成的宇宙图式尽管还只是雏形，但却足以对后世产生重大的影响，《吕氏春秋》之"月令"、《淮南子》之"时则"都是以它为蓝本的。

邹衍既为阴阳五行家之集大成者和主要代表人物，他的学说当然离不开前人的思想创造。邹衍学说的全部内容虽已难知其详，但我们可以有把握地说，春秋时期的阴阳思想和五行思想是邹衍学说的理论源头，而产生于稷下学宫的《黄帝四经》和《管子》中的阴阳五行思想则是其直接的思想来源。

邹衍的思想曾有过一个由儒家到阴阳家的转变过程，儒家思想必然对他有重大影响，而成为其学术思想的另一渊源。《孟荀列传》云邹衍"因载其机祥度制……称引天地剖判以来，五德转移，治各有宜，而符应若兹"，可见邹衍五德转移的历史观有浓厚的机祥符应思想。在邹衍之前的《黄帝四经》和《管子》中，我们只见到其在论四时教令时有灾异说，并不见祥瑞符应的迹象，故而此一思想大概与邹衍所由之分化出来的儒家思孟派有关。如《中庸》云："国家将兴，必有祯祥；国家将亡，必有妖孽。"《孟子·公孙丑下》亦云："五百年必有王者兴，其间必有名世者。由周而来，七百有余岁矣。以其数则过矣，以其时考之则可矣。"邹衍正是受到这些思想的影响和启发，遂将其与五行相胜说结合起来，从而提出了五德终始的历史发展观。

二、邹衍学说的主要内容

《史记》说邹衍著有《主运》《终始》《大圣》之篇十余万言，《汉志·诸子略》著录《邹子》四十九篇，又《邹子终始》五十六篇，可见邹衍的思想是十分丰富的，可惜这些书均久已失传。邹衍之书虽佚，但从现存古籍中所转述、征引和评论的有关材料中，仍可大体考见其学说的主要内容。

（一）五行相生——《主运》的四时教令思想

学术界过去多认为邹衍只有五行相胜的思想，这是不全面的。实际上，邹衍书中既有相胜说，亦用相生说。其相生说虽不如相胜说那样有较多的史料保存下来，但仍有线索可稽考。今试考之如下：

《史记·封禅书》裴骃《集解》引有两段如淳的话。其一："今其书有《五德终始》，五德各以所胜为行。秦谓周为火德，灭火者水，故自谓水德。"其二："今其书有《主运》，五行相次转用事，随方面为服。"如淳是三国时人，他既然说"今其书有《五德终始》""今其书有《主运》"，从口气上判断，必是亲见当时尚存的邹衍著作，《终始》《主运》乃同为邹子书的篇名。此两篇的内容，如淳的上面两句话实际上已经交待清楚：《终始》所论，乃是朝代更替兴废的历史观，其理论基础是五行相胜说；《主运》所论，则是四时教令的政治思想，其理论基础是五行相生说。下面试对《主运》的内容做一些探讨。

据如淳所言，《主运》的内容包括两个方面："五行相次转用事"和"随方面为服"。

"五行相次转用事"，是说五行按相"次"的顺序转相用事，转到哪一行便用哪一行之事。其所谓"事"何也？《管子·四时》之文颇可用作参考。《四时》所论乃是"务时而寄政"的四时教令思想，要求君主发布各种政令必须合于"四时阴阳之大经"，并按照东南中西北与木火土金水相配的程式，依四时之序，详细规定了不同的季节应发布的各种政令——"事"。具体如下：

> 东方曰星，其时曰春，其气曰风，风生木与骨。……其事：号令修除神位，谨祷弊梗，宗正阳，治堤防，耕芸树艺，正津梁，修沟渎，甃屋行水，解怨赦罪，通四方……

> 南方曰日，其时曰夏，其气曰阳，阳生火与气。……其事：号令赏赐赋爵，受禄顺乡，谨修神祀，量功赏贤，以助阳气……

> 中央曰土，土德实辅四时入出……其德和平用均，中正无私，实辅四时……

> 西方曰辰，其时曰秋，其气曰阴，阴生金与甲。……其事：号令毋使民淫暴，顺旅聚收，量民资以畜聚……

> 北方曰月，其时曰冬，其气曰寒，寒生水与血。……其事：号令修禁徙民，令静止，地乃不泄。断刑致罚，无赦有罪，以符阴气。

这就是说，春季木德（星德）用事，夏季火德（日德）用事，秋季金德（辰德）用事，冬季水德（月德）用事。至于土德，虽然没有在一年中占据明确的位置因而没有相应的"事"，但作者赋予它辅助、协调甚至统领其余四德的功能作用。到了邹衍手中，则明确地使中央土德成为与春夏秋冬四季并列的一个季节，称为"季夏"——尽管实质上仅是一个为了凑足五行之数的虚设。而此五德的用事，是按照五行相生的序列依次进行的，它符合一年中四季推移的顺序。这便是《四时》所谓"务时而寄政"，也应就是邹衍《主运》所谓"五行相次转用事"的具体内容。"务时而寄政"的四时教令思想，是稷下学的一大创造，最早见于《黄帝四经》，《管子》又有所发展，一直影响到《吕氏春秋》《淮南子》和董仲舒。《吕氏春秋》中的四时教令思想是对《管子》四时教令思想的继承和发展，它比《管子》更为详尽细密，并将这一思想具体贯彻到每一个月。《吕氏春秋》的四时教令思想极为繁杂，兹不具述。邹衍的四时教令思想虽已随《主运》而亡佚，但据其前的《管子》和其后的《吕氏春秋》的有关思想仍可推知，这大体上不会有错。

"随方面为服"，显然是指与五方相配，随五行的运转而改换方位，转到哪一方面便随哪一方面为服。这种转移也是以四时相随即五行相生为序的。其所谓"服"何也？我们可据《管子》和《吕氏春秋》的有关材料推知。《幼官》是《管子》中阴阳家言的代表作品之一，其四时教令的思想与《四时》《五行》等所论略同，而其根据不同季节对君主的服饰、饮食、起居等诸种方物——"服"所做出的具体规定却为别篇所无。《四时》《五行》只要求君主施政必须"人与天调"，《幼官》则更要求君主个人的日常生活也必须与阴阳四时的运行相协调。如《幼官》

称春季为"八举时节"，**●**对君主在此季节中的个人行为，从服饰到举火，都进行了具体的限定："八举时节，君服青色，味酸味，听角声，治燥气，用八数，饮于青后之井，以羽兽之火爨。"作者依此例对其他几季也进行了相应的规定。夏季："七举时节，君服赤色，味苦味，听羽声，治阳气，用七数，饮于赤后之井，以毛兽之火爨。"秋季："九和时节，君服白色，味辛味，听商声，治湿气，用九数，饮于白后之井，以介兽之火爨。"冬季："六行时节，君服黑色，味咸味，听徵声，治阴气，用六数，饮于黑后之井，以鳞兽之火爨。"四季外还有"五和时节"，此一时节，"君服黄色，味甘味，听宫声，治和气，用五数，饮于黄后之井，以倮兽之火爨"。《幼官》在"五和""八举"等时节的各段文字后分别标以"此居图方中""此居于图东方方外"等字样，郭沫若《管子集校》曰："本篇文字布置为图形，录为直行文字，故每夹注以标识图位。"并据此将《幼官图》一篇恢复成图形状。如此，全文各段分配于各方，便构成了一个以方位为框架，四方居外，中央居中，分别配以五时、五色、五味、五声、五气、五数、五火的严整的五行图式，要求君主严格按照此图式中的各条目来安排自己的日常生活，以求与阴阳四时的变化相协调配合。这应就是邹衍《主运》所谓"随方面为服"的具体内容。所谓"服"，实际上是以"服"某色为首的"味"某味、"听"某声等诸多规定。《吕氏春秋》十二纪的五行图式比《幼官》更烦琐，又增益了"五

　● 八为"五数"之一，"五数"为八、七、五、九、六，分别配于木、火、土、金、水。《吕氏春秋·孟春季》高注云："五行数五，木第三，故数八。"余可类推。

日""五帝""五神""五臭""五祀"等名目，其文亦有天子春月
"衣青衣，服青玉"，夏月"衣赤衣，服赤玉"，秋月"衣白衣，服
白玉"，冬月"衣黑衣，服玄玉"等规定，此亦"随方面为服"之
义。《管子》的《幼官》《五行》等篇出于邹衍之先，为邹衍学
说的直接理论来源，《吕氏春秋》之十二月令乃邹衍学说的遗说
流裔，三者的年代相去不远，将《管子》和《吕氏春秋》联系
起来考察，不难推知邹衍学说有关"随方面为服"的本来面貌。

至此，我们已考见了《主运》的基本内容，由此便可解释
《主运》作为篇名的含义：《主运》之"主"，表明该篇是为君主
立说；"运"的含义即"五行相次转用事"之"转"和"随方面
为服"之"随"；"主运"即是要求君主要"随"五行之"转"，在
四时教令和方物服色诸方面使"人事"符合"天道"。

以上分析表明，以"五行相次转用事"和"随方面为服"为
主要内容的《主运》不同于以五行相胜序为理论基础的、以揭示
历史演进的规律性的历史哲学为实际内容的《终始》，其理论基
础是五行相生序，其内容是建立在自然规范人事、"人与天调"的
天人关系论基础上的四时教令的政治学说及其向日常生活领域
的膨胀。可见，在邹衍的学说中既有五行相胜说，亦用五行相生
说，相生说与相胜说虽被纳入同一思想体系中，但又是各有分畛
的，《主运》和《终始》便是分别对五行的这两种不同关系在不
同领域中的发挥和应用。

邹衍五行相生的四时教令思想，不仅从《管子》和《吕氏
春秋》的有关材料中可以推知考见，而且其他古籍所引的《邹
子》佚文中也有明确记载。《周礼·夏官·司爟》曰："司爟掌
行火之政令，四时变国火。"郑注引《邹子》佚文曰："春取榆

柳之火，夏取枣杏之火，季夏取桑柘之火，秋取柞楢之火，冬取槐檀之火。"这段话中便包含五行相生之义，我们可以引用一些材料证明之。《论语·阳货》提到"钻燧改火"，《集解》马融曰："一年之中，钻火各异木，故曰改火也。"皇《疏》云："改火之木，随五行之色而变也。榆柳色青，春是木，木色青，故春用榆柳也。枣杏色赤，夏是火，火色赤，故夏用枣杏也。桑柘色黄，季夏是土，土色黄，故季夏用桑柘也。柞楢色白，秋是金，金色白，故秋用柞楢也。槐檀色黑，冬是水，水色黑，故冬用槐檀也。"这样，春、夏、季夏、秋、冬分别对应木、火、土、金、水，此正是五行相生之序。

在这段《邹子》佚文中，我们看到了邹衍杜撰的"季夏"这一概念。在《管子》的《幼官》《四时》《五行》篇中，分别有"五和时节""中央曰土，土德实辅四时入出""睹戊子土行御"三种说法，目的都是要虚设一个与"中央土"相对应的季节，但都没有给出一个与春夏秋冬相并列的名称。这一名称在《邹子》书中终于出现了。"季夏"的出现，不仅确凿无疑地证明了邹衍有五行相生之说，而且证明了邹衍继承了稷下四时教令和五行图式的思想并有所推进，因为某时用某火的所谓"改火"，乃是阴阳五行家的一项重要的造说。❶

（二）五行相胜——《终始》的历史哲学

"终始"即"五德终始"，或称"五德转移"。其内容如前所言，是以五行相胜序为理论基础，来揭示历史演进的原因和规律性，实为一种历史哲学。《终始》和《主运》同为邹衍五行思想

---

❶ 改火原是一种相当古老的风俗，后被阴阳家所利用，成为阴阳五行家的一项重要造说。参看本书第九章第三节第一部分。

的两大组成部分。

《终始》的内容今已难知其详，只能根据一些间接的材料了解其大概。《史记·孟荀列传》云：邹衍"称引天地剖判以来，五德转移，治各有宜，而符应若兹"。同书《历书》云："邹衍明于五德之传，而散消息之分，以显诸侯。"《汉书·郊祀志》云："自齐威、宣时，驺（邹）子之徒论著终始五德之运。"《盐铁论·论儒》亦云："邹子以儒术干世主，不用，即以变化终始之论，卒以显名。"所谓"五德转移""五德之传""终始五德之运""变化终始之论"，都是"五德终始"的不同表述。它们要说明什么问题呢？裴骃《史记集解》引如淳曰："今其书有《五德终始》，五德各以所胜为行。秦谓周为火德，灭火者水，故自谓水德。"《文选·魏都赋》李善注引刘歆《七略》云："邹子有终始五德，从所不胜，木德继之，金德次之，火德次之，水德次之。"[1]《淮南子·齐俗训》高注引《邹子》佚文曰："五德之次，从所不胜，故虞土、夏木。"《文选·齐故安陆昭王碑文》李善注引《邹子》曰："五德从所不胜，虞土、夏木、殷金、周火。"这些材料告诉我们如下情况：邹衍所谓五德即土德、木德、金德、火德、水德；邹衍认为，历史上每个朝代都有自己所对应和符合的五德中之一德，它决定着该朝代的命运；五德是终始转移、运动不已的，由此决定了历史上朝代的盛衰兴废；五德转移是按照五行相胜的原则进行的，这就暗示着朝代的更替是通过"征伐"而不是通过"禅让"实现的；五行相胜的定律决定了周王朝的气数已尽，不久必将有一个统一而盛大的新王朝取而代之；周王朝是"以火德王"的，灭

---

[1] "从所不胜"后似有缺文，否则何言"继之"？

火者水，代周而统一天下的新王朝必是水德。这些便是"五德终始"说的梗概。

《吕氏春秋·应同》中保存了邹衍五德终始说的比较完整的一段材料："凡帝王者之将兴也，天必先见祥乎下民。黄帝之时，天先见大螾大蝼，黄帝曰'土气胜'，土气胜，故其色尚黄，其事则土。及禹之时，天先见草木秋冬不杀，禹曰'木气胜'，木气胜，故其色尚青，其事则木。及汤之时，天先见金刃生于水，汤曰'金气胜'，金气胜，故其色尚白，其事则金。及文王之时，天先见火，赤乌衔丹书集于周社，文王曰'火气胜'，火气胜，故其色尚赤，其事则火。代火者必将水，天且先见水气胜，水气胜，故其色尚黑，其事则水。水气至而不知，数备，将徙于土。"这段话可以看作是《史记》中"五德转移，治各有宜，而符应若兹"的记述的展开。它表达了这样的看法：历代王朝的兴亡更替，都是五德转移的自然法则在历史领域中的表象，也就是说，朝代的兴衰更替，是由五德转移的定律决定好了的，人力是无法扭转的。但人的努力在五德转移的过程中也并非可有可无，其作用就在于，通过五德盛衰所表现出来的各种征兆——机祥符应（如"天见大螾大蝼""赤乌衔丹书"等），来体察五德之气的盛衰变化，及时把握住时机，使自己的行为符合处于盛势之德，达到"王天下"的目的；如果不能做到这些，盛德至而"不知"，天"数"则将"徙"去，就会失去"王天下"的时机，导致天下大乱。

当然，并不是任何人都有资格去体察并符合盛德之气而"王天下"的，能否"王天下"，要看他能否得到"符应"。也就是说，"符应"只是对即将受天命的人才有意义。"符应"的观念由来已久，于齐国尤盛。如《史记·封禅书》载齐桓公霸业已成，遂以为天命在己，欲行封禅之礼，管仲则以"今凤皇麒麟不来，嘉谷不生"，未能"东海致比目之鱼，西海致比翼之鸟"，即没有得到"符应"而劝止。《管子·轻重丁》载齐桓公时"龙斗于马渎之阳，牛山之阴"，管仲以为此乃"天使使者临君之郊"，是桓公将霸的征兆。又如《山东通志》引《齐记》说，东莱境内曾夜出太阳，莱君以为吉祥之兆，遂建都城于此，名"不夜城"。又如董说《七国考》引《竹书纪年》载，齐桓公十三年齐地"雨黍"，齐人以为桓公将霸之兆。看来，邹衍的机祥符应思想虽受思孟派儒家影响，然而同齐地久盛的符应瑞兆观念也不无关系。

邹衍五德终始说的提出，有其特定的历史条件为背景。战国末期，结束战乱、实现统一的社会发展大趋势已日益明朗化，各大诸侯国的君主们最关心的问题，就是能否经自己之手完成统一天下的大业。五德终始说是一种鼓吹统一的理论，正好符合时君世主们的胃口，打动并迎合了他们"王天下"的心理，所以能够大走红运，邹衍也因此"显于诸侯"。邹衍的学说虽然博大宏富，但真正使他显于当世，造成轰动效应并对后世产生重大影响的，唯五德终始一说而已。

五德终始说顺应了当时历史发展的大趋势，为即将出现的新的统一王朝鸣锣开道，制造理论根据，在当时是具有进步意义的，客观上也对历史的进程起到一定的推动作用。五德终始说把阴阳五行的理论引入了历史发展的领域，试图用五行相胜的公式解释历史变迁的原因和规律，弥补了阴阳五行说长期以来只重政治而忽略历史的缺陷，在理论上是有贡献的。然而，人类社会发展史毕竟不是邹衍所描述的一部五德终始的历史，在邹衍的时代，人们还不具备科学地揭示人类历史发展的客观原因和规律的条件。同时，五德终始说把人类历史的发展看成是一个周而复始的循环过程，它只见变化不见进化，只见运动不见发展，有悖于历史发展的辩证法，这也是所有的中国古人难以跳出的窠臼。

（三）大小九州的地理观

邹衍在稷下号称"谈天衍"，谈天必说地，《史记·孟荀列传》说邹衍"称引天地剖判以来""推而远之，至于天地未生"云云，又《集解》引刘向《别录》曰："邹衍之所言五德终始，天地广大，尽言天事，故曰谈天。"可见邹衍之谈天，言天地之广大，实包含谈天与论地两方面内容。邹衍谈天之天论必有许多精辟的论说，可惜其书皆佚，已无从了解。而其论地的地理观，幸赖《孟荀列传》等得以保存一部分，这就是他的大小九州说。

《孟荀列传》记述邹衍的大小九州说如下：

> 其语闳大不经，必先验小物，推而大之，至于无垠。……先列中国名山大川，通谷禽兽，水土所殖，物类所珍，因而推之，及海外人之所不能睹。……以为儒者所谓中国者，于天下乃八十一分居其一分耳。中国名曰赤县神州。赤县神州内自有九州，禹之序九州是也，不得为州数。中国外如赤县神州者九，乃所谓九州也。于是有裨海环之，人民禽兽莫能相通者，如一区中者，乃为一州。如此者九，乃有大瀛海环其外，天地之际焉。

《盐铁论·论邹》记述道：

> 邹子疾晚世之儒墨不知天地之弘，昭旷之道，将一曲而欲道九折，守一隅而欲知万方，犹无准平而欲知高下，无规矩而欲知方圆也。于是推大圣终始之运，以喻王公列士，中

国名山通谷以至海外。所谓中国者，天下八十一分之一，名
曰赤县神州，而分为九。川谷阻绝，陵陆不通，乃为一州，有
大瀛海圜其外。此所谓八极，而天地际也。

《论衡·谈天》也有类似记述。这些材料为我们勾画出邹衍大小
九州说的大体轮廓：中国名曰赤县神州，神州内自有九州，此
《禹贡》所谓九州也，这是"小九州"；此外还有"大九州"，赤
县神州为其中之一，外皆有四海环之，名曰"裨海"；如此的"大
九州"天下共有九个，其外更有"大瀛海"环绕。这样，通常所
谓的中国便不是天下的全部，而是其中的八十一分之一。

从这些材料中我们看到，邹衍把"中国"和"天下"这两个
概念区分开来，这就打破了由来已久的"中国即天下"、天下唯
有中国的传统观念。在遥远的古代，人们的活动范围和眼界局限
于黄河、长江流域，"中国即天下"的观念久已为人们所接受。就
在前不久于邹衍的《管子》书中，尚认为"地之东西二万八千
里，南北二万六千里"（《管子·地数》《管子·轻重乙》），这代表了当时
一般人的普遍看法。大九州说的出现，表明当时的商业、交通和
科学技术有了长足的进步，扩大了人们的眼界，也丰富了人们的
想象力，从而打破了原有那种狭隘的地理观念的局限。

大九州说产生于齐国也有一定的必然性。《尔雅·释地》和
《列子·汤问》都称中国为"齐州"，顾颉刚先生解释道："恐因
那时海上交通的中心在齐，故海外民族就以'齐州'称全中国。"[1]
齐国濒临大海，航海事业的发展使人们发现了大海还有彼岸，听

---

[1] 顾颉刚：《五德终始说下的政治和历史》，载《古史辨》第五册，上海古籍出版社1982年版。

到了来自海外的各种奇闻异事，引发了人们对海外世界的遐想。这样的地理条件启发了齐地人民丰富的想象力和创造性，为大九州说的出现提供了必不可少的主观条件，刺激了大九州说的萌发。可以想见，大九州说虽为邹衍所创，但其思想素材必早已存在于齐地人民的口头流传之中。这样的思想萌芽只能出现在齐国这样的沿海国家，三晋、秦、楚等内陆国家是不具备产生这种思想的主客观条件的。

大九州说的出现，在当时就引起了震动，"此言诡异，闻者惊骇"（《论衡·谈天》），"王公大人初见其术，惧然顾化"（《史记·孟子荀卿列传》），一时广为流传。在其后不久的《吕氏春秋》中，人们对天地的看法就有了重大的改变。《吕氏春秋·有始》把《管子》所描述的"东西二万八千里，南北二万六千里"的地域称为"四海之内"，此即邹衍所称由"裨海"环之的赤县神州。四海之外更有"四极"，此应即邹衍所谓"八极"。《有始》曰"凡四极之内，东西五亿有九万七千里，南北亦五亿有九万七千里"，此即邹衍所谓由"大瀛海"环绕之"天下"。因为在当时盖天说的观念中，天有多大，地（包括所环之海）就有多大。《吕氏春秋》所载，极有可能是受了邹衍大九州说的影响。

邹衍大九州说展现在人们面前的，实质上是一个无限广大的世界。《孟荀列传》和《盐铁论》所载虽有"此天地之际焉""天下际"的提法，是以天地为有限，然亦有"推而大之，至于无垠"的提法，此乃以天地为无限。相对于"中国即天下"的传统观念来说，邹衍的大九州说所描述的实际上是一个无限大的世界，诚如《盐铁论》所言，邹衍所要打破的，是"不知天地之弘""守一隅而欲知万方"的狭隘眼界和封闭观念，此乃大九州说的精神实质和立意之所在，这是我们在考察大九州说时所应特别注意并加以把握的。邹衍何以只言"九"而不言别的数目呢？因为"九"在古代往往泛指数目之多之大，而非实有九数。所以大九州说乃是以一种曲折的、朴素的方式表达的宇宙无限论。

大九州说反映了人们空间活动范围的扩大，是根据中国的山川名物和各种海外奇闻演绎而成。其中虽不乏毫无根据的臆想，但也包含合乎情理的推论甚至是天才的猜测。其所谓包含了赤县神州者的大九州以及所环绕之"裨海"，可以看作是对地球上七大洲四大洋的合理推测；其所谓大九州之外的九个大九州，可以看作是对地球之外的无限的宇宙的天才猜测。这种学说的提出，在当时无异于如今初次听到关于外星人的报道，方知天外有天，足以引起轰动效应，难怪王充要说"此言诡异，闻者惊骇"了。

最后值得一提的是，邹衍提出大九州说，以方法论言之，是用了"以小推大""以近推远"的认识方法，"先验小物，推而大之"，"先序今……推而远之"，"先列中国……因而推之及海外"。这种方法类似近代经验科学的方法，对于推动古代科学思想的发展很有意义，因而李约瑟认为邹衍是中国古代科学思想的真正创始者。

第十一章　荀子对稷下学术的吸取和修正

荀子是先秦学术的集大成者，也是稷下学宫中最后一位大师。荀子久居齐国，曾在稷下"三为祭酒"，熟悉稷下的各家之学，为他批判总结先秦学术提供了良好的条件。荀子通过对百家之学特别是稷下之学的全面批判、吸取和修正而建立了自己的思想体系，可以说，荀学中的每一部分都渗透着稷下学术的深刻影响。

一、荀子的人性学说与稷下学

荀子政治思想的核心概念是"礼"。他讲的礼同传统儒家并无二致，都是指的等级制的道德和行为规范，但他对礼的具体论述却与传统儒家有很大不同。传统儒家把礼的起源归结为先天的道德观念，如孟子说："仁义礼智，非由外铄我也，我固有之也。"（《孟子·告子上》）又说："恭敬之心，人皆有之……恭敬之心，礼也。"（同上）荀子则认为礼根源于欲与物的供求矛盾。他说："礼起于何也？曰：人生而有欲，欲而不得则不能无求，求而无度量分界则不能不争，争则乱，乱则穷。先王恶其乱也，故制礼义以分之，以养人之欲，给人之求。使欲必不穷乎物，物必不屈于欲。两者相持而长，是礼之所起也。"（《荀子·礼论》）人生而有欲，有欲必有求，由求而争，由争而乱，此乃势所必然。荀子认为"欲"乃是出于人的自然本性，人莫不有欲，故"欲不可去"（《荀子·正名》），必须给以一定的满足；但任其自由膨胀必定要破坏社会的正常秩序，故"欲不可尽"（同上），必须给以一定的限制。因此他认为陈仲、史䲷的"忍情性"不可取，它嚣、魏牟的"纵情性"也不可取。（见《荀子·非十二子》）于是他提出用"礼"来调节欲与物的矛盾，使"欲必不穷乎物，物必不屈于欲"，这就是"礼之所起也"。

由此可见，荀子的礼论是建立在对"欲"即人的本性的认识这一基础上的，而这种认识又是与他长期受稷下学的影响，从而对稷下诸子学说的批判和吸取分不开的。稷下先生宋钘主张"情欲寡浅"（《庄子·天下》），他说："人之情，欲寡，而皆以为己之情为欲多，是过也。"（《荀子·正论》引）认为人的本性就是欲寡而不欲多。荀子批评了这种主张的片面性，指出这是"有见于少，无见于多"（《荀子·天论》），是"蔽于欲而不知得"（《荀子·解蔽》）。荀子认为，人的本性同宋钘所说正好相反："古之人为之不然，以人之情为欲多而不欲寡。"（《荀子·正论》）他指出："性者，天之就也；情者，性之质也；欲者，情之应也。以所欲为可得而求之，情之所必不免也。"（《荀子·正名》）又说："好利而恶害，是人之所生而有也，是无待而然者也，是禹、桀之所同也。"（《荀子·非相》）"夫好利而欲得者，此人之情性也。"（《荀子·性恶》）这就是说，"欲"的具体内容就是"好利而恶害""好利而欲得"，"欲"是"性"的外在表现，而"性"乃是"天之就也""生而有也"，因而"欲不可去"。荀子又曰："凡语治而待去欲者，无以道（通'导'，杨倞注曰：'道与导同'）欲而困于有欲者也。"（《荀子·正名》）这就是说，要想通过"去欲"来治国是不可能的，"欲"并不可怕，关键在于如何对待它，对待欲的正确态度应该是既承认它存在的合理性，又要善于正确引导，使它不致破坏社会的正常秩序。

稷下诸子的人性理论不仅从反面启发了荀子，而且更多地从正面为荀子所吸取，成为荀子人性学说的重要来源。稷下先生尹文说"心、欲，人人有之""爱、憎、韵、舍、好、恶、嗜、逆，我之分也"（《尹文子·大道上》），把追求物质享受的欲望看成是人的自然本性。田骈进一步提出："人皆自为，而不能为人。"（《尹文子·大道上》引）又曰："天下之士，莫肯处其门庭，臣其妻子，必游宦诸侯之朝者，利引之也。"（同上）田骈认为人的本性就是"自为"，即替自己打算，人的一切行为都是为了一个"利"字。因此他提出"因性任物"（《吕氏春秋·执一》）的命题，主张顺应人的这一本性。慎到所论更为清楚详细，他说："天道因则大，化则细。因也者，因人之情也，人莫不自为也。"（《慎子·因循》）"因人之情"就是因任人皆"自为"这一自然本性。关于"自为"，慎到还有很多具体的论述，❶兹不烦言。要之，慎到认为人的本性是自私自利的，人皆趋利避害，人与人之间本质上是一种利害关系。慎到认为，自私自利、趋利避害既然是人的自然本性，就是不能违背和取消的，而应该承认它存在的合理性，顺应它，因势利导地加以利用，这就是"因人之情"，所以他说："用人之自为，不用人之为我，则莫不可得而用矣，此之谓因"（《慎子·因循》）。《管子》对此也有精到的认识。如《形势解》云："民之情，莫不欲生而恶死，莫

---

❶ 参看本书第六章第三节。

不欲利而恶害。"又云："民之从利也，如水之走下。"《禁藏》亦云："凡人之情，得所欲则乐，逢所恶则忧，此贵贱之所同也。"又云："凡人之情，见利莫能勿就，见害莫能勿避。"均把追求"欲""利"和趋利避害视为人的自然本性。在如何对待人的这一本性的态度上，《管子》与田骈、慎到等相同，主张"顺民心""从民欲""牵之以利""圉之以害"，具体来讲，就是"欲利者利之""欲贵者贵之"（《管子·枢言》），"民恶忧劳，我佚乐之；民恶贫贱，我富贵之"（《管子·牧民》）。稷下学者们这些人性理论概括起来不外乎两点：一是承认"自为""就利避害"是人的自然本性（荀子谓之"好利而恶害""好利而欲得"），并肯定它存在的合理性；二是主张人的这种本性不能违背也不能取消，而应该采取"因""顺""从"的态度（即荀子所谓"导"）。这两点均为荀子所吸取，足见其间的源流关系。

荀子的人性理论由于吸取了稷下学有关的合理内容而与传统儒家产生了明显的分歧。孔子罕言性与天道，他虽提出"性相近也，习相远也"（《论语·阳货》），似乎也认为人有共同的本性，但人性是什么，他并没有明确地概括出来，只是说："富与贵，是人之所欲也……贫与贱，是人之所恶也。"（《论语·里仁》）孟子也说："富，人之所欲""贵，人之所欲"。（《孟子·万章上》）他比孔子进了一步，认为"口之于味也，目之于色也，耳之于声也，鼻之于臭也，四肢之于安佚也，性也"（《孟子·尽心下》），明确指出了追求物质利益是人的本性。但孟子同时又认为人有先天的善性，即仁义礼智等道德观念，他说："仁义礼智根于心"（《孟子·尽心上》），"仁义礼智，非由外铄我也，我固有之也"（《孟子·告子上》）。这就是说，在孟子看来，人性中包括"好利"和"善"两方面。对于人性中好利的一面，孔、孟皆持鄙视态度。孔子说："君子喻于义，小人喻于利。"(《论语·里仁》)孟子也反对言利，认为追求物质利益会使人失去善性，他说："何必曰利"(《孟子·梁惠王上》)，"君臣父子兄弟终去仁义，怀利以相接，然而不亡者，未之有也"(《孟子·告子下》)。所以他在肯定了"口之于味"等是"性也"之后，紧接着便说："有命焉，君子不谓性也。"(《孟子·尽心下》)他认为，道德修养的目的就在于限制人的物质欲望和扩张心中固有的善性，道德修养的过程就是善性不断克服物欲的过程。可见传统儒家对于人皆好利的本性虽然承认其存在，但实际上是作为"善"的对立面而从道德上予以否定的。荀子则不同，他认为人性中只有"好利恶害"的本能而无先天的善性，"善"乃是后天人为造成的，他称之为"人之性恶，其善者伪也"(《荀子·性恶》)。对于这样的人性，他不仅承认其存在的合理性，并且在道德上予以了充分的肯定，这从他对"礼"的作用的论述中可以得到证明。从前面所引的论述看，荀子认为，礼的作用并不是取消人的欲求，而是首先要"养人之欲，给人之求"，满足人性的基本需求，在此前提下才能进一步调节物与欲的供求矛盾。若不能满足人性的基本需求，讲"礼"就是一句空话，正如《管子》所言："仓廪实则知礼节，衣食足则知荣辱"(《管子·牧民》《管子·轻重甲》)。赅而言之，对于人"好利恶害"的自然本性在道德上予以肯定，是稷下人性理论的一个突出特点，它为荀子所吸取，成为荀子人性理论和礼论的重要内容之一。

二、荀子礼法结合的政治理论与稷下学

礼治、法治之争是先秦思想界的一个重要理论问题，儒家以提倡礼治为基本特征而与主张法治的法家相抵牾。在传统儒家孔、孟那里，礼治与法治基本上是对立的、不相容的，而在荀子这里，二者却有机地结合在一起，这一变化也是受了稷下学术的影响。

儒法两家本都以维护等级制的统治秩序为目的，礼治和法治不过是两家为医治共同的社会症疾所开出的不同药方，一个强调以礼劝善，"禁于将然之前"，一个强调以法禁恶，"禁于已然之后"（《大戴礼记·礼察》），各有其不可替代的价值和功用。不过，人们对事物本质的认识需要一个过程，起初人们并不很明了这一关系。故儒家尊德礼而卑刑罚，如孔子曰："道之以政，齐之以刑，民免而无耻；道之以德，齐之以礼，有耻且格。"（《论语·为政》）法家则恃刑法而弃礼乐，如《商君书》"不贵义而贵法"（《商君书·画策》），并以礼乐、诗书、仁义、孝悌、修善等为"六虱""八害""十二害"等（同上书，《靳令》《去强》）。两家遂成水火之势。

稷下学宫的创立，为学术思想的交流提供了一个理想的场所，诸子百家之学便在争鸣中开始走向融合。在这方面成就最为突出的是稷下黄老学派。在稷下黄老学派的开山之作《黄帝四经》中，便提出了刑德并用的主张。《四经》所谓"刑德"实际上是指法治和德治两种统治方式，因而刑德并用也就是礼法结合。《黄帝四经》曰："天德皇皇，非刑不行，缪缪天刑，非德必倾。刑德相养，逆顺若成。刑晦而德明，刑阴而德阳，刑微而

德章（彰）。"（《十大经·姓争》）这段话把刑德（礼法）并用的道理论述得很透彻，其意义有两点：第一，作者提出，刑与德（法与礼）不是互相排斥的，而是相辅相成、相得益彰的（"刑德相养"），对于治理国家是缺一不可的两手，遂变儒法两家的互相排斥为联手互补。第二，作者提出，在具体运用上，德（礼治）要彰显，摆在明处，刑（法治）要微隐，藏在暗处，二者一阴一阳，一晦一明，方能收到最好的治国效果，遂开启了阳儒阴法的政治模式理论。这是礼法结合、调和儒法的最初尝试。

慎到在道家学说的理论基础上继续调和儒法两家的矛盾，把礼治和法治结合在一起。他将礼与法并提："法制礼籍，所以立公义也"（《慎子·威德》），认为礼与法有着共同的宗旨——"立公义"。因而他在尚法的同时也不废弃德礼，主张礼法并用："定赏分财必由法，行德制中必由礼"（同上），使礼治和法治两种统治方式由对立变为合作并用。

尹文也是以道论法的黄老学者，据《尹文子·大道上》（下同），他主张"以法定治乱""百度皆准于法"。但他并不因此而废弃礼义，他说："圣王知民情之易动，故作乐以和之，制礼以节之。"并一再称道尧、舜、禹、汤、文、武、孔子的言论与事迹，提倡仁义礼乐的教化作用。关于礼治与法治的内容、作用和关系，尹文比慎到说得更加明确和具体，他说："仁、义、礼、乐、名、法、刑、赏，凡此八者，五帝、三王治世之术也。故仁以导之，义以宜之，礼以行之，乐以和之，名以正之，法以齐之，刑以威之，赏以劝之。"这八个条目，仁义礼乐属"礼治"的内容，名法刑赏属"法治"的内容，"治世之术"不外这两大类。尹文认为，这两类"治世之术"各有不可代替的作用，也都有各自的局限性，他说："仁者所以博施于物，亦所以生偏私；义者所以立节行，亦所以成华伪；礼者所以行恭谨，亦所以生惰慢；乐者所以和情志，亦所以生淫放；名者所以正尊卑，亦所以生矜篡；法者所以齐众异，亦所以乖名分；刑者所以威不服，亦所以生陵暴；赏者所以劝忠能，亦所以生鄙争。"因此他强调"凡此八术"必须同时并用，不可偏废，使它们互相补救、互相制约，"用得其道则天下治"，否则"用失其道则天下乱"。可见，礼法结合的政治模式理论在尹文的学说中已经较为完备了。

《管子》的主流思想是法家，但它并不像主张单纯法治主义的三晋法家那样把礼治与法治对立起来，而是在强调法治的同时也重视礼治的教化作用，主张礼法并举。《心术上》以道家理论为哲学基础把法治和礼治统一了起来："虚无无形谓之道，化育万物谓之德，君臣父子人间之事谓之义，登降揖让、贵贱有等、亲疏之体谓之礼，简物小未一道、杀僇禁诛谓之法。"这是《管子》政治理论的纲领。《管子》强调法的地位："君臣上下贵贱皆从法"（《管子·任法》），"法者天下之至道也"（同上）。同时，《管子》也十分重视礼治，它把礼、义、廉、耻称为"国之四维"，即维系国家大厦的四大绳索，认为"一维绝则倾，二维绝则危，三维绝则覆，四维绝则灭"（《管子·牧民》）。可见在《管子》看来，礼治对一个国家来说是至关重要的，它关系到国家的安危存亡，必须时刻维护。《管子》不但讲礼义廉耻，也讲仁、德、忠、信、恭、敬、乐、孝、悌、慈、恕等，儒家的伦理道德规范几乎都被接受了。可见在《管子》看来，儒家之礼治与法家之法治并不互相排斥，而是相辅相成的，对于治国缺一不可，"群臣不用礼义教训则不祥，百官服事离法而治则不祥"（《管子·任法》），"教训成俗而刑罚省，数也"(《管子·权修》)，认为礼义教化可以减少犯罪，弥补法治的不足。

　　由以上论述可见，礼法结合是稷下学术的一个普遍特点，这种政治理论在稷下不断丰富和深化，为荀子进行理论总结提供了丰富的思想材料。荀子沿着这条路线继续发展，使礼治与法治的结合更加紧密，使这种政治模式理论臻于完善。不同的是，稷下学者们结合礼法都具有以法治为主而以礼治为辅的倾向。荀子则是以儒家学说为基础来吸收法治的思想，提出了礼治为主、法治为辅的政治模式理论。传统儒家相信依靠道德教化的力量就足以使人向善而不违礼，从而消除为恶的根源而使法律制裁成为不必要，如孔子就说："善人为邦百年，亦可以胜残去杀矣"(《论语·子路》)，"必也使无讼乎"(《论语·颜渊》)。这样的方法固然很彻底，但未免太理想化，失之软弱。无情的现实教训了儒家，使他们不得不修补自己的理论以适应现实的需要，荀子就担负了这个任务。作为一位儒家大师，荀子十分强调礼的地位。他说："礼者，人道之极也"(《荀子·礼论》)，"礼者，治辨之极也，强国之本也，威行之道也，功名之总也。王公由之所以得天下，不由所以陨社稷也"(《荀子·议兵》)，也认为若真正能做到"上好礼义，尚贤使能，无贪利之心"，就可以"赏不用而民劝，罚不用而民服，有司不劳而事治"(《荀子·君道》)。但他看到了传统儒家专恃礼治的严重缺陷，主张变只讲预防不讲惩治为以防为主、防治结合："不教而诛，则刑繁而邪不胜；教而不诛，则奸民不惩。"(《荀子·富国》)他认为礼治必须以一种强制性的力量——"法"来保证和维护，所以他提出"以善至者待之以礼，以不善至者待之以刑"(《荀子·王制》)，对那些不肯服从教化的违礼者威之以刑，以保证礼治的推行。这样，礼治和法治就成了荀子政治理论中的两大组成部分，这种政治理论可以说是熔儒法两家主张于一炉。因此，荀子常把礼法联称或对举，如"学也者礼法也"《荀子·修身》，"礼法之枢要""礼法之大分"《荀子·王霸》，"治之经，礼与刑"《荀子·成相》，"生礼义而起法度"《荀子·性恶》，"隆礼尊贤而王，重法爱民而霸"《荀子·天论》。不过如前所论，荀子是以儒家学说为基础来吸收法治思想的，因此在他的政治理论中，礼与法的地位并不同等，仅从上面列举的礼法并称或对举的引文中总是先礼后法就足以表明荀子是隆礼而不隆法的。在荀子的政治理论中，法治是作为一种保证礼治的推行和维护礼治的手段而存在的，因此礼乃是法的依据和指导原则，所以他才说："礼者，法之大分，类之纲纪也"《荀子·劝学》，"礼义生而制法度"《荀子·性恶》。

礼法结合的政治模式理论发端于稷下，成熟于稷下，由《黄帝四经》经慎到、尹文、《管子》到荀子乃是一条连续的线索。荀子援法入礼，吸收了法治思想作为礼治的补充，提出了一套以礼治为主，以法治为辅的治国方略，弥补了传统儒家的不足，等于为儒家的政治理论进行了一次大换血，使之活力大增。经荀子改造后的儒家学说最适合大一统的封建统治的需要，因而成为中国封建社会长期采用的指导思想。汉王朝以降，历代统治者表面上都是独尊儒术，实际上奉行的却都是儒法结合、阳儒阴法，这种政治模式在理论上正是成熟于荀子的。谭嗣同指出："二千年来之学，荀学也。"（谭嗣同《仁学》）正是对荀子政治理论的实用价值和历史地位的准确概括。

三、荀子的天人关系论与稷下学

荀子的天人关系论是他在哲学史上的重要贡献。在荀子之前，以思、孟为代表的正统儒家主张神秘主义的天人合一论，以老、庄为代表的正宗道家则强调天道的自然无为和顺应自然。荀子在稷下学术充分争鸣的基础上，对这两派的主张进行了修正，扬其所长，弃其所短，将先秦的天人关系论推到一个新的高度。

在儒家思孟派那里，"天"往往具有人格的意义和道德的属性，并以此与人相通。荀子抛弃了这种神秘主义的内容，把天还原为自然之天，并提出了"明于天人之分"（《荀子·天论》）的命题，把天与人、自然现象与社会现象明确地区分开来。这主要是由于受到稷下学的影响，吸取了稷下道家自然主义天道观的合理成分。道家黄老派是稷下最重要的学派，自然无为的天道观在稷下也颇为流行，《黄帝四经》、慎到、田骈和《管子》是其主要代表。

稷下道家黄老派的奠基之作《黄帝四经》中，虽然不断出现"天功""天德""天诛""天刑"等带有神秘主义色彩的提法，但这不过是一种并不重要的表达形式而已，其含义是指自然界的功德和惩罚，实质上是一种自然主义的天道观。《经法·论》曰"必者，天之命也"，天命被解释为"必"，即自然界的规律和必然性，此天当然也就是自然之天。《经法·道法》曰"天地有恒常……天地之恒常，四时、晦明、生杀、輮（柔）刚"，即通过季节、昼夜和万物的生死枯荣等表现出来的自然律。《经法·四度》云："极而反、盛而衰，天之道也。"这些都表达了作者的自然主义天道观。

慎到直接论述天道自然无为的材料今已不存，但从他在人与自然的关系中强调顺应自然的材料上可以得到印证。据《庄子·天下》篇，他主张"弃私去己，而缘不得已；泠汰于物，以为道理"，"推而后行，曳而后往，若飘风之还，若羽之旋，若磨石之隧"，以至于"若无知之物"。《慎子·因循》亦云："天道因则大，化则细。"在慎到看来，天道是最高的普遍的原则，人道是天道的体现和反映，天道贵"因"而自然无为，人的行为也应该效法天道而顺应自然，一切任其自然，不做任何人为的附加。

田骈的哲学思想与慎到略同，他主张"齐万物以为首"（《庄子·天下》），认为人们处理同周围事物的关系也应该像大道那样视万物为均等，视不齐为齐，一切任其自然，放弃任何人为，"因性任物"（《吕氏春秋·执一》），"决然无主，趣物而不两"（《庄子·天下》）。他说"天能覆之而不能载之，地能载之而不能覆之"（同上），天与地对举，就成了与地相对的自然物。可见慎到、田骈所谓"天"乃是物质性的自然之天，无任何神秘主义的含义。

《管子》进一步丰富和发展了这种自然主义的天道观。《管子》大量地将"天"和"地"并称或对举，这样的"天"便失去了主宰人事、赏善罚恶的人格神属性，而成了自然之天。《管子》还同《黄帝四经》一样，认为自然之天有其运行变化的规律——"常"或"数"。《形势》云："天不变其常，地不易其则，春夏秋冬不更其节，古今一也。"《形势解》解释说："天，覆万物，制寒暑，行日月，次星辰，天之常也。"《重令》云："天道之数，至则反，盛则衰。"可见《管子》所谓天之"常"或"数"，就是日月星辰、寒暑四时以及万物之间周而复始的转化更迭。

稷下学中这些有价值的认识为荀子所吸取，成为荀子天论的直接理论来源。荀子也大量地以天、地并称或对举，他所说的天同稷下学所说的一样，就是"列星随旋，日月递照，四时代御，阴阳大化，风雨博施"（《荀子·天论》）的自然界。《荀子·天论》曰："不为而成，不求而得，夫是之谓天职""皆知其所以成，莫知其无形，夫是之谓天功"。这些正是稷下道家天道自然无为的思想，"天职""天功"一类的概念在稷下可以说是由来已久，在《黄帝四经》《管子》等稷下道家作品中，我们经常可以看到这一类的提法。在天道自然无为观念的基础上，荀子进一步提出了"明于天人之分"的命题，认为天与人各有不同的职分。他说："天地合而万物生，阴阳接而变化起……天能生物，不能辨物也；地能载人，不能治人也。"（《荀子·礼论》）生万物、起变化是天的职能，而"辨物"和"治人"是人的职能，两者不能互相代替。荀子直接继承了《黄帝四经》和《管子》关于"天之常"的思想，并进一步指出自然界的运行规律不以人意和人事为转移："天行有常，不为尧存，不为桀亡"（《荀子·天论》），"天不为人之恶寒也辍冬，地不为人之恶远也辍广"（同上）。他认为自然界不能干预人事，因而不能用自然现象解释社会的治乱，社会混乱的根源不在天意而在"人"。天人关系的内容经稷下学和荀子的改造，就发生了根本性质的变化，由原来的人与神的关系变成了人与自然的关系，这是荀子也是稷下学对先秦天人关系理论的一个重要贡献。

荀子在吸取稷下学的成果，把天还原为自然之天的同时，又克服了稷下学的缺陷，进一步提出了"制天命而用之"（同上）的著名命题，比较正确地解决了天人关系问题的另一个方面——自然和人为的相互作用问题。慎到等人的天人关系论过多地强调了顺应自然和自然无为，从而忽视了人的主观能动作用。实际上，包括稷下道家在内的整个道家学派都不同程度地存在着这一缺陷。荀子不满意这种消极的态度，他批评道："庄子蔽于天而不知人"（《荀子·解蔽》），"慎子有见于后，无见于先。老子有见于诎（屈），无见于信（伸）"（《荀子·天论》）。基于这样的认识，荀子一方面吸取了道家天道观中自然主义的合理因素，同时又克服了它忽视人的作用的缺陷，提出了"制天命而用之"的著名命题。

荀子之所以能够克服道家这一严重缺陷，是由于受到了来自两方面的影响：一是齐文化中固有的注重人为、积极进取的传统，二是传统儒家重视人的主观能动性的特点。齐国既不同于"以渔猎山伐为业，果蓏蠃蛤，食物常足……饮食还给，不忧冻饿"（《汉书·地理志》）的楚国那样主要靠自然界赐予的现成自然物生活，也不像近邻鲁国单一的农业经济那样靠天吃饭。齐国的经济不是单纯的自然经济，而是以开山采矿、冶铁煮盐、"极女工之巧""通商工之业"为重要内容，主要不是靠天吃饭。这样一种同自然的关系就使得齐地人民素来重视探索自然规律，善于利用自然为自己造福，很早就懂得事在人为的道理，重视发挥自己的力量向自然索取而不是坐等自然的恩赐。传统的儒家学说持一种积极的人生态度，具有乐观向上的精神，特别是思孟派儒家更是重视人的主观能动作用，自信心极强。虽然他们不适当地夸大了人的主观能动作用，但他们主张通过人自身的努力来"赞天地之化育""与天地参"（《中庸》），却在一定程度上，从另一个角度启发了荀子的天道观。荀子是儒学大师，自然深受儒家这一传统的影响，同时他又久居齐国，长期受齐文化那种注重人为的传统熏陶，从而为他正确地总结、综合和提高先秦的天人关系论提供了有利条件。他总结了儒道两家的思维教训，批判地吸取了他们的合理因素，克服了他们的缺陷，将尊重自然规律和发挥人的主观能动性较好结合了起来，终于提出了"制天命而用之"的著名命题，在中国思想史上产生了重大而深远的影响。

这里应当指出的是，在自然与人为的相互作用问题上，稷下学术并非仅对荀子起到反面教材的作用，它也提出了一些很有价值的思想而为荀子所吸取和发展，这主要表现在《黄帝四经》和《管子》中。《黄帝四经》天人关系论的基调是顺应和服从自然，主张"因天时""因天之则"，认为"先天成""非时而荣"等做法是"失天极""擅天功"，是试图"人强胜天"，必然会遭到自然规律的惩罚。（见《十大经·国次》《称》）但作者与片面强调消极无为地适应与服从自然的传统道家不同，在他们看来，服从自然与积极作为并不矛盾，因而主张在服从自然规律的前提下努力作为，最大限度地发挥人的主观能动性，这叫作"必尽天极"。"失天极"不可取，不能"尽天极"也不可取，正确的做法是把握适度的原则，在积极有为的同时防止"过极失当"，做到"究数而止"，这样不但不会招致"天毁""天罚"，而且还会得到自然的襄助。显然，要做到这些就必须认识和掌握自然规律。在作者看来，人一旦认识和掌握了自然规律便可以做到"静作得时"，当天时于己有利时就应积极采取行动，否则便会错过时机而于己不利。《十大经·观》云"因天时，与之皆断，当断不断，反受其乱"，这句后来成了千古名言的话，便集中表达了《四经》天人关系论中的这种积极进取精神，它反映了齐文化中注重人为、积极进取的传统，这种优秀的传统无疑影响了荀子。《管子》是齐学的正宗和代表作品，同战国时期涌入稷下而部分齐学化了的百家学说相比，《管子》更能代表齐学的基本精神，齐文化中那种注重人为、积极进取的传统在《管子》中也得到了表现。《管子》天人关系论的基调是效法自然和顺应天道，但《内业》又说"执一不失，能君万物。君子使物，不为物使"，《心术下》也说"圣人裁物，不为物使"。这种"君万物""使物""裁物"的思想突出了人的主观能动作用，是一种极有价值的创见，对于荀子戡天思想的提出具有重要的意义。荀子说："假舆马者，非利足也，而致千里；假舟楫者，非能水也，而绝江河。君子生非异也，善假于物也。"（《荀子·劝学》）"君子役物，小人役于物。"（《荀子·修身》）很明显，"假物""役物"即《管子》所谓"使物""裁物"。荀子吸取了《管子》这一重要思想，并把它推进了关键的一步，大胆地用这种对待"物"的态度来对待"天"，把"君万物"升格为"官天地"（《荀子·天论》），人定胜天的思想便这样诞生了。荀子说："大天而思之，孰与物畜而制之！从天而颂之，孰与制天命而用之！"（同上）"物畜而制之"即是把"天"作为普通之"物"而"使之""裁之"，其与《管子》的理论联系是再清楚不过的了。

四、荀子的认识方法论与稷下学

稷下学宫是一个学派林立的场所，诸子百家在这里争鸣辩驳，他们的自信心极强，都认为自己的学说是唯一正确的，这种情况，正好可以借用曹子建的两句话"人人自谓握灵蛇之珠，家家自谓抱荆山之玉"❶来形容。他们往往各执一端，看不到或不

---

❶ 曹植：《与杨德祖书》。转引自王叔岷《先秦道法思想讲稿》，台北"中研院"中国文哲研究所中国文哲专刊，1992 年版，第 5 页。

愿承认别家学说的长处，难免要产生种种偏蔽即认识上的片面性。荀子是稷下殿军，他所处的时代，使他有条件对先秦的学术思想进行总结。荀子是通过对诸子百家特别是稷下学术的批判和吸取建立起自己的思想体系的，他的学说集中了百家之学的许多优点，同时又避免了他们的偏蔽。他用来批判吸取百家学术的方法就是"解蔽"。

《解蔽》篇开宗明义："凡人之患，蔽于一曲而暗于大理。"《释名·释言语》曰："曲，局也。"《礼记·曲礼》注曰："局，部分也。""一曲"即片面的、局部的认识，"蔽于一曲"必然得不到全面的、正确的认识。"解蔽"就是克服认识的片面性，解除认识的蔽障。荀子认为诸子百家的学说都有所偏蔽："墨子蔽于用而不知文，宋子蔽于欲而不知得，慎子蔽于法而不知贤，申子蔽于势而不知智，惠子蔽于辞而不知实，庄子蔽于天而不知人。"他们所得到的仅是"道之一隅"而已。荀子的认识论以"道"为最高追求，他认为，要想把握"道"，即得到全面的、正确的认识，就必须在"心"上下功夫，具体来说就是要做到"虚壹而静"。"虚壹而静"这一认识方法的提出，是受到了稷下学术特别是《管子》有关思想的重大影响。

何谓"虚"？《解蔽》曰："心未尝不藏也，然而有所谓虚。……人生而有知，知而有志，志也者，藏也。然而有所谓虚，不以所已藏害所将受谓之虚。"每个人心中都不能不储存一定的知识和记忆，这是心的基本功能和作用，因而"心未尝不藏"；但已有的知识（"已藏"）往往会成为人们获得新知（"将受"）的障碍，如何不使已有之知妨碍求新知，这就是"虚"，"虚"乃是"已藏"和"将受"的统一。可见荀子所谓"虚"并不是心中空无一物，而是一种特定的心态，这样的观念在稷下道家可谓久已有之，最早见于《黄帝四经》。《经法·道法》曰："见知之道，唯虚无有。""虚无有"的具体做法是"四无"，作者指出："故执道者之观于天下也，无执也，无处也，无为也，无私也。"《管子》十分重视主体"心"的修治，修心、治心的过程就是不断积聚精气的过程。为了吸引和积聚精气，就必须使心始终处于"虚"的状态。《心术上》说"虚者，无藏也"，具体来说，即使心保持无"求"、无"设"、无"虑"、"去智与故"的状态。可见，《管子》所谓"无藏"并非绝对排斥"藏"，它要排斥的是主观成见和各种情感障碍。"无藏"的目的是获得更多的精气，而原已获得的精气毫无疑问是预先"藏"于心中的。别让已进驻心中的精气形成的"智"妨碍更多的精气的获得，始终保持"虚"的心态，这就是"无藏"了。这里，我们已清楚地看到了《管子》同荀子的联系，荀子所谓"心未尝不藏也"，显然是接着《管子》的"无藏"讲的。

何谓"壹"？《解蔽》曰："心未尝不满（两）也，然而有所谓一。……心生而有知，知而有异，异也者，同时兼知之。同时兼知之，两也。然而有所谓一，不以夫一害此一谓之壹。"人心莫不有知，知莫不有异，故"心未尝不两"；如何能使相异之知互不干扰妨碍，这就是"壹"，"壹"乃是"夫一"和"此一"的统一。荀子这一认识方法也是接着《管子》讲的。在《管子》中，"一"与"贰"对言，意为"专一"。《白心》曰："一以无贰，是谓知道。将欲服之，必一其端，而固其所守。"《内业》云："四体既正，血气既静，一意抟（专）心，耳目不淫，虽远若近。"《心术下》亦曰："专于意，一于心，耳目端，知远之证。"显然，只有心志专一，才能"不以夫一害此一"，荀子的"壹"就是《管子》的"专"和"一"，这前后两者之间的承续关系是十分明显的。

何谓"静"？《解蔽》曰："心未尝不动也，然而有所谓静。……心卧则梦，偷则自行，使之则谋，故心未尝不动也。然而有所谓静，不以梦剧乱知谓之静。"人心无时不在谋虑思考，即使在睡梦中也不例外，故"心未尝不动"；然而要认识事物又必须静下心来，此"静"乃是"动"与"静"的统一，是动中之静。荀子"静"的认识方法受到了稷下道家的深刻影响。《黄帝四经》强调"安徐正静"(《十大经·顺道》)，它这样论述"静"的作用："惠生正，正生静，静则平，平则宁，宁则素，素则精，精则神，至神之极，见知不惑。"(《经法·论》)《管子·内业》曰"能正能静，然后能定"，"心静气理，道乃可止"，这显然是接着《黄帝四经》讲的。在《管子》中，"静"与"躁"相对，《内业》曰："静则得之，躁则失之。"可见此"静"并非寂然不动，而是稳定情绪，防止"血气"之躁动。在《管子》中，"静"又指不盲动，《心术上》曰："毋先物动，以观其则。"作者解释说："毋先物动者，摇者不定，躁者不静，言动之不可以观也。"不盲动就是不躁动，即因任自然，这就是所谓的"静因之道"。这同荀子所谓"不以梦剧乱知"是一致的。从《黄帝四经》所谓"静"，经《管子》到荀子，显然是一条连续的线索。

荀子认为真正做到了"虚壹而静"，就会达到"大清明"的理想境界。《解蔽》曰："虚壹而静，谓之大清明。万物莫形而不见，莫见而不论，莫论而失位。坐于室而见四海，处于今而论久远，疏观万物而知其情，参稽治乱而通其度，经纬天地而材官万物，制割大理而宇宙裹矣。"这种"大清明"的境界说，也是袭自《管子》。《内业》曰："人能正静……乃能戴大圆而履大方，鉴于大清，视于大明。敬慎无忒，日新其德，遍知天下，穷于四极。"《心术下》也说，人若能正静，则可"镜者大清，视乎大明。正静不失，日新其德，昭知天下，通于四极"。这种境界亦称为"内得"，《内业》说，达此内得之境界者是为圣人，"乃能穷天地，被四海""抟气如神，万物备存""万物毕得"。《管子》认为，治心与治国是同一个道理，对于圣人来说甚至是一回事，"心术"即"君术"，故曰："心安是国安也，心治是国治也。"（《管子·心术下》）

至此我们可以清楚地看到，荀子"虚壹而静"的认识方法论，不仅从概念上袭取《管子》，从思想上继承《管子》，从论述上效仿《管子》，而且两者所要达到的目标也是一致的。不同的是，稷下道家《黄帝四经》和《管子》所论主要是探讨修养问题，因及于治国之道；荀子则将其引向了探讨认识问题，目的是要总结先秦学术，解百家之蔽。然而对于中国古人来说，认识问题、修养问题和政治问题从来就没有明确的界限，甚至可以说是不必区分的一回事，这从荀子和《管子》两家关于"大清明"境界的论述就可以看得再清楚不过了。

综上所论，稷下学术是荀子学说的重要的、直接的理论来源，荀子之所以成为先秦哲学的集大成者，是同他对稷下学术的批判、吸取和修正分不开的。稷下之学为荀子总结先秦学术做了必不可少的理论准备，因而我们甚至可以说，没有稷下之学便没有荀子之学。

结　语

写完了最后一章，我仍然无法放下手中这支笔，总觉得应该对读者谈一谈自己研究稷下学的感受。

梁启超曾说："学术思想之在一国，犹人之有精神也，而政事、法律、风俗及历史上种种之现象，则其形质也。故欲观其国文野强弱之程度如何，必于学术思想焉求之。"发生在稷下学宫的百家争鸣，对我们民族和国家的影响实在是太重大了，至今仍然值得人们关注，我想主要在于两点：

其一是当年通过百家争鸣取得的学术成就。稷下百家争鸣有两个最重要的学术成就，那就是黄老之学的成熟和礼法互补治国理论模式的形成。虽然它们并没有来得及为当时的田齐政权所实践，但却相继主导了汉代以来两千多年整个的一部中国历史。至于活跃在稷下的百家之学，都是我们要加以整理继承并古为今用的宝贵文化遗产。

其二是百家争鸣的真精神——思想自由和学术独立，此亦稷下学研究的主要现实启悟价值之所在。思想自由是百家学说产生和繁盛的前提，在中国历史上，只有春秋战国可以算得上是思想自由的时代，诸子百家聚集学宫，讲学辩难，自由发挥，互相激荡，才有了百家争鸣的繁荣景象。稷下诸子虽"皆务于治"，但却不是出于政府的意志，他们保持着学术上的独立地位，政府对学宫的学术活动从不干预，亦不根据自己的好恶"独尊"或压制任何一派，而是任其独立思考，自由发展。不幸的是，随着秦皇汉武一统天下，百家争鸣不久就被漫长的思想定于一尊取代了，中国知识分子从此便与思想自由和学术独立无缘。"独尊"不仅钳制了人们的思想，也是被独尊者的悲哀，使之丧失了独立的地位和价值，成为政治权力的寄生物和思想统治的工具。追寻久违两千多年的思想自由和学术独立，应该是我们当代知识分子的历史使命。

稷下的百家争鸣还提供了一条重要的历史经验，那就是不同思想文化之间的交流必然要互相吸纳并导致最终的融合。这使我们联想到当今的世界。如今，各个国家和民族都在走着自己的发展道路，有东方式的，也有西方式的，有不同社会制度之争，更有相同社会制度的不同模式之争，此种情形颇似当年的百家争鸣。在这个全球化的时代，不同文化体系之间的全面交流与融汇已成为不可遏止的潮流。在这一潮流下，任何有价值的思想文化应该都是属于全人类的，都可以在交流中互相吸纳，最终形成多元互补的全球文化。全球化的过程同时又是一个优化的过程，历史将根据优存劣汰的原则进行筛选。百家争鸣提供的历史经验，可以帮助我们在如何对待本民族文化和外来文化的问题上采取一种正确的态度。

稷下学是一个大题目，本书的研究不过是抛砖引玉，我真诚期待更多更好的研究成果问世。希望本书的出版能对广大读者了解和共享百家争鸣这一珍贵的民族文化遗产有所裨益。

稷下大事年表

前386年	田和始列诸侯，田齐取代了姜齐。
前374年	桓公田午立，稷下学宫创立。
前357年	桓公卒，子威王因齐立。
前354年	齐威王任稷下先生邹忌为相，实行变法。
前320年	威王卒，子宣王辟彊立。齐宣王喜文学游说之士，稷下学宫大盛。
前301年	宣王卒，子闵王地立。齐闵王在位十七年，矜功不休，不听劝谏，稷下先生陆续散去，学宫逐渐衰落。
前284年	燕将乐毅率五国联军攻入临淄，闵王被杀，稷下学宫中断。
前283年	闵王子法章立，是为齐襄王。
前279年	田单复齐。襄王"尚修列大夫之缺"，稷下学宫中兴。此时田骈之属皆已死，而"荀卿最为老师"，遂为稷下"祭酒"。
前265年	襄王卒，子建立，是为齐王建。
前255年	荀卿遭谗，离开稷下学宫适楚为兰陵令。
前221年	秦灭齐，稷下学宫终结。

稷下诸子生卒约数年表

告 子	前390—前320	田 骈	前350—前283
邹 忌	前385—前319	接 子	前350—前283
淳于髡	前385—前305	尹 文	前350—前280
宋 钘	前382—前300	颜 阖	前350—前280
兒 说	前375—前300	田 巴	前340—前260
孟 轲	前372—前289	荀 况	前328—前235
彭 蒙	前370—前310	鲁仲连	前305—前245
季 真	前360—前290	邹 衍	前305—前240
环 渊	前360—前280	邹 奭	前295—前230
慎 到	前350—前283		

主要参考文献

[1]　《史记》（三家会注本），中华书局 1982 年版

[2]　《汉书》（颜师古集注本），中华书局 1962 年版

[3]　《春秋左传诂》，〔清〕洪亮吉撰，中华书局 1987 年版

[4]　《春秋左传注》，杨伯峻编著，中华书局 1981 年版

[5]　《周礼正义》，〔清〕孙诒让撰，中华书局 1987 年版

[6]　《礼记集解》，〔清〕孙希旦撰，中华书局 1989 年版

[7]　《国语》（韦昭注本），上海古籍出版社 1978 年版

[8]　《战国策集注汇考》，诸祖耿，江苏古籍出版社 1978 年版

[9]　《论语正义》，〔清〕刘宝楠著（《诸子集成》本），上海书店 1986 年影印版

[10]　《孟子正义》，〔清〕焦循撰（《诸子集成》本），上海书店 1986 年影印版

[11]　《荀子集解》，〔清〕王先谦撰（《诸子集成》本），上海书店 1986 年影印版

[12]　《管子校正》，〔清〕戴望撰（《诸子集成》本），上海书店 1986 年影印版

[13]　《管子集校》，郭沫若等著，科学出版社 1956 年版

[14]　《管子注译》，赵守正著，广西人民出版社 1987 年版

[15]　《管子新探》，胡家聪著，中国社会科学出版社 1995 年版

[16]　《尹文子》，〔清〕钱熙祚校（《诸子集成》本），上海书店 1986 年影印版

[17]　《慎子》，〔清〕钱熙祚校（《诸子集成》本），上海书店 1986 年影印版

[18]　《老子注译及评介》，陈鼓应著，中华书局 1984 年版

[19]　《庄子集释》，〔清〕郭庆藩撰（新编《诸子集成》本），中华书局 1961

年版

[20] 《庄子今注今译》，陈鼓应著，中华书局 1983 年版

[21] 《庄子哲学及其演变》，刘笑敢著，中国社会科学出版社 1988 年版

[22] 《韩非子集释》，陈奇猷著，上海人民出版社 1974 年版

[23] 《吕氏春秋校释》，陈奇猷著，学林出版社 1984 年版

[24] 《淮南鸿烈集解》，刘文典撰（新编《诸子集成》本），中华书局 1989
     年版

[25] 《说苑校证》，〔汉〕刘向撰，向宗鲁校正，中华书局 1987 年版

[26] 《新序》，〔汉〕刘向撰（《丛书集成初编》本），中华书局 1985 年影印版

[27] 《先秦诸子系年》，钱穆著，中华书局 1985 年版

[28] 《古史辨》第四、五、七册，上海古籍出版社 1982 年版

[29] 《青铜时代》，《郭沫若全集》历史编第一卷，人民出版社 1982 年版

[30] 《十批判书》，《郭沫若全集》历史编第二卷，人民出版社 1982 年版

[31] 《七国考订补》，〔明〕董说原著，缪文远订补，上海古籍出版社 1987
     年版

[32] 《春秋史》，童书业著，山东大学出版社 1987 年版

[33] 《求古编》，许倬云著，台北联经出版事业公司 1982 年版

[34] 《古史甄微》（《蒙文通文集》第一卷），巴蜀书社 1987 年版

[35] 《世袭社会及其解体——中国历史上的春秋时代》，何怀宏著，三联书
     店 1996 年版

[36] 《战国史》，杨宽著，上海人民出版社 1980 年版

[37] 《先秦史》，吕思勉著，上海古籍出版社 1982 年版

[38] 《东周与秦代文明》，李学勤著，文物出版社 1984 年版

[39] 《秦史稿》，林剑鸣著，上海人民出版社 1981 年版

[40] 《士与中国文化》，余英时著，上海人民出版社 1987 年版

[41] 《先秦学术概论》，吕思勉著，东方出版中心 1985 年版

[42] 《先秦诸子杂考》，金德建著，中州书画社 1982 年版

[43] 《先秦七子思想研究》，童书业著，齐鲁书社 1982 年版

[44] 《先秦道法思想讲稿》，王叔岷撰，台北"中研院"中国文哲研究所 1992
     年版

[45] 《中国文化史导论》(修订本），钱穆著，商务印书馆 1994 年版

[46] 《中国思想通史》第一卷，侯外庐等著，人民出版社 1957 年版

[47] 《中国哲学史》，冯友兰著，商务印书馆 1934 年版

[48] 《中国哲学史新编》(修订本)第一、二册，冯友兰著，人民出版社 1980、
1983 年版

[49] 《中国哲学发展史》(先秦卷)，任继愈主编，人民出版社 1983 年版

[50] 《中国政治思想史》，吕振羽著，人民出版社 1955 年版

[51] 《先秦政治思想史》，刘泽华著，南开大学出版社 1984 年版

[52] 《中国传统政治思想反思》，刘泽华著，三联书店 1987 年版

[53] 《中国法律与中国社会》，瞿同祖著，中华书局 1981 年版

[54] 《诸子通考》，蒋伯潜著，浙江古籍出版社 1985 年版

[55] 《中国古代思想史论》，李泽厚著，人民出版社 1986 年版

[56] 《气的思想》，〔日〕小野泽精一等著，上海人民出版社 1990 年版

[57] 《中国气论探源与发微》，李存山著，中国社会科学出版社 1990 年版

[58] 《士人与社会》(先秦卷)，刘泽华主编，天津人民出版社 1988 年版

[59] 《黄老之学通论》，吴光著，浙江人民出版社 1985 年版

[60] 《战国时期的黄老思想》，陈丽桂著，台北联经出版事业公司 1991 年版

[61] 《黄帝四经今注今译》，陈鼓应著，台湾商务印书馆 1995 年版

[62] 《黄帝四经与黄老思想》，余明光著，黑龙江人民出版社 1989 年版

[63] 《黄帝四经今注今译》，余明光等著，岳麓书社 1993 年版

[64] 《道家文化研究》第一、二、三、四辑，陈鼓应主编，上海古籍出版社

[65] 《稷下学史》，刘蔚华、苗润田著，中国广播电视出版社 1992 年版

[66] 《稷下钩沉》，张秉楠著，上海古籍出版社 1991 年版

[67] 《稷下学宫资料汇编》，赵蔚芝主编，山东教育出版社 1989 年版

[68] 《齐文化概论》，王志民主编，山东人民出版社 1993 年版

[69] 《临淄县志》，民国九年修

[70] 《齐乘》，〔元〕于钦撰，文渊阁《四库全书》本

[71] 《青州府志》，明嘉靖年修

后　记

　　十年前，我在职攻读硕士学位期间，导师刘文英先生帮我确定了稷下学作为硕士论文选题，1989年完成时定名为《稷下学官考论》。此后，稷下学就成了我的主要研究方向。后来，我师从潘富恩先生攻读博士学位，继续研究稷下学，于1995年完成了博士论文《稷下学新探》。本书就是在博士论文的基础上完成的。

　　在本书付梓之际，我要首先感谢业师刘文英先生和潘富恩先生对我的指导与教诲，感谢他们为此付出的辛勤劳动。

　　我要特别感谢陈鼓应先生。在我取得硕士学位后不久，陈先生读到我发表的一些文章，便主动与我联系，开始了我们之间的学术交往，可是直到1994年我才有机会见到他。陈先生始终关注着我对稷下学的研究，我的博士论文的修改，有很多内容都得到了他的指点。在向出版社推荐本书之前，陈先生又审阅了书稿，甚至字斟句酌地提出了许多宝贵的意见,《稷下学研究》的书名,就是根据他的建议确定的。陈鼓应先生的学术情怀和奖掖后进,在学术界是有口皆碑的,仅从本书的前前后后便可见其一斑。

本书交稿后,有幸得到了李慎之先生的审阅。李先生以年迈多病之躯,逐字审读了两遍书稿,亲手修正了一些错误,并提出了一些十分重要的修改建议。更令我喜出望外的是,李先生主动为本书作序,向读者推荐本书,这是我想都没敢想的。李先生并就学术大方向的问题同我进行了两次长谈,使我获益甚多。

北京大学的王博先生是我的学术知音,本书最后定稿时的体例安排,他提出了许多很好的建议。学术界的许多师友都关注着我的研究进展和本书的出版,我从他们那里得到过很多的教益。三联书店的许医农先生为本书的出版做了很多具体而细致的工作,付出了辛勤的劳动。在此一并深致谢忱。

白 奚
1997 年 12 月

崇文学术文库·西方哲学

1. 靳希平 吴增定 十九世纪德国非主流哲学——现象学史前史札记
2. 倪梁康 现象学的始基：胡塞尔《逻辑研究》释要（内外编）
3. 陈荣华 海德格尔《存有与时间》阐释
4. 张尧均 隐喻的身体：梅洛 - 庞蒂身体现象学研究（修订版）
5. 龚卓军 身体部署：梅洛 - 庞蒂与现象学之后 [待出]
6. 游淙祺 胡塞尔的现象学心理学 [待出]
7. 刘国英 法国现象学的踪迹：从萨特到德里达 [待出]

崇文学术文库·中国哲学

1. 马积高 荀学源流
2. 康中乾 魏晋玄学史
3. 蔡仲德 《礼记·乐记》《声无哀乐论》注译与研究
4. 冯耀明 "超越内在"的迷思：从分析哲学观点看当代新儒学
5. 白 奚 稷下学研究：中国古代的思想自由与百家争鸣
6. 马积高 宋明理学与文学 [待出]
7. 陈志强 晚明王学原恶论 [待出]
8. 郑家栋 现代新儒学概论（修订版）[待出]

唯识学丛书（26种）

禅解儒道丛书（8种）

徐梵澄著译选集（4种）

西方哲学经典影印（24种）

西方科学经典影印（7种）

古典语言丛书（影印版，5种）

出品：崇文书局人文学术编辑部·我思
联系：027-87679738，mwh902@163.com

我
思
敢于运用你的理智

崇文学术译丛·西方哲学

1.〔英〕W. T. 斯退士 著，鲍训吾 译：黑格尔哲学
2.〔法〕笛卡尔 著，关文运 译：哲学原理 方法论 [待出]
3.〔英〕休谟 著，周晓亮 译：人类理智研究 [待出]
4.〔英〕休谟 著，周晓亮 译：道德原理研究 [待出]
5.〔美〕迈克尔·哥文 著，周建漳 译：于思之际，何者入思 [待出]
6.〔美〕迈克尔·哥文 著，周建漳 译：真理与存在 [待出]

崇文学术译丛·语言与文字

1.〔法〕梅耶 著，岑麒祥 译：历史语言学中的比较方法
2.〔美〕萨克斯 著，康慨 译：伟大的字母 [待出]
3.〔法〕托里 著，曹莉 译：字母的科学与艺术 [待出]

崇文学术译丛·武内义雄文集（4种）

1. 老子原始　2. 论语之研究　3. 中国思想史　4. 中国学研究法

中国古代哲学典籍丛刊

1.〔明〕王肯堂 证义，倪梁康、许伟 校证：成唯识论证义
2.〔唐〕杨倞 注，〔日〕久保爱 增注，张觉 校证：荀子增注 [待出]
3.〔清〕郭庆藩 撰，黄钊 著：清本《庄子》校训析

萤火丛书

1. 邓晓芒　批判与启蒙